"互联网+"时代的电子商务研究

王 蕾　任婷婷　吴海换◎著

吉林出版集团股份有限公司
全国百佳图书出版单位

图书在版编目（CIP）数据

"互联网+"时代的电子商务研究 / 王蕾，任婷婷，吴海换著 . -- 长春：吉林出版集团股份有限公司 ,2023.7

ISBN 978-7-5731-4041-8

Ⅰ . ①互… Ⅱ . ①王… ②任… ③吴… Ⅲ . ①电子商务 - 研究 Ⅳ . ① F713.36

中国国家版本馆 CIP 数据核字 (2023) 第 163856 号

"互联网+"时代的电子商务研究

"HULIANWANG+" SHIDAI DE DIANZI SHANGWU YANJIU

著　　者	王　蕾　任婷婷　吴海换
出 版 人	吴　强
责任编辑	马　刚
助理编辑	李滨成
开　　本	787 mm × 1092 mm　1/16
印　　张	12.75
字　　数	275 千字
版　　次	2023 年 7 月第 1 版
印　　次	2023 年 9 月第 1 次印刷
出　　版	吉林出版集团股份有限公司
发　　行	吉林音像出版社有限责任公司

（吉林省长春市南关区福祉大路 5788 号）

电　　话	0431-81629679
印　　刷	吉林省信诚印刷有限公司

ISBN 978-7-5731-4041-8

定　　价　48.00 元

前　言

电子商务是一个商务过程电子化的商务形态。自进入 21 世纪以来，电子商务应用跨入了一个全业态渗透、发展迅猛、影响深远的发展阶段。电子商务充分利用了现代信息技术，创造了以互联网为基础的全新商业模式，改变了商业伙伴间的合作方式，因此，电子商务是包括购买、销售在内的电子化沟通、协同、合作的全新商务途径。

电子商务作为现代电子信息技术和商业活动相结合的经济贸易方式，已成为 21 世纪全球经济活动的主要方式之一。电子商务在国民经济和世界经济发展中的作用日益凸显。电子商务能力不仅是企业竞争力的重要表现形式，还关乎国家综合竞争力。当前，中国电子商务已经强势崛起，传统的消费观念、物流体系、金融模式、人才结构等方面受到了电子商务的强烈冲击，使电子商务在众多行业中以"颠覆者"的形象出现，传统的商业规则正在被改写。

在经济全球化背景下，电子商务基于互联网属性，具有数据化特点，具有新的竞争优势。在电子商务的各个环节上，大数据技术都将会带来巨大的改变与挑战。数据是当今社会发展与前进的最重要的资源，也是全球所有零售商手中非常有效的资产。大数据技术的应用不仅改变了原有的电子商务营销方式，还重新定义了人们所知道的有关零售业的一切。大数据将电子商务和实体零售店的分界线变得模糊，正在帮助我们以新的方式完善全渠道营销策略，今天的电子商务使实体零售店变得比以往更加强大。

本书主要研究"互联网+"时代的电子商务，本书从"互联网+"时代的电子商务基础介绍入手，针对"互联网+"时代的电子商务基本模式及创新、"互联网+"时代的电子商务网站和公众平台以及"互联网+"时代的电子货币与支付进行了分析研究；另外，对"互联网+"时代的电子商务安全及运营、"互联网+"时代的移动电子商务、"互联网+"时代的跨境电子商务等做了一定的介绍；还对"互联网+"时代的电子商务应用实务提出了一些建议；本书适合作为本科院校电子商务专业的教材，也可作为电子商务相关行业人员学习用书。

在撰写过程中，作者借鉴了许多相关的研究成果，参阅了大量的文献资料，引用了一些同人前辈的研究成果，因篇幅有限，不能列举，在此一并表示最诚挚的感谢。由于作者水平有限，书中难免会出现不足之处，希望各位读者和专家能够提出宝贵意见，以待进一步修改，使之更加完善。

目　录

第一章 "互联网+"时代的电子商务综述

第一节 互联网概述

一、互联网的含义与发展历程

(一)互联网的含义

互联网是指将两台计算机或者两台以上的计算机终端、客户端、服务端通过计算机信息技术的手段互相联系起来。人们可以通过它与远在千里之外的朋友相互发送电子邮件、共同完成一项工作、共同娱乐,互联网的网络,即广域网、局域网和单机按照一定的通信协议组成的国际计算机网络。

(二)互联网的主要功能

在现实生活中,互联网应用很广泛。在互联网上,我们不仅可以聊天、玩游戏、查阅资料等,还可以进行广告宣传和购物。互联网给我们的现实生活带来了很大方便,我们可以在互联网上的数字知识库里找到自己在学业上、事业上所需要的各种信息,从而帮助我们工作与学习。大家熟悉的互联网功能的体现形式如下。

①通信,如即时通信、电子邮件、微信、QQ;

②社交,如脸书、微博、QQ空间、论坛;

③网上贸易，如网购、网上订票、工农贸易；

④云端化服务，如网盘、笔记、资源、计算等；

⑤资源的共享化，如电子市场、门户资源、论坛资源等，媒体（包括视频、音乐、文档）、游戏、信息；

⑥服务对象化（互联网电视直播媒体、数据及维护服务、物联网、网络营销、流量等）。

二、互联网时代的新思维

互联网的普及和应用带来了一个互联网时代。在这样的时代就会产生以网络为背景的新思维，这种新思维在各个行业以"互联网＋"的形式运营，不断实现行业创新创业。互联网思维就是一套新的思维方式或方法论，每个人对此都可以有自己的理解，而共同点是"以用户为中心"。传统商业与互联网的界限已然模糊不清，互联网思维对任何业态都有指导意义。跨界是趋势，特别是对于传统商业，用互联网思维的跨界改造会使其焕发出新的生机，这个端倪在餐饮、家装、租车、洗车、家政、金融等领域开始显现。

（一）消费者空前全能

互联网出现之后，消费者有了更多的知情权与选择权，再加上便捷的网购平台和自媒体传播工具，消费者越来越成为全能选手。他们不仅会对商家的灌输进行解码，并根据个人学识进行整合，而且会通过微博等媒体加以传播。曾经传统商家试图通过信息不对称来对消费者进行夸大宣传，这些在网民"云智商"的海量运算下无处遁形。电商是一个口碑生意，商家唯一能做的就是真正与消费者平等对话、开诚布公。

（二）表达空间空前自由

随着互联网的普及，消费者获取资讯与表达意见的渠道日益增多。因地域的限制，很多商家过去凭借信息不对称就能轻松做生意。如今，网络打破了所有界限，资讯空前发达。随着论坛、微博、微信等新媒体应用的蓬勃发展，消费者表达意见的成本非常小，空间无比宽广，效率得到前所未有的提高。不仅通道直接，而且时间效率极高。消费者个性化的充分表达成为可能，消费者建立集体关联的需求也变得非常容易，正面或负面的口碑传播都变得异常容易，特别是负面口碑天然具有自传播特征。

（三）互联网审美成为主流

互联网审美的含义主要有两点：一是以互联网开放平等对话为基础，主张"生活本身美"，反对过于精英化的形式；二是要有趣味，特别是对于新媒体的传播，要能自黑自嘲，要能放下身段与网民狂欢，要用网民熟悉的术语进行对话等。

（四）要个性鲜明

在这个人人不甘平庸的时代，有性格的品牌或企业最受欢迎。例如，各种用动物做吉祥物的互联网品牌，除了能提高品牌辨识度以外，还能赋予冷冰冰的品牌以性格的象征。

三、互联网技术带来的商业模式变革

以信息技术和网络技术为核心的第三次科技革命，正在颠覆性地改变着工业革命以来所形成的经济形态和增长模式。网络环境的开放性、虚拟性、交互性、平等性与共享性等特征使人们能够通过互联网与不同地域的人进行双向或多向信息交流，由此带来的时空距离的缩短和交易成本的降低使商业环境发生了巨大改变，企业正在面临许多前所未有的挑战。

有什么样的环境变化，就有什么样的模式变化。互联网技术带来的变化，有相当一部分已超出竞争力本身，属于舞台的改变。因此，首先要看环境发生了什么样的变化，企业需要选择什么样的舞台来发挥竞争力。

（一）企业内外融合引发产权变革

互联网上非常流行按使用收费，实际背后酝酿着一场产权变革，它彻底改变了企业竞争力的实现方式。

从互联网实践看，云计算是这样的，即软件支配权不收费，按服务中的使用权收费。这就产生了支配权与使用权相分离的奇怪的新现象。互联网产权变革的前提，是对应支配权的生产资料（如固定成本、重资本）可以零成本复制，这就是生产力改变所带来的生产关系的调整。

（二）垄断竞争融合引发市场结构变革

互联网技术带来的第二个竞争力背景上的变化，是出现了新的市场结构。在工业化条件下，只有三种市场结构，即完全垄断、完全竞争和垄断竞争。但互联网技术带来了第四种市场结构，这就是新垄断竞争结构，其特点是统分结合、双层经营，即平台自然垄断，应用完全竞争。

（三）规模范围融合引发企业竞争战略变革

互联网技术带来的第三个竞争力背景上的变化，是出现了新的企业竞争战略。竞争战略是竞争力的基本面。互联网创新出一种教科书上没有的基本竞争战略，这就相当于大家不在一个平面竞争了。

（四）平台应用融合引发企业模式变革

互联网技术带来的第四个竞争力背景上的变化，是产业与企业之间的业态发生了变化，产生了平台基础业务与应用增值业务的分离，以及在二者分离基础上的相互融合的业态。它对竞争力背景的直接改变，是出现了商业性的准公共产品提供者。

（五）线上线下融合引发业务模式变革

互联网技术带来的第五个竞争力背景上的变化，是以O2O为代表的线上线下融合。在一对一营销服务的大数据业务的支持下，数据业务将日益成为各行各业的核心业务，出现各行各业传统业务零增长，而数据增值业务高速增长的新竞争景观。

四、互联网时代的经营策略

（一）始终将创造用户价值作为商业流程的焦点

在竞争异常激烈的家电行业中，市场每时每刻都在发生变化，正确把握市场需求、不断创造用户价值成为企业生存之本。坚持一切以市场为中心，始终将创造用户价值作为商业流程的焦点。

（二）以模块化的组织结构实现大规模协同

模块化是大规模生产向大规模定制的基础，它是把复杂系统分拆成准独立的模块，并使模块之间通过标准化的接口进行信息沟通的动态整合过程。以自主经营体为基础的管理能实现比较彻底的模块化，其模块化特征不仅体现在生产组织方面，还体现在市场、研发、质量、技术、人力、财务等价值创造流程的各个环节，每个自主经营体就是一个功能模块。基于不同的市场目标，上千个模块可以同步实时运行，从而实现了大规模的协同，增强了企业的动态反应能力，提高了组织的灵活性。

（三）以创新的机制和工具打造自我驱动的基层团队

基层团队的创造力和执行力是企业能力的源泉，每一个自主经营体就是一个基层团队。各个自主经营体的经营机制可以确定为：留足企业利润，挣够市场费用，盈亏都归自己。自主经营体独立的用人权和分配权确保了团队长的责、权、利对等，每个成员的人单合一机制，形成了团队长和每个团队成员实现目标的内在动因；团队长和团队成员的竞争淘汰机制、官兵互选机制、动态调整机制，形成了团队长和每个团队成员的外在约束。在内因和外因的共同作用下，每个自主经营体被激发出最大的创新潜力，它们围绕着目标实现动态的自创新、自驱动、自运转。自创新是指自主经营体要根据用户需求的改变不断进行创新，不断满足用户需求，同时能够不断挑战更高目标；自驱动是指根据日清预算体系，将工作目标和预案分解到每天或每周，能够自主地按照日程驱动完成任务；自运转是指流程和机制不断优化升级，每一个局部或环节的创新都被吸收和推广到整个流程体系中，形成一个良性的螺旋式上升的闭环优化体系。自主经营体既可以在企业内部跨部门整合资源为自己所用，也可以充分利用信息化平台，整合全世界的资源为自己所用，这样不断创新的基层团队，成为推动组织变革的动力之源和企业创新的源头活水。

（四）创新风险分担机制

互联网时代企业环境变化快、突发事件多，风险管理尤其重要，企业风险管理的发展趋势是由高层管理、基层执行朝基层管理、多主体参与方向发展。以自主经营体为基础的管理将企业经营风险由高层管理分化为由多个自主经营体分担，又通过风险化解为由多名员工承担，从而大大增强了企业对经营风险的消化和吸收能力，减少了重大经营决策失误的可能。

创新是一个民族进步的灵魂，是一个国家兴旺发达的不竭动力，也是企业的使命。

由于创新过程的复杂性和随机性，只有不断完善创新的管理工具和方法，将其视为一种置于管理之下的商业流程，才能不流于口号，真正将创新落到实处。

五、"互联网＋"及其特征

"互联网＋"就是"互联网＋各个传统行业"，但这并不是简单的两者相加，而是利用信息通信技术以及互联网平台，让互联网与传统行业进行深度融合，创造新的发展生态。它代表一种新的社会形态，即充分发挥互联网在社会资源配置中的优化和集成作用，将互联网的创新成果深度融入经济社会各领域中，提升全社会的创新力和生产力，形成更广泛的以互联网为基础设施和实现工具的经济发展新形态。

"互联网＋"是互联网思维的进一步实践成果，推动经济形态不断地发生演变，从而增强社会经济实体的生命力，为改革、创新、发展提供广阔的网络平台。"互联网＋"有以下六大特征。

（一）跨界融合

就是跨界，就是变革，就是开放，就是重塑融合。敢于跨界了，创新的基础才更坚实；融合协同了，群体智能才会实现，从研发到产业化的路径才会更垂直。融合本身也指代身份的融合、客户消费转化为投资、伙伴参与创新等，不一而足。

（二）创新驱动

我国粗放的资源驱动型增长方式早就难以为继，必须转变到创新驱动发展这条正确的道路上来。这正是互联网的特质，用所谓的互联网思维来求变、自我革命，也更能好地发挥创新的力量。

（三）重塑结构

信息革命、全球化、互联网业已打破原有的社会结构、经济结构、地缘结构、文化结构，权力、议事规则、话语权不断发生变化。"互联网＋社会治理"、虚拟社会治理会有很大的不同。

（四）尊重人性

人性的光辉是推动科技进步、经济增长、社会进步、文化繁荣的最根本的力量，互联网的力量之所以强大，最根本在于其来源于对人性最大限度的尊重、对人体验的敬畏、对人的创造性发挥的重视。

（五）开放生态

关于"互联网＋"，生态是其非常重要的特征，而生态本身就是开放的。我们推进"互联网＋"，其中一个重要的方向就是要把过去制约创新的环节化解掉，把孤岛式创新连接起来，让研发由人性决定的市场驱动，让创业并努力者有机会实现价值。

（六）连接一切

连接是有层次的，可连接性是有差异的，连接的价值是相差很大的，但连接一切是"互联网＋"的目标。

第二节　电子商务概述

一、电子商务的基本概念

随着互联网技术的突飞猛进和网络的普及，电子商务作为互联网发展的产物正在改变人们的思维方式、经济活动方式、工作方式和生活方式，如网上购物、在线缴费、酒店预订等。

（一）电子商务的概念

电子商务是指利用互联网及现代通信技术进行任何形式的商务运作、管理或信息交换。它包括企业内部的协调与沟通、企业之间的合作及网上交易三个方面的内容。

（二）电子商务的概念模型

电子商务的概念模型是对现实世界中电子商务活动的一种抽象描述，它由电子商务实体、电子市场、交易事务和信息流、资金流、商流和物流等基本要素构成。

电子商务实体是指能够从事电子商务活动的客观对象，可以是企业、银行、商店、政府机构或个人。

交易事务是指电子商务实体之间所从事的具体的商务活动的内容，如询价、报价、转账支付、广告宣传和商品运输等。

电子市场是指电子商务实体从事商品和服务交易的场所，它是由各种商务活动参与者，利用各种接入设备，通过网络链接成的一个统一的经济整体。

电子商务的任何一笔商务活动都离不开四种基本的"流"，即信息流、资金流、商流和物流。其中，信息流是指商品基本信息的流动，如商品信息的提供、促销、技术支持、售后服务、询价、报价和付款通知等；资金流是指资金的转移过程，如付款、转账、结算和兑换等；商流是一种买卖或者说是一种交易活动过程，通过商流活动发生商品所有权的转移。物流是指商品和服务从供应商向需求者的移动，包括配送、运输、保管、包装和装卸等多项活动。它们之间的关系可以表述为：以物流为物质基础，以商流为表现形式，以信息流贯穿始终，引导资金流正向流动的动态过程。

（三）电子商务的分类

电子商务应用范围很广，从不同角度可以将电子商务分为不同的类型。以下将按照电子商务参与交易的对象、交易过程、商品交易过程完整程度、交易地域范围、电子商务企业所使用的网络类型，对电子商务进行分类。

1. 按参与交易的对象分类

电子商务中最常见的三种群体分别为：企业、政府部门和个人，按照信息在这三类群体之间的流向，电子商务可以分为以下几个类型。

（1）企业与企业之间的电子商务（B2B）

B2B 是指企业与企业之间通过互联网进行的商务活动，即在互联网上采购商与供应商进行谈判、订货、签约、接收发票和付款以及索赔处理、商品发送管理和运输跟踪等所有活动。B2B 是目前应用最广泛的一种电子商务模式，企业可以是生产企业，也可以是商家。

（2）企业与消费者之间的电子商务（B2C）

B2C 是指企业与个人消费者之间进行商品或服务的交易，即通过网上商店（电子商店）实现网上在线商品零售和为消费者提供所需服务的商务活动，也可称为网络零售。网上商店的出现，使消费者可以足不出户，通过自己的计算机在网上寻找、购买所需要的商品，获得商家提供的一系列服务。

（3）个人消费者与企业之间的电子商务（C2B）

C2B 是指由消费者先提出需求，然后由生产企业或商贸企业按需求进行组织生产及提供货源。通常情况为消费者根据自身需求定制产品和价格，或主动参与产品设计、生产和定价，彰显消费者的个性化需求，生产企业进行定制化生产。

（4）个人消费者与个人消费者之间的电子商务（C2C）

C2C 是指个人消费者之间通过网络平台实现交易的一种电子商务模式。C2C 电子商务中的参与者主要有消费者及为消费者提供网络服务的平台提供商，如在淘宝网中物品持有者可通过这些网上商务平台发布其物品信息，物品需求者可以在此类平台上购买或者出价拍卖所需要的商品。

（5）企业与政府之间的电子商务（B2G）

企业与政府之间的电子商务（B2G）涵盖了政府与企业之间的各项事务，包括政府采购、税收、商检、管理条例发布、法规政策颁布等。一方面，政府作为消费者，可以通过互联网发布自己的采购清单，公开、透明、高效、廉洁地完成所需物品的采购；另一方面，政府通过网络，以电子商务方式，能更充分、及时地对企业发挥宏观调控、指导规范、监督管理的职能。

（6）个人消费者与政府之间的电子商务（C2G）

C2G 涵盖了个人与政府之间的若干事务，如个人公积金缴纳、个人向政府纳税、落户口等。C2G 方式具有透明的特点，在该方式下，公民可以快速了解政府发布的各项信息及办事流程。

（7）离线商务模式（O2O）

O2O 称为线上购买、线下消费，即将线下商务的机会与互联网结合在一起，让互联网成为线下交易的前台。线下服务通过线上平台揽客，消费者可以在线上搜索商品，线下完成交易。该模式最重要的特点是：推广效果可查，每笔交易可跟踪。随着本地化电子商务的飞速发展，信息和实物之间、线上和线下之间的联系变得更加紧密。

2. 按交易过程分类

按照交易过程进行划分，可以将电子商务划分为交易前、交易中和交易后三种。

（1）交易前电子商务

主要是指买卖双方和参与交易的其他各方在签订贸易合同前的准备活动。

（2）交易中电子商务

主要是指买卖双方签订合同后到开始履行合同前办理各种手续的过程，该过程主要涉及中介方、银行金融机构、信用卡公司、海关系统、商检系统、保险公司、税务系统和运输公司等。买卖双方要利用电子商务系统与有关各方进行各种电子票据和电子单证的交换，直到办理完这一过程的一切手续为止。

（3）交易后电子商务

主要是指从买卖双方办完所有手续之后开始，卖方要备货、组货、发货，同时进行报关、保险、取证和发信用证等。卖方将所售商品交付给运输公司包装、起运和发货，买卖双方可以通过后台管理工具跟踪这一过程，银行和金融机构也按照合同处理双方收付款进行结算，直到买方收到自己所购商品，完成整个交易过程。

3. 按商品交易过程完整程度分类

（1）完全电子商务

即可以完全通过电子商务方式实现和完成整个交易过程的交易。这类电子商务的信息流、资金流、商流和物流四个流均在网上完成。主要针对无形产品和服务的网上交易，如购买计算机软件、购买电子书、网上订票、在线支付、购买金融产品等。这类交易不需要利用传统渠道，可以使买卖双方不受地域的限制直接在网上完成交易。

（2）不完全电子商务

不完全电子商务是指无法完全依靠电子商务方式实现和完成整个交易过程的交易，它需要依靠一些外部要素来完成交易。这类电子商务主要是针对有形货物（如服装、图书、日用品等）的电子订货，这类交易仍然需要利用传统的渠道进行送货或实地交付商品及货物。

4. 按交易地域范围分类

按照开展电子商务交易的地域范围进行划分，可以分为本地电子商务、远程国内电子商务和全球电子商务。

（1）本地电子商务

本地电子商务通常是指利用本城市内或本地区内的信息网络实现的电子商务活动，电子交易的地域范围较小。本地电子商务系统是利用 Internet、Intranet 或专用网将下列系统连接在一起的网络系统：参加交易各方的电子商务信息系统，包括买方、卖方及其各方的电子商务信息系统；银行金融机构电子信息系统；保险公司信息系统；商品检验信息系统；税务管理信息系统；货物运输信息系统；本地区 EDI 中心系统（实际上，本地区 EDI 中心系统联结各个信息系统的中心）。本地电子商务系统是开展远程国内电子商务和全球电子商务的基础系统。

（2）远程国内电子商务

远程国内电子商务是指本国范围内进行的网上电子交易活动，其交易的地域范围较大，要求在全国范围内实现商业电子化、自动化，实现金融电子化，交易各方具备一定的电子商务知识、经济能力和技术能力，并具有一定的管理水平和能力等。

（3）全球电子商务

全球电子商务是指在全世界范围内进行的电子交易活动，参加电子交易各方通过网络进行贸易。涉及有关交易各方的相关系统，如买卖双方国家进出口公司系统、海关系统、银行金融系统、税务系统、运输系统和保险系统等。

5. 按电子商务企业所使用的网络类型分类

按照开展电子商务业务的企业所使用的网络类型框架，电子商务可以分为 EDI 电子商务、互联网电子商务、内联网电子商务、外部网电子商务和移动商务。

（1）EDI 电子商务

EDI 电子商务即电子数据交换。国际标准组织将其定义为将商业或行政事务处理，按照一个公认的标准，形成结构化的事务处理或报文数据格式，从计算机到计算机的电子传输方法。EDI 主要应用于企业与企业、企业与批发商、批发商与零售商之间的批发业务。相对于传统的订货和付款方式，大大节约了时间与费用。

（2）互联网电子商务

随着互联网发展及全球化的普及，基于计算机和软件，在通信网络上从事的经济活动开始逐渐发展起来。它以电子通信为手段，让人们通过计算机网络宣传自己的产品和服务，并进行交易和结算。这种基于互联网的电子商务形式，将商务活动中的所有业务汇集在一起，可以降低经营成本、加速资金周转。

（3）内联网电子商务

内联网电子商务也称为企业内部网电子商务。它是在互联网基础上发展起来的企业内部网，在原有的局域网上附加一些特定的软件，将局域网与互联网连接起来，从而形成企业内部的虚拟网络。它与互联网最大的区别在于：内联网内的敏感或享有知识产权的信息受到内联网防火墙的保护，它只允许经过企业授权的访问者接入内部 Web 站点，外部人员只有在许可的条件下才可以进入企业的内部网络。内联网将大中型企业分布在各地的分支机构及企业内部有关部门和各种信息通过网络予以连通，企业各级管理人员能够通过网络掌握自己所需要的信息，利用在线业务的申请和注册代替传统贸易和内部流通的形式，从而有效地降低交易成本，提高经济效益。

（4）外部网电子商务

外部网电子商务是内联网的外部扩展和延伸，通过将一些企业的内部网通过访问控制和路由器予以连接，构成一个虚拟网络。一般在外联网中，允许网内访问外部的互联网信息，但不允许非法和身份不明的访问者进入网络，因此，这种模式是一种半封闭的企业间电子商务模式。它既具有内部网的安全性，又能够通过互联网实现内外部网之间的连接，具有互联网覆盖面广和成本低廉的优点。

（5）移动商务

移动商务是在移动通信网络和互联网技术的基础上发展起来的，主要通过手机、平板电脑和其他移动智能终端设备来进行商务活动。与其他电子商务类型相比，移动商务拥有更加便捷的操作方法和更广泛的用户基础。

（四）电子商务的特点

电子商务是 IT 技术和商务运行结合而产生的一种新型的商务交易过程，也是新经济含义下的一种主要经济方式。总的来说，电子商务具备以下几个特点。

1. 流程虚拟化、数字化

电子商务是科学技术与信息技术的产物，是一种虚拟的数字化信息经济，能够提供更加方便、快捷的经营方式，并且降低了企业的成本风险，也为消费者提供了更加便利的信息获取途径，使消费者足不出户就能浏览各种信息并完成商务活动。

2. 开放性和全球性

基于互联网全球信息传播与覆盖的特点，电子商务拥有更加广阔的空间，消除了传统商务的地理和空间障碍限制，并且其无限的信息存储空间可以便捷地检索和迅速地传输，因而使不同地域的经济联系更加便利。

3. 自动化和智能化

在电子商务环境下，自动化的交易流程提高了生产率，出现了创造价值、协调分工等新形式、新产品和新市场。经济的发展不再依靠体力，渐渐转变为以知识和信息为主；对财富的认知也开始向所拥有信息、知识和智力的多少转变；并且随着科技与互联网技术的不断发展，未来智能工具将日益占据社会的主导地位，生产、交换和分配等各种经济活动将朝智能化的方向发展。

二、电子商务与传统商务的比较

传统商务就是商品的买卖或交易活动。从广义上来说，也可以将商务活动看作一种至少由两方参与的有价值物品或服务的协商交换过程，包括买卖双方为完成交易所进行的各种活动。

（一）商务与电子商务

远古时代，当人们开始进行日常活动分工时，商业活动就开始了。最早的商业活动是"以货易货"，人们用剩余产品或生产活动所得的产品来换取所需的物品。随着市场经济的不断完善，企业、政府、个人同市场之间的联系越来越紧密。企业直接面对市场谋求更大的生存和发展空间，政府采购开始采用市场化运作方式，个人消费日趋多样化，商务活动已渗透到社会经济生活的各个领域。可以将商务解释为：以营利为目的的市场经济主体，通过实现商品的交换而开展的一系列经营管理活动的总称。对商务的解释，大致可以归纳如下。

①商务主体的多元性，即包括一切以营利为目的的市场经济主体。商务主体涉及企业、政府部门（包括事业单位）、家庭和个人等。

②商务的实质是商品交换，即通过买卖方式实现商品所有权转移的交换行为。

③商务的对象或客体是所有的经济资源，包括各种有形商品和无形商品。

④商务活动包括采购、生产、销售、商贸磋商、价格比较、经营决策、营销策略、推销促销、公关宣传、售前和售后服务、客户关系以及咨询服务等。

（二）电子商务与传统商务的比较

1. 传统商务和电子商务的运作过程

传统商务和电子商务的运作过程相比较，虽然商贸交易过程中的实务操作步骤都是由交易前的准备、贸易磋商过程、合同的签订与执行、资金的支付四个环节构成，但交易具体使用的运作方法是完全不同的。传统商务和电子商务的运作过程的比较如表1-1所示。

表1-1　传统商务和电子商务的运作过程的比较

运作过程	传统商务	电子商务
交易前的准备	商品信息的发布、查询和匹配，是通过传统方式来完成的（如报纸、电视、广播、杂志、户外媒体等各种广告形式）	交易的供需信息都是通过交易双方的网址和网络主页完成的。双方信息沟通的特点是快速、高效
贸易磋商过程	是贸易双方进行口头磋商或纸面贸易单证的传递过程。纸面贸易单证包括询价单、价格磋商、订购合同、发货单、运输单、发票、收货单等。使用的工具有电话、传真或邮寄等	将纸面单证在网络和系统的支持下变成电子化的记录、文件和报文在网络上传递。专门的数据交换协议保证了网络信息传递的正确、安全的特性和快速的特点
合同的签订与执行	在商务活动中，贸易磋商过程经常通过口头协议来完成，在磋商完成后，交易双方必须以书面形式签订具有法律效力的商贸合同来确定磋商的结果和监督执行（纸面合同）	电子合同在第三方授权的情况下，同样具有法律效力，可以作为在执行过程中产生纠纷的仲裁依据
资金的支付	支票：多用于企业的商贸过程，涉及双方单位及其开户银行。 现金：常用于企业对个体消费者的商品零售过程	网上支付。可采用信用卡、电子支票、电子现金、电子钱包等形式

2. 传统商务和电子商务的区别

传统商务和电子商务区别如表1-2所示。

表 1-2　传统商务和电子商务的区别

项目	电子商务	传统商务
交易对象	世界各地	部分地区
交易时间	实施一周 7×24 小时服务	在规定的营业时间内
营销推动	交易双方一对一沟通，是双向的	销售商单方努力
顾客购物方便度	按照自己的方式，无拘无束地购物	受限于时间、地点及店主态度
顾客需求把握	能快速捕捉顾客的需求并及时应对	商家需很长时间掌握顾客需求
销售地点	虚拟空间（提供商品列表和图片）	需要销售空间（店铺、货架和仓库）
销售方式	完全自由购买	通过各种关系买卖，方式多样
流通渠道	简化了流通环节，降低了流通成本	流通环节复杂，流通成本高

三、电子商务产生的影响

电子商务是商业领域重大变革的结果，是互联网技术发展日益成熟的直接结果，它指引着现代商业的发展方向，作为一种创新的经济运作方式，其影响远远超出商业领域。全球电子商务的发展正改变着社会经济、人民生活的各个方面，它对人类社会的生产经营活动、政府职能、生活和就业、法律制度及教育文化等各个方面都将带来十分深远的影响。随着电子商务的蓬勃发展，一大批新词语正在被人们所熟悉和认同，如网络经济、信息经济、共享经济、网络营销、新媒体营销等，这些新词语也从另一侧面反映了电子商务给社会生活带来的影响。

（一）电子商务对政府的影响

政府对电子商务的支持态度将直接影响电子商务的发展；反之，电子商务的发展也在一定程度上影响政府机构的职能，改变着政府行为。在电子商务时代，电子政府或网上政府，将随着电子商务的发展而成为一个重要的社会角色。

（二）电子商务对企业的影响

1. 电子商务对企业生产方式的影响

电子商务促成直接经济的产生，取消了许多中间环节，大大缩短了生产厂家与消费者之间的距离，改变传统市场的结构，使敏捷的生产战略得以实现。

2. 电子商务将给传统行业带来一场革命

电子商务是一种崭新的贸易形式，通过人机结合方式，极大地提高了商务活动的效率，减少不必要的中间环节。传统大批量生产的制造业进入小批量、多品种、个性化的大规模定制时代，"无店铺""网络营销""新媒体技术"的新模式为传统企业的重新崛起提供了全新工具。

3. 电子商务对电子金融业的影响

由于在线电子支付是电子商务的关键环节，也是电子商务得以顺利发展的基础条件，随着电子商务在电子交易环节上的突破，网上银行、银行卡支付网络、银行电子支付系统、电子支票、电子现金等服务，将传统的金融业带入一个全新领域。

4. 电子商务对企业管理模式的影响

电子商务在一个广泛的领域中建立从消费者到企业，以及整个贸易过程中所有相关角色之间的协同组合，把生产、采购、销售、广告、洽谈、成交、支付、税收等所有过程都集成在一个系统中，缩短企业生产周期，降低成本，减少库存和产品积压，同时通过与消费者和客户的直接沟通，及时了解市场动向，创造更多销售机会，从而形成流通市场的良性循环。

第三节 "互联网＋"时代的电子商务理论基础

"互联网＋"战略已上升为国家战略，"互联网＋"行动计划将成为推动中国经济发展的新引擎。在当前时代背景下，中国提出"互联网＋"战略具有深远的战略意义。

"互联网＋"行动计划将促进以大数据、云计算、物联网为代表的互联网技术与传统翻造行业以及服务性行业的深入融合，发展出新型的产业形态，展开传统行业发展新局面，为大众创业、万众创新提供环境，为产业智能化提供支撑，增强新的经济发展动力，促进国民经济提质增效升级。

一、大数据对电子商务各组成部分的影响

数据化是信息社会的重要标志。人类经过农业社会、工业社会，现在已经进入了信息社会。信息社会一定是高度信息化的社会，也一定是高度数据化的社会。尤其是大数据技术的出现，使过去很多不可计量、存储、分析和共享的东西都被数据化了，这标志着人类在寻求量化世界的道路上前进了一大步，人们认识世界的能力有了空前提高。就像我们现已熟知的定式、公理、公式，客观上早就存在，一经被人们发现就变得非常有价值，成为我们行动的利器。数据也是这样，过去我们没有技术和手段，不能大量发现和捕捉到它，在今天"互联网＋"时代，我们有了大数据技术，就离发现事物的本质及其变化规律更近了。

在"互联网＋"时代，以信息网络技术为手段的电子商务发展迅速，电子商务公开、透明的线上信息，可迅速实现信息流、商流、资金流，降低了贸易成本，使其在全球都获得了快速发展。

（一）大数据处理概论

1. 大数据处理概述

社会的不断进步和发展推动了互联网的繁荣发展，在网络平台中，数据信息的检索更是不计其数，这样数量较大的数据即是我们所说的大数据。大数据主要在 20 世纪 90 年代末出现，并在 21 世纪的发展中趋向于爆发式增长，有着较广泛的涵盖范围，在社会的各个领域中，更是普遍地被应用于各个行业。

大数据在实际处理过程中，主要是对合适的数据进行合理的投入和使用，并对更大的价值空间进行创造。在数据处理过程中，更是要保证大数据有着一定的处理技术，通过对处理技术进行全面的升级。

2. 大数据处理的基本特点

在大数据处理过程中，往往有一定的特点。

首先，大数据有庞大的数据量。基于信息时代的特点，在实际的数据分析过程中，较多的网络使用者，打破传统的数据收集方式，打破原始数据单一化，并有着较广的领域和较大的规模，但是和原始数据进行比较，这样在处理过程中增添了一些难度。

其次，大数据的处理过程较为快速。这个特点明显优于传统的模式，并在数据的采集和收集中，更是合理使用全部的数据，有相对较高的处理效果。

最后，大数据的价值密度相对较低。在非结构化数据中，往往缺乏程序性的处理，以至于在保持原始数据的过程中，更是夹杂着一些有用的信息和无用的信息。

（二）电子商务物流与大数据处理

1. 电子商务物流大数据处理的重要意义

电子商务物流行业发展的过程中，要做好大数据的合理处理，就其实质性而言，电子商务物流大数据处理往往有一定的重要意义，主要体现在以下两点。

（1）保证了电子商务市场的便利性营销

电子商务物流大数据处理过程中，通过结合电子商务物流的市场需求，在迎合市场的过程中，不仅仅将成本降低，同时也保证有最大化的效率，进而实现市场营销的主要目的，即借助于大数据处理，实现对市场的科学分析，并对营销中利润点的市场潜在价值加以找寻，进而获得一定的利润。

（2）保证了大数据的个性化处理

随着时代经济的飞速发展，当前人们生活水平不断提高，同时人们的生活逐渐处于一种富有的状态，对于物质有着越来越高的追求。在当前传统商业模式的发展中，电子商务物流的需求更加注重用户的实质性需求，通过对用户习惯性的需求以及潜在形式上的需求进行探索，并保证电子商务物流有更加合理的发展。

2. 电子商务物流大数据处理的主要影响

电子商务物流大数据处理的过程中，对于电子商务同样也带来了一系列影响，并推动了我国电子商务物流大数据的全面和谐健康发展。

一是在大数据处理过程中，保证电子商务物流运营有一定的数据化，打破了传统的运营模式，采取数据方式作为主要的运营形式，进而将企业运营汇总的采购营销和财务管理贯穿。

二是大数据处理过程中，将电子商务物流产品投入和产出的比例显著提高，并将供应商和经销商之间的价值链连接整合程度全面提高，做好二者之间的垂直整合，使企业和用户之间有越来越紧密的联系，并将更多制胜的机会加以获取。

三是在大数据处理过程中，保证了电子商务数据有一定的资产化，在当前信息时代的发展中，更是结合大数据的相关资产信息，将数据化的竞争全面提高，保证企业有一定的制胜基础。

电子商务物流大数据处理过程中，最主要目的是将电子商务物流大数据的计算处理效率显著提高。在对大数据处理特点分析中得知，大数据处理的过程不仅复杂，同时也有相对庞大的数据。在当前的电子商务大数据处理中，保证电子商务物流行业科学规范化的运营，不仅对电子商务市场便利性的营销有一定的基础保证作用，而且对于大数据的个性化处理也有一定的作用。在数据化竞争日益激烈的今天，加强商业之间的竞争，需以电子商务物流发展为目的，做好大数据的综合性处理。

（三）大数据营销应用

1. 大数据营销促进企业提高营销效率

（1）大数据营销帮助企业实现渠道优化

消费者通过社会化、移动化的渠道获取商品服务的信息，这些信息数据被网络记载，企业可根据消费者的使用情况进行渠道营销优化，判断各营销渠道的投入配比，各类型用户的营销手段等，从而实现渠道优化。

（2）大数据营销促进企业营销信息推送的精准化

消费者线上的浏览、搜索记录被记录，客户信息通过各大电子商务平台被记载，线下的购买行为也被门店的 POS 机、会员信息记录，消费者通过各种渠道重现在商家面前，其需求被商家搜罗。企业利用大数据技术对消费者进行分类，挖掘目标消费者，再根据其不同特性向其推送相关营销信息。同时，传统营销以产品为主导，忽略了用户的真实欲望，然而大数据营销则使营销在主动性及精准性方面都有了进一步提升。

（3）大数据营销有利于企业做出正确的企业决策

与传统营销相比，大数据营销建立在更加广泛的数据层面上，其分析效果要比传统的问卷调查精确得多。因此，在更加精准的研究结果下，企业决策的效果得以保证。

2. 大数据营销促进客户提升

客户体验大数据营销不仅给企业带来了便利，同时也提高了产品使用者的用户体验。这其中包括潜在用户的准确业务推送、用户需求的精准定位以及用户反馈的有效传达等。

（1）用户的需求得到准确提供

工业化大生产使产品产量爆发式增长，加上产品的多元化设计，消费者在欲购买某种产品时，总是要做出许多选择，如产品的品牌、价格、功效、优惠等，而在电子商务平台上，还需要思考哪个商家信誉更好、商品伪劣情况等。多样化、多层次的不同选择让消费者望而却步，迟迟不愿做出最后决定。然而，大数据营销可以使消费者在企业的精准分析下受益，解决这一困境。根据企业的大数据分析，企业可以将特定用户准确划分，从而为该潜在用户送达其真正需要的企业产品信息，真正做到以客户为中心。对于客户本身来讲，获得的则是比传统营销更有价值的信息介绍。

（2）用户的反馈得到有效传达

在大数据营销中，企业不仅需要收集用户使用产品之前的信息，还要收集使用之后的信息，了解用户体验，从而对产品进行改进。在传统营销中，企业以利润为导向，忽略客户信息，客户的使用体验不能得到有效传达。因此，产品的质量、性能并不能按照消费者的意愿进行改变。

然而，作为大数据营销重要的基础部分，消费者的反馈信息得到前所未有的重视，只有将消费者的反馈信息进行合理分析和利用，才能使企业真正发挥大数据营销的魅力。在大数据营销时代，用户的每一项体验都能够真切地体现到产品的改进中。

3. 大数据营销促进营销平台互通互联

消费者以生活化的形式存在于互联网之上，要想精准掌握消费者的需求，就要知道其生活的每一个关键时刻。人们已经充分将日常生活与互联网平台互联，如在社交网站与亲朋好友互动，在电子商务平台进行商品消费，在贴吧社区进行活动策划，在论坛博客发表个性观点，甚至可以在某些平台进行知识科普。大数据营销需要的是将消费者在网络中碎片化的消费者信息重组，得到消费者整体画像，从而进行个性化营销。因此，大数据营销应用的发展促进了各大互联网平台的相互融合。在线上平台相互打通的同时，大数据营销也促进了线上线下营销平台的互联。媒体通过跨界融合的方式使报纸、电视、互联网进行有效结合，资源共享，获得大量消费者信息，进行集中处理，衍生出形式多样的营销信息，再通过不同平台进行传播，提升营销效果。

（四）大数据与电子商务支付

随着移动互联网的快速发展，越来越多的用户习惯于网购，通过电子交易的方式实现快速网购。在大数据背景下，利用大数据技术助力业务分析、业务营销已经成为运营商必须面对的问题。

在今天越来越多的消费者放弃使用现金，从餐饮出行、旅游娱乐到民生生活领域，现代化支付特别是移动支付成为消费者的首选。移动支付的快速发展和大数据的不断成熟，正为零售业态的探索带来更多的可能性。以技术为基础，融合线上线下的"新零售"机遇应运而生，而在这背后移动支付和大数据这一重塑经济增长格局的新动能，正成为新格局竞争的关键。

移动支付产业规模的强劲涨势为新零售等更多产业的发展催生出肥沃土壤，进而移动支付在支撑经济增长中发挥着重要作用。而就移动支付本身而言，过硬的风险控制则成为相关产业高规格、稳健发展的根本保障。如何以技术手段提升应对安全隐患的能力，保障用户的账户资金安全，成为移动支付产业必须面对和解决的问题，各大平台纷纷以自身优势为基础形成了各具特色的防控机制。从运营商用户基本信息、通信、消费、手机终端等数据特征综合分析识别"异类分子"。从各家移动支付平台的探索来看，不断发掘数据在风控方面的价值潜力，夯实业务全面落地且平稳运行的安全基础，正成为各家共同的发力点。移动支付风控能力的不断提升，也为新零售格局的快速拓展提供了有力保障。

（五）大数据与电子商务个性化服务

电子商务个性化信息服务是指能满足不同用户特定信息需求的服务模式，即根据不同用户的不同需要向其提供相应的个性化信息，或者电子商务平台主动地根据用户上网习惯的差异向其提供信息服务，为用户创造一个良好的信息环境。个性化信息推荐服务是以用户对信息的使用偏好为基础，为用户提供符合其个性化信息需求的服务。研究用户的信息使用习惯能够更好地为用户提供符合要求的信息资源，有利于个性化信息服务的发展。

1. 个性化的服务内容

对于个性化信息的服务用户并不是单纯地接受，每个用户对信息和服务的需求根据其不同的个体条件而变化。电子商务网站能够为用户提供广泛的选择，更重要的是能够根据用户的需求推荐符合其消费习惯的商品信息，以此来缩短用户在搜索符合其要求的商品时所花费的时间。不仅如此，网站能够利用用户在网购过程中留下的数据，将其应用到商品推广过程中，更好地满足用户的个性化需求。

2. 个性化的服务方式

目前，使用最广泛的信息服务方式是"PULL"服务模式，即信息提供方直接将信息发布到网上，用户可以根据自己的需求在网上查找相应的信息，这种服务模式将会在各个网页间的转换上花费大量的时间和精力。与"PULL"模式相对应的是"PUSH"模式，在"PUSH"模式下，信息提供方将最近更新信息以摘要的形式发送给用户，用户可以根据自己的需求对推送的信息进行筛选。"PUSH"模式的优点是能够大量节省用户的时间，以免用户在查找过程中浪费过多的精力。

二、"互联网＋"的具体应用表现

"互联网＋"在信息通信技术及互联网平台的基础之上，要打破传统行业和互联网行业之间的界限，使互联网和传统行业融合在一起，为传统产业创新提供技术支持，改变原来固有的思维模式，共同呈现出一种新的发展生态。"互联网＋"的实际应用包括工业、金融、商贸、通信等方面。"互联网＋"带动了很多产业的发展，尤其是在农业、传统企业和教育等方面的发展起到了重要作用。

（一）互联网＋农业

"互联网＋农业"就是把先进的互联网络技术与传统农业产业相融合，把农作物生产信息、服务需求、经营管理等通过信息技术、物联网技术、通信技术与互联网联结起来，利用互联网传播速度快、传播渠道宽的特点和"开放、便捷、分享、免费"的理念，解决传统农业在生产、服务、经营、销售等方面的问题，实现农业生产智能化和信息化、农业管理在线化和数据化、农业经营高效化和服务便捷化、农产品销售网络化，提升传统农业现代化科技水平。

1."互联网＋农业"发展中的问题

通过互联网可以有效打破地域局限，使农产品流通更为快捷与方便。"互联网＋农业"有利于打造农产品品牌，借助互联网传播渗透广、传播快的特性，通过新媒体、网络社交等方式使农产品营销模式多样化，营销成本降低，但影响力增加。通过物联网实时监测，应用大数据进行分析和预测，提高农业资源整合效率，实现精准农业，降低单位成本，提高单位产量，同时通过信息化管理，实现工厂化的流程式运作，进一步提升经营效率，更有助于先进模式的推广复制，解决农业信息不对称、农产品流通时间长、成本高、供销对接难的问题。但是在广大农村地区存在的教育、经济发展不平衡，很多地方还未脱贫甚至思想观念落后，造成了"互联网＋农业"发展中的诸多问题。

（1）基础投入不足

很多农村地区虽然政府加大了对"互联网＋农业"的基础建设，也取得了一定的成绩，但是更多的情况是基础设施薄弱，归根结底就是政府财政能力有限，财政资金投入不足。由于我国农业从事者偏老龄化，普遍缺乏互联网应用知识和经营管理技能，懂得网络的年轻人不愿意回农村置业、创业，这也成为农业互联网发展的第一道"瓶颈"，同时也缺乏农产品存放库房等硬件设施设备，使农业电子商务、农业互联网发展较为迟缓。我国农民的收入不高，加上受知识和观念的限制，在没有感受到信息化带来的真正实惠时，是不会主动支付信息费用的。在这种情况下，会因成本较高而使获得的效果具有很强的不确定性，使信息化在农村的推进举步维艰。

（2）农产品生产缺乏标准化控制

农业作为传统产业，一直以来其生产加工都是纯手工作业，没有统一的标准，产品质量、安全性能得不到保证，也不能乘着互联网的东风像工业产品实现生动化生产一样一路走红，农产品标准化控制问题是"互联网＋农业"应用中急需解决的问题。主要原因是部分农户只考虑眼前利益，不增加投资，只按现有条件生产，有的往往为了节约成本，提高自己的收入，使用不符合标准的劣质商品进行加工生产，导致质量不达标。如此反复造成恶性循环，极大地摧毁了信誉，降低了农产品的竞争力。

2.解决措施

（1）完善"互联网＋农业"的应用基础设施

要提高宽带连接的覆盖率，加大互联网应用的宣传，政府通过补贴宽带使用费用或者降低村镇宽带收费标准等惠民政策吸引更多的农民安装宽带。鼓励大学生回乡创业，从内化方面发挥大学生的作用，特别是要树立大学生回乡创业的典型，逐步解决人才问题和改变思想观念落后的局面。从根本上使农民改变传统农业思维，接受新型农业思维，迎接农业信息自动化时代的到来。

（2）建设精准与智能农业

利用物联网技术、大数据技术与智能化技术实现农业的智能化种植、养殖和管理，解决目前我国农业存在的管理粗放、抗风险能力差的问题。同时，通过建设智能化设施设备、智能化管理系统、智能化农业工厂等使农民摆脱上千年"面朝黄土背朝天"的劳作方式。实现智能化、精准化、精细化生产管理。通过大数据分析，了解原料生产、产品加工、市场交易、消费反馈等信息，从而指导农业从事者生产经营。

（3）构建安全农业

要想打造安全农业必须实施四大手段：一是环境生态化，选择生态环境好的区域；二是过程有机化，利用有机生产的方式，不施用化肥、农药等化学农用品；三是流通直达化，取消中间商环节，直接配送至消费者；四是结果可追溯化，以农产品标准为基础，通过二维码等技术对产品的生产过程进行全程监控。

（二）互联网＋传统企业

在"互联网＋"的时代背景下，包括传统行业在内的各行各业都需要依托互联网信息技术实现自身与互联网的结合，并通过互联网去连接用户，围绕互联网构建商业模式。运用一定的互联网工具对传统企业的营销进行转型，消费者在哪里，我们的营销就在哪里，这样才能吸引消费者来了解企业的产品，从而购买企业的产品。运用互联网思维、人工智能对我们企业的营销、管理、研发等各个环节做出更好的决策，在企业的营销、管理、研发等各个方面做出一些改变，从而加快企业的发展。

1. 传统企业互联网化面临的问题

过去的传统企业大部分都是粗放型，依靠经销渠道逐渐在市场上形成品牌影响力，占有率。可随着近十来年电子商务的疯狂发展，渠道的侵袭，导致传统企业乱了阵脚。

在成本上涨、出口订单减少等内外因素影响下，代表实体经济的制造业则发展放缓，不少企业出现亏损甚至倒闭。产能过剩、生产效率低下等问题，成为传统企业谋求新发展的拦路虎，亟须企业解决。

2. 传统企业发展方向

（1）传统企业拥抱"互联网＋"，不是粗暴地将企业变成互联网企业

随着互联网、移动互联网的高速发展，人们获取信息的方式和渠道发生了重要变化，即互联网变成了最快捷的获取信息的渠道。大量互联网企业，在其发展早期往往采用地推的方式实现企业目标，以高昂的成本获得一定数量的用户。移动互联网的发展让我们看到互联网企业本身变成了重要的客户信息入口，互联网企业掌握了客户群入口转而面对下游的诸多传统企业或服务商，包括我们传统企业已有的客户，往往也会流失到这个互联网入口上。显而易见，传统企业由于没有掌握用户群和入口，本身并不具备全产业

链或服务链的端到端的整合能力，也不具备基础的议价能力。这些企业生存往往很困难，包括原有由于信息不对称性带来的高额利润也会被压榨。在这种竞争格局和互联网发展趋势下，传统企业必须考虑如何转型提升核心竞争力和整合资源。

（2）提升自身和内部的信息化水平和能力

通过信息化建设形成有战斗力和互联网思维的信息化队伍。当前很多传统企业，信息化水平相当薄弱。端到端外延后的互联网最终还是需要依赖内部的 IT 能力进行业务支撑。企业内部信息化和 IT 能力的建设，其核心目的仍然是降低成本和提高效率，同时通过业务资产和数据资产的积累提升整个企业依靠数据持续改进的能力。企业内部的运作流程需要通过信息化支撑高效快速的协同，敏捷地响应外部市场。在工业 4.0 提出后可以看到对于生产制造类企业更加强调了生产环节的自动化，生产的柔性，包括智能制造概念都是解决成本和敏捷性方面的问题。传统企业建设往往没有进行很好的顶层设计和信息化规划，导致 IT 对业务支撑能力弱，到处出现业务和流程的断点，使数据信息不能高效传递和共享，这些都是传统企业在信息化建设过程中需要改进和提升的内容。

（3）持续创新

"互联网＋"下企业创新的科技环境主要是当前使用最为广泛的互联网技术，包括人工智能、大数据、云计算、物联网、移动互联网等新兴技术。传统企业应整合资金资源、人力资源、科技资源、信息资源、物力资源，其发挥最大的作用才会使创新获得更大的成功。

互联网技术在对传统行业新的需求和问题分析过程中，研究提出新的商业模式并通过互联网技术来解决。传统企业探索"互联网＋"商业模式和单纯的互联网企业是不同的，单纯的互联网企业目标很简单，即建设平台和获取入口，进而一方面是掌握议价能力，另一方面是整合离散个体资源形成自营替代传统企业。这个在诸多服务类行业中相当明显。解决传统模式下信息传递和响应慢、各方无法高效协同的问题，进而打造线上资源平台和整合能力，同时通过线上平台的运营进一步发展衍生服务，完善生态链是传统企业在结合"互联网＋"下商业模式转型可以考虑的思路和切入点。

（三）互联网＋教育

1. 网络教育的特征

（1）资源利用最大化

资源利用最大化就是我们常说的资源共享。通过网络平台，学校可以充分发挥教育资源优势，把最佳的教育成果展示在网络教育平台上，使校内外学生都能够共享学习。学生通过互联网也可以实现资源共享、集体讨论，学生在分享链接或教师的指导下，可以更有针对性、目标性地在知识的海洋里遨游，互联网上信息资源的取之不尽、用之不竭，加上网络环境的奇特性，对形成个性化的教育、培养学生的个性化思维，实现教学过程要素关系的转变，促进应试教育向素质教育转变都将产生重大而深远的影响。

（2）学习行为自主化

传统的教育模式要把学生完全集中在教室内，给学生进行"满堂灌"，注重的是学生的学习形式而忽略了学习效果；互联网环境下网络教学的中心是学，不在意学习的地点、时间，重要的是学习的过程，包括问题的解答与探讨等。在网络教学中，学员在老师的指导下，按照自己需求进行自主学习，教师的作用则是按时进行课程讲解、组织讲授过程、调控整个直播课程，并根据系统试卷测试考核、作业等的情况，进行针对性讲解，更有效地帮助学生，至于学生的学习方式、进度和难易程度等则由学生本人决定，根据个人掌握情况进行计划性安排，学生之间是自由的。网络教育不仅仅能够满足成年人根据自身的需求，通过合理的时间安排进行继续教育、自主学习；还能满足在校学生任何时间、任何地点、从任何章节起对任何掌握不足的课程进行反复学习，或巩固已掌握知识。

（3）学习形式交互性

网络教育平台最大优点是它的交互性，实时交互性是指在网络上的各个终端可以及时实时回答。网络教育平台针对两个主要对象是学生和老师，两者相互连接，交互的方式有教师与学生之间、学生与学生之间，通过教师提前准备的PPT课件等学习软件，还可以有效地获得图、文、声、像并茂的知识信息。教师与学生之间的交互连接可以使学生获得教师实时的指导，学生之间的交互连接可以帮助学生进行协作学习。这种通过网络教育平台连接教师与学生进行全方位的交流、双向交互的活动，使学生能够及时了解自己的进步与不足，更加清楚自己学习的进展情况，并按照要求调整学习，当学生学习遇到的难点、易错点或问题时，教师能够在线及时解答，使教师能更有针对性地指导学生，也使学生更精确地找到自己的短板并予以补足，从而极大地提高学生学习的质量和效率。

（4）教学形式修改化

从教育平台管理者的角度：通过在线学习的大数据记录，系统地对每个学员的个性资料、学习过程及阶段情况等实现完整的系统跟踪记录，方便日常管理及督促学习，同时更有助于信息反馈和日后联系。教学和学习服务系统可以根据系统记录的个人资料，针对不同学员提出个性化学习建议。

从教师和学生的角度：利用教育平台，教师和学生可以利用站内信息、微博、微信公众号、论坛或者是教师个人联系方式等，就与课程学习相关的一系列问题进行交流和讨论；学生根据自己的需求，也可以利用不同的平台进行学习，获取更高效便捷的知识信息。相较传统的教育模式，网络教育具有没有地区的限制、时间的局限等优势，这样能更好地使学生节省时间和不必要的费用，更合理地安排学习，而不再是应试的定时定点的课堂学习。

（5）教学管理自动化

网络教育机构都兼有自己的网络平台或专属App，想要购买网络教育课程的学生，可以利用这些平台，与客服人员进行咨询，详细了解后选择自己需求的课程，进行确定报名、交费、查询，后期开始课程后，还可参加课后作业与模考大赛等考核，检验学习成果。

2. 网络教育发展问题分析

（1）基于网络教育环境的分析

①硬件方面

网络教育基础设施尚不完善。目前，实现网络教育需要有基础设备（电脑、网络信号、网线、电脑桌等）作为支持，在一些经济尚不发达的地区，计算机普及率低，网络不发达，一些偏远地区或农村地区的网络传输速度较慢，很难保证网络教学信息传输的质量和稳定性，而昂贵的配套设施，经费问题导致的无法实现网络教育的问题还大有存在。众多原因导致部分学生很少有机会接触到网络教育，教育发展水平仍存在不平衡的现象。

②软件方面

目前，网络教育在设备的使用上差距较大，数量参差不齐，主要体现在使用的聊天软件上，如讨论论坛、留言板（当前在线课程的主要选择）等，而真正实时在线答疑的系统使用不多，交流时间有限，反馈不及时；所呈现出的交互方式过于传统与单一化；在老师与学生的交互过程中，依旧存在大量的学生置于"旁观"状态，很少参与到与他人的交流探讨中，缺乏交互的主动积极性。

（2）基于市场及受教育者的分析

学习者是否选择使用网络教育，是市场发展的基础。目前，就大学生群体而言，选择公考、事业编、教师编乃至教师资格证、会计从业资格证考试等，多数都选择网络课程。主要原因有二：第一，网络课程不拘泥于特定的时间和地点，学生可利用在校学习之余的其他时间，自由支配、自主学习，并且网络课程大多除了直播外还有录播，学生可以重复多次浏览查看学习。第二，网络课程相比于面授课程，在收费方面有较大差距，网络课程的费用大多在学生的支付范围内且性价比较高，后期的使用更加有效率。

第二章 "互联网+"时代的电子商务基本模式及创新

第一节 电子商务基本模式

一、企业与企业之间的电子商务模式

企业与企业之间的电子商务模式是企业对企业的电子商务模式，它是一种以企业为交易主体，以银行电子支付和结算为手段，以企业数据为依托的商务模式。企业与企业之间的电子商务模式的内涵是企业通过内部信息系统平台和外部网站将面向上游的供应商的采购业务和下游经销商的销售业务有机地结合在一起。企业与企业之间的交易具有交易规模大、交易条件成熟、交易关系稳定等特点。

国内企业与企业之间的电子商务模式发展主要有两种类型：一种是综合型企业与企业之间的电子商务平台；另一种是行业垂直型企业与企业之间的电子商务平台。

综合型企业与企业之间的电子商务模式，又称为水平企业与企业之间的电子商务模式，几乎包含所有的行业，它是将各个行业中相近的交易过程集中到一个场所的交易平台。通过提供互联网平台，将销售商和采购商汇集在一起，为企业采购方和供应方提供交易机会。此类企业与企业之间的电子商务平台信息非常丰富，行业及产品分类齐备，供应商和采购商数量多。采购商不仅可以在其网上查到销售商及其销售产品的有关信息，还可以通过平台进行交流沟通、在线支付、最终完成交易。

垂直类企业与企业之间的电子商务模式即专业型企业与企业之间的电子商务模式，是指某一细分行业或某一细分市场专业经营电子商务的交易平台。它是将某一行业中相近的交易过程集中到一个场所，为企业的采购方和供应方提供一个交易的机会，面对的多是某一个行业内的从业者，因此客户相对比较集中而且有限。垂直企业与企业之间的电子商务面对的行业较专业，客户较集中，因此对专家技能的要求相对较高，细分市场专业化深度服务是该模式的核心竞争力。此类网站的代表有上海钢联、华强电子网等。

二、企业与消费者之间的电子商务模式

企业与消费者之间的电子商务模式即企业对消费者的电子商务模式，指的是企业与消费者之间依托互联网等现代信息技术手段进行的产品、服务及信息的交换等商务活动。企业与消费者之间的电子商务一般以网络零售业为主，主要是指企业借助互联网开展的在线销售活动。企业和商家可以充分利用电子商城提供的网络基础设施、支付平台、安全平台、管理平台等共享资源，有效地、低成本地开展自己的商业活动。

企业与消费者之间的电子商务模式是我国最早出现的电子商务模式，也是我国当今电子商务市场中一种重要的商务模式。在企业与消费者之间的电子商务商业模式下，企业通过互联网为消费者提供了一个新型的购物环境—— 网上商店，消费者足不出户，即可通过网络选购商品，并进行网上支付。这种模式节省了企业和客户的时间，大大提高了交易效率，节省了各类不必要的开支。此外，对于商家来说，通过网络将商品以图文方式展示销售，可以降低库存成本，便于商家及时把握销售动态。到目前为止，我国比较成功的企业与消费者之间的电子商务企业有京东商城、天猫、苏宁易购等。

三、个人消费者与个人消费者之间的电子商务模式

个人消费者与个人消费者之间的电子商务模式即消费者对消费者的电子商务模式，是一种个人对个人的网上交易行为。个人消费者与个人消费者之间的电子商务的运作是通过第三方企业搭建网络个人拍卖平台，个人消费者可以在网上注册成为会员，注册成功后可以做卖主或买主。个人消费者与个人消费者之间的电子商务模式的盈利来源多样化，主要是通过为买卖双方搭建拍卖平台，按比例收取交易费用，或者提供商务平台给个人在此平台开店，以会员制方式收费，或者是通过对店铺装修或宣传时收取增值服务费用等。

四、个人消费者与企业之间的电子商务模式

个人消费者与企业之间的电子商务模式是消费者对企业的电子商务模式，它是通过聚合庞大的用户群形成一个强大的采购集团，以消费者为主导，采用 Web 2.0 技术聚集大量消费者信息，促使企业按照消费者的需求进行设计和生产。

对于个人消费者与企业之间的电子商务模式，目前有两种被学界普遍接受的认知。

第一种是从团购的思路出发，认为个人消费者与企业之间的电子商务模式通过聚合消费需求相同、数量巨大的消费者，形成一个巨大的购买群，使消费者直接面对厂家进行集体议价，享受以批发价格购买单品的价格优势，改变了消费者的劣势地位。第二种则是以消费者在这一模式中的主动性作用界定个人消费者与企业之间的电子商务模式的内涵。认为个人消费者与企业之间的电子商务模式是消费者自己主导的一种新型电子商务模式，广义而言是指消费者主动参与产品设计、生产和定价，狭义而言则是消费者提出需求并拥有主导权，以此来定制满足自身需求的个性化产品。

无论是何种认知方式，都强调了消费者在新的电子商务环境下，不再只是产品、价格的被动接受者，而是借助于互联网带来的海量信息而居于电子商务活动的核心，拉动整个价值链的形成，个人消费者与企业之间的电子商务模式在运营过程中的主要特点是满足个性化、多品类、小批量、快速反应、平台化协作特征。

五、政府与政府之间实现的电子政务模式

政府在社会生产及商品经济活动中的电子商务需求可以分为对生产、流通和消费的监控、统计、服务、疏导和参与等多方面。随着改革开放力度的加大和商品经济主动权由生产向流通的转移，原有统计系统对生产信息以计划代实测、以局部代全面、以抽样推全局的方式形成的统计数据的真实性大大降低，误差越来越大，而且统计信息严重滞后，使实际上不能获得实时的客观信息，从而难以实施实时调控，矛盾越来越突出。于是利用电子商务方式进行宏观生产数据收集、处理和辅助国际宏观决策就显得非常必要和紧迫。政府电子商务是利用信息和通信技术，在公共计算机网络上有效实现行政、服务及内部管理等功能，在政府、社会和公众之间建立有机服务系统的集合。

政府与政府之间实现的电子政务模式是政府对政府的电子商务模式，即上下级政府、不同地方政府和不同政府部门之间实现的电子政务活动。政府与政府之间实现的电子政务模式主要表现在政府办公自动化。政府办公自动化是电子政务的起源，是电子科学技术在政务处理上最直接、最明显的应用模式。政府与政府之间实现的电子政务模式的具体实现方式可分为政府内部网络办公系统、电子法规、政策系统、电子公文系统、电子司法档案系统、电子财政管理系统、电子培训系统、垂直网络化管理系统、横向网络协调管理系统、网络业绩评价系统、城市网络管理系统等十一个方面，即传统的政府与政府间的大部分政务活动都可以通过网络技术的应用高速度、高效率、低成本地实现。

政府与政府之间实现的电子政务模式在我国的具体展开依托于"两网一站"的构建。两网是指政府部门开展建设的政务内网和政务外网，"一站"是指政府门户网站。在实现政府间电子政务中，宏观经济管理信息系统扮演了重要角色，具体而言，宏观经济管理系统是一个综合性的大型电子政务应用系统。该项目由国家发改委发起，联合商务部、财政部、国家统计局、国资委、国家外汇管理局、中国人民银行、海关总署，共七个国际宏观经济管理部门共建。其总体目标为依托国家电子政务网络平台，通过信息资源、信息共享平台、重点领域业务应用系统和安全保障体系的建设，实现宏观经济管理部门

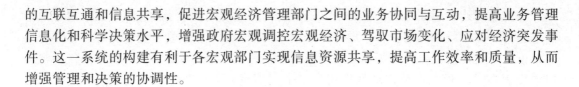
的互联互通和信息共享，促进宏观经济管理部门之间的业务协同与互动，提高业务管理信息化和科学决策水平，增强政府宏观调控宏观经济、驾驭市场变化、应对经济突发事件。这一系统的构建有利于各宏观部门实现信息资源共享，提高工作效率和质量，从而增强管理和决策的协调性。

六、政府对企业的电子商务模式

政府对企业的电子商务模式由政府通过电子网络系统进行电子采购与招标，精简管理业务流程，快速地为企业提供各种信息服务。企业是国民经济发展的基本经济细胞。促进企业发展，提高企业的市场适应能力和国际竞争力是各级政府机构共同的责任。

在政府对企业的电子商务模式中，政府主要通过电子化网络系统为企业提供公共服务。政府对企业的电子商务模式旨在打破各政府部门的界限，实现业务相关部门在资源共享基础上快捷地为企业提供各种信息服务，精简管理业务流程，简化审批手续，提高办事效率，减轻企业负担，为企业生存和发展提供良好的环境，促进企业发展。政府对企业的电子商务模式对企业的服务主要包括三个层面：①政府对企业开放各种信息，以方便企业经营活动；②政府对企业业务的电子化服务，包括政府电子化采购、税收服务电子化、审批服务电子化、对中小企业电子化服务等各种与企业业务有关的电子化服务活动等；③政府对企业进行监督和管理，包括工商、外贸环保等。政府对企业的电子商务模式目前主要包括以下几种：政府电子化采购、电子税务系统、电子工商行政管理系统、电子外贸管理、中小企业电子化服务、综合信息服务系统。

七、G2C 模式

G2C 模式是政府对公众的电子商务模式，主要表现为政府信息公开与公众在线服务。随着社会的发展，公众希望了解政府机构的各种信息，而电子技术的发展给政府信息公开带来了便利，通过政府网站，政府可以把信息进行公示，让公众进行查询监督。

随着政府门户网站的设立，公众可以便捷地在网上获取最新的政府工作公开信息，了解最新的政策动向及服务信息。政府信息公开具有以下意义：①政府信息公开有利于提高工作效率。政府信息公开使各部门之间的信息实现共享与交流，增强部门间的协作。②有利于防止腐败，大众可以获得各种政府的人事、财政等信息，降低"暗箱操作"的可能性。提高公众监督，有利于防止腐败。③有利于提高政府形象，尤其在构建服务型政府过程中，政府信息公开有利于塑造政府廉政透明、为民服务的良好形象。

在线服务体现出新型服务的政府理念，改变了传统业务办理必须奔走于政府机构的情况。

八、B2G 模式

B2G 模式是企业对政府的电子商务模式，主要是企业从政府获得订单合同，合同交易覆盖企业与政府组织间的各项事务，包括政府采购、网上报关、网上报税、网上审批等。B2G 模式能够提高政府采购、审批等业务的效率，增强透明度。

政府电子采购主要包括以下几个步骤：①政府生成采购单；②政府采购中心通过政府采购网站发布采购需求信息；③供应商在得到采购信息后，通过应标系统填写应标内容；④网上开标与定标；⑤签订采购合同；⑥供应商供货；⑦货款结算与支付。

九、C2G 模式

C2G 模式是公众对政府的电子商务模式，主要表现形式为公众的信息反馈与参与。随着社会的发展，公众参政议政意识越来越强烈，在传统的政务结构中，公众是难以对政务决策的实施发表看法或提出建议的，而电子信息化的发展，电子政务的成熟，给公众的信息反馈与参与提供了便利的形式，公众可以在政务平台上对政府政策建言献策。

目前，公众信息的反馈和参与主要存在两种形式：一种是政府主导模式；另一种是公众主动参与模式。

（一）政府主导模式

即政府主动收集公众信息，得到公众反馈，常见的形式包括以下三种。

1. 建议征集

其具体模式是指政府机构针对某项主题在相关政府网站上开辟窗口或栏目，向社会公众征集建议，公众可根据实际情况表达自己的看法和想法，为政府政策的制定提供智力支持。

2. 网上调查

即对某些拟实施政策或政策实施后的效果进行民意调查。民意调查可以了解民众对政策的看法，及时调整政策实施的方向，从而更好地为民众服务。这种方法操作简单，只需发布在线问卷调查，民众就可在线实时参与并了解整体问卷填写的情况。

3. 在线访谈

是政府人员与社会公众在线直接交流的一种方式。每当我国出台重要的方针政策、国家领导人发表重要讲话时，中国政府网便会邀请政府官员或有关专家对方针政策、领导讲话等进行解读，并与网友在线互动，解答网友关心的问题。

（二）公众参与模式

即公众通过网络为政府建设建言献策、向政府反馈信息。具体而言，公众可以在电子政务平台上反馈信息、提出建议、反映问题，其常见形式包括领导信箱和公众留言两种。

1. 领导信箱

即公众通过发邮件的方式给相关领导反映问题、提出建议。这种点对点沟通的方式隐私性强，更易于被公众接受。

2. 公众留言

即公众可以在政府网站的公众留言上发表对政府工作的意见和建议。

第二节 电子商务模式创新

一、SoLoMo 模式

SoLoMo 是 2011 年由著名投资人约翰·杜尔提出的概念，他将社交的、本地的、移动的三个词组合在一起，意为社交和移动与本地化的结合，被业界认为是电子商务未来发展的趋势。SoLoMo 的本质是通过 LBS 定位服务将人类在现实生活中产生的位移以及位移的目的在网络生活中进行呈现。这种呈现并不是简单记录，它会通过网络的服务反作用于真实的人类活动，为人们带来更多的便利。基于此，SoLoMo 的特点主要有以下几点。

（一）SoLoMo 具有更加紧密的社会化沟通功能

SoLoMo 用户群体的组成是从 SNS 平台上提炼出的同一地区有共同特性的细分群体。SoLoMo 将线上与线下结合起来，为这部分群体提供更加紧密的社会化沟通。

（二）SoLoMo 强调本地化运用

SoLoMo 强调定位服务，其真正的核心是将现实世界发展的交易与娱乐投射到网络平台上来进行互动分享。但是仅在社交平台记录网络活动是独立于真实世界之外的，定位服务反过来通过种种形式对现实活动产生影响。

（三）重视移动电子商务业务的开展

随着移动终端的普及，移动电子商务业务的开展成为电子商务企业的重要发展方向。

（四）SoLoMo 推动购物信息向本地化推送

随着电子商务的发展，在线商品越发繁多，在增加用户选择空间的同时也提高了选择难度，这势必会使大量的在线商品信息出现拥塞。利用 LBS 功能对在线商品信息进行精准推送，是 SoLoMo 的一个重要应用。

（五）SoLoMo 改变了以往的上网购物方式，也改变了企业与消费者之间的互动方式

基于 SoLoMo 模式的电子商务，其本质在于向消费者提供最为优质的商品信息链，帮助消费者更快、更好地做出决策。由于 SoLoMo 的社交性、本地化以及移动性这三个

特性，SoLoMo 的电子商务营销也主要通过以下三种模式来开展。

模式一：利用 SoLoMo 的社交性开展社会化媒体营销，电子商务开展社会化营销，加强双方的互动性。一方面，消费者的好评是企业和商家最好的广告，消费者通过自身的体验发表好评不仅会提升商家与企业的形象和口碑，还能产生"病毒"传播的效果；另一方面，企业也能通过社会化媒体了解顾客对产品的真实意见，从顾客对产品的评论中发现客户的真正需求。此外，社会化媒体是商家和顾客重要的沟通渠道，卖家可以通过社交媒体管理自己的客户关系。消费者可以通过其他用户的点评迅速做出判断。同时消费者还能与其他用户获得联系，相互交流商家的信息。

模式二：利用 SoLoMo 的移动性开展移动互联网营销。移动互联终端的普及，进一步推动了移动互联的发展。消费者从此不必局限于 PC 端进行购物和消费，他们可以通过手机浏览购物清单、扫描产品并通过手机钱包进行付款。手机钱包不仅是用户的网上银行，而且是打折卡和优惠卡。在 SoLoMo 的推动下，手机钱包的使用范围不断扩大，已经涉及公交卡、公交牌等多个领域。

模式三：利用 SoLoMo 的本地化元素开展近距离通信精准营销智能手机普及率的提高，推动了一种新技术的发展。NFC 又称为近场通信，它的出现使得出门"刷手机"成为可能。如今移动应用程序的快速发展，基于位置服务的定位促销成为电子商务平台营销的新模式。定位促销以其目的性强、目标客户群体明确等特点受到商家的推崇。基于本地化元素的精准营销方式，主要是消费者进入商家营销区域范围时可以利用移动设备进行签到来获取区域内商家的优惠信息，消费者通过获取电子优惠券后可随意在指定地点场所消费。此外，商家还可以在一定范围内设立展板发布自己的优惠信息，当用户持有带近距离通信软件的手机经过并将手机靠近展板时便可立刻获取优惠券。

二、O2O 模式

O2O 即线上到线下，指将线下商务机会与互联网结合起来，让互联网成为线下交易的前台。简单来说，用户先在线上支付购买线下的商品或预约服务，再到线下实体店去取货或体验服务。O2O 的这种新型电子商务模式将线上和线下完美结合起来，通过线上的导购引流吸引顾客，顾客在线上筛选商品及服务并最终完成支付，随后到线下实体店取货或体验。O2O 也指线下到线上，即商家在线下开设体验店，用户通过线下体验并选好商品，再通过线上下单预定商品。

具体而言，O2O 模式具有以下几个优势：第一，O2O 模式充分利用了互联网跨地域、无边界、海量信息、海量用户的优势，同时充分挖掘线下资源，形成互补型的消费链条，进而促成线上用户与线下商品与服务的交易，在很大程度上带动了线下传统企业的发展；第二，O2O 模式可以对商家的营销效果进行直观统计和追踪评估，规避了传统营销模式推广效果的不可预测性，O2O 将线上订单和线下消费相结合，所有的消费行为均可准确统计；第三，O2O 模式打通了线上线下的信息和体验环节，让线下消费者避免了因信息不对称而遭受的价格歧视、产品质量不确定性等风险。

第三节　电子商务的创新发展

这些年来，我国电子商务行业开展了很多创新并取得成功，对经济社会发展产生了巨大影响。

一、网络教育

（一）网络教育的界定

网络教育是指使用电视及互联网等传播媒体的教学模式，它突破了时空的界限，有别于传统的在校教学模式。网络教育的形式多种多样，如虚拟教室、移动教学等。

维基百科将"网络教育"解释为"是通过计算机提升教学的一种方法"。最简单的网络教育就是学生通过 CD 光盘，以多媒体互动的形式开展学习。网络教育中使用的形式多种多样，例如，基于网络的教学资料和超媒体、多媒体的 CD 光盘、网络教学平台、讨论板、协同软件、电子邮件、博客、维客、聊天室、计算机辅助评价、教学动画、教学模拟、教学游戏、教学管理软件、电子投票系统等。

网络教育的概念比在线学习更宽泛，在线学习一般仅指基于网络的学习。网络教育既是对学校教育的良好补充，也有助于公司有效地开展培训。

技术的进步（如模拟、虚拟世界、开源软件等）塑造了网络教育的新局面。快速发展的先进工具可以方便企业快速、便捷地创建网络教育的环境。

（二）网络教育的利弊分析

网络教育对教育机构和学习者都有诸多好处。但同时它也存在不少弊端。

1. 网络教育的好处

网络教育是一个理想的均衡器。它消除了时间、距离以及社会、经济地位的障碍，帮助人们自主地安排终身学习计划。在信息时代，技术和知识需要不断地更新，才能跟上如今快速发展的经济环境。网络教育可以帮助各国家和组织进行公民教育和员工培训，以快速适应互联网经济时代发展的需求。网络教育可帮助人们有更多接触专家学者的机会；也可以使大批学生同时参加课堂教学，让学生按需受教，自主规划学习。网络教育还有以下好处。

①减少了学习和培训时间。

②增加了学习者的人数和种类。网络教育可以向众多人同时开展培训，这些学习者的文化背景和受教育程度可存在差异，所处的位置和区域也可不同。

③教学创新。人们可以用各种创新的方法开展教学，如个性化参与、与专家互动、

与其他国家的学员互动等。

④可实时地对学习过程进行测量和评价。网络教育可实时地对学习过程进行评价，以及时发现学员面临的困难，设计补救方法。

⑤降低成本。使用网络教育代替传统的课堂教学，可使教学成本降低50%～70%。

⑥学习内容丰富，质量高。使用视频资料和多媒体教学形式后，难学的内容也会变得有趣易学。指导者的水平提高了，教学质量自然就提高了。

⑦灵活自主的学习方式。参加网络学习的人可根据自己的喜好来调整学习的时间、地点、内容和速度。

⑧拥有持续更新的、连续的学习资料。网络教育能够实时更新教学内容，知识传递的一致性比传统教学更高。

⑨利用移动设备学习。网络教育中融入了无线网络和移动设备，学习者可随时随地学习和解答问题。

2. 网络教育的不足之处及面临的挑战

虽然网络教育给我们带来了许多好处，但同时它也存在一些不足，还面临一定的挑战。

①教师需要再培训。对于新的教学模式出现，教师的教学方式发生了改变，因此需要再次对教师进行培训，以使其适应并熟练应用电子化教学方式，而这需要大量成本。

②需要添置新设备，提供支持服务。网络教育的启动、使用和维护都需要资金来购置多媒体工具，提供支持服务。

③减少了校园生活和面对面的沟通机会。由于网络教学在家即可完成，这将大量减少学生间面对面沟通的机会，这对于个人成长而言是不利的。

④难以进行教育测试与评价。通过网络授课无法对学生的作业或考试进行完全的评价，因此难以保证学生是否真正完成了作业或是考试。

⑤难以对教学资料进行维护与更新。尽管与传统的纸质教材相比，网络教育使用的教学资料更容易更新，但是网络教育的材料更新依然有很多困难。

⑥难以保护知识产权。由于版权意识薄弱，加之对网站内容缺乏责任心，因而很难控制人们对网络平台上有知识版权的资料进行下载，做到保护知识产权。

技术的进步或许可以克服上述缺陷。例如，有些网络教育软件具备激发人们学习兴趣的功能；利用生物识别技术能够对在家参加考试的学生进行身份识别，这样就克服了教学评价中遇到的困难。当然，这些技术的使用又提高了投入的成本。

从学员的角度看，挑战来自如何适应新的学习方法。他们必须摆脱课堂教学的束缚，认识到终身学习应该是生活的一部分。从教师的角度来看，他们需要将所有的教学材料都进行数字化，这加大了教师的工作量。

二、电子政务

随着电子商务的日趋成熟及其工具和应用的逐渐增多，人们越来越关注如何使用这些工具去改善公共机构及各个层面的政府运作。所谓电子政务，总体来说就是运用信息技术，特别是电子商务，使公民及组织更方便地了解政府信息和服务，并有效地向公民、商务伙伴及政府机构提供公共服务。这有助于提高政府机构与公民及企业开展商务交流的效率，以及提高政府机构之间的交流效率。

与以上广义定义相适应的几个主要概念包括：政府与公民、政府与企业、政府与政府、政府内部的效率与效益及政府与员工。

（一）政府与公民

政府与公民间的电子政务是指政府与公民间所有的电子形式的互动。G2C 应用使公民能够更方便地向政府机构提出问题并得到解答，纳税、缴纳费用并得到回执，确定接受服务（如招聘面试、门诊预约等）的时间等。政府也可以通过网络发布信息、安排培训、帮助公民就业，等等。政府的这些服务都是通过公民门户网站进行的。政府网站上的功能主要有如何联系我们、与其他网站的链接、方针政策公开以及数据库等。G2C 服务项目主要有社交服务、旅游、娱乐服务、搜索及教育服务、表格下载、政府服务搜寻、公共政策信息、保健咨询等。如今，在许多国家，G2C 服务都可以通过移动或无线设施获得。

政府与公民间的电子商务主要表现在以下几个方面。

1. 教育培训服务

建立全国性的教育平台，并资助所有的学校和图书馆接入互联网和政府教育平台；政府出资购买教育资源然后向学校和学生提供；重点加强对信息技术能力的教育和培训，以适应信息时代的挑战。

2. 就业服务

通过电话、互联网或其他媒体向公民提供工作机会和就业培训，促进就业。如开设网上人才市场或劳动市场，提供与就业有关的工作职位缺口数据库和求职数据库信息；在就业管理和劳动部门所在地或其他公共场所建立网站入口，为没有计算机的公民提供接入互联网寻找工作职位的机会；为求职者提供网上就业培训，就业形势分析，指导就业方向。

3. 电子医疗服务

通过政府网站提供医疗保险政策信息、医药信息、执业医生信息，为公民提供全面的医疗服务，公民可通过网络查询自己的医疗保险个人账户余额和当地公共医疗账户的情况；查询国家新审批的药品的成分、功效、试验数据、使用方法及其他详细数据，提高自我保健的能力；查询当地医院的级别和执业医生的资格情况，选择合适的医生和医院。

4. 社会保险网络服务

通过电子网络建立覆盖地区甚至国家的社会保险网络，使公民通过网络及时全面地了解自己的养老、失业、工伤、医疗等社会保险账户的明细情况，有利于加强社会保障体系的建立和普及；通过网络公布最低收入家庭补助，增加透明度；还可以通过网络直接办理有关的社会保险理赔手续。

5. 公民信息服务

使公民得以方便、容易、费用低廉地接入政府法律法规规章数据库；通过网络提供被选举人的背景资料，促进公民对被选举人的了解；通过在线评论和意见反馈了解公民对政府工作的意见，改进政府工作。

6. 交通管理服务

通过建立电子交通网站提供对交通工具和司机的管理与服务。

7. 公民电子税务

允许公民个人通过电子报税系统申报个人所得税、财产税等个人税务。

（二）政府与企业

政府希望能够提高与企业交往的自动化程度，尽管我们一般将其归入政府与企业间的电子商务（G2B），但实际上它还分为"政府对企业"和"企业对政府"两类。因此，G2B商务既包括政府向企业销售商品或服务的电子商务，也包括企业向政府销售商品或服务的电子商务。

1. 政府在线采购

政府部门要向供货商采购大量的非生产原料性质的工业用品（MRO）和其他材料。许多情况下，法律规定政府采购必须采用招标的形式。过去，政府的招标活动是手工操作的，但是现在都采用在线招标，一般使用逆向拍卖的形式，并由政府部门为这类招标提供全部的支持。

2. 团购

许多政府部门也采用团购采购的模式。例如，将政府部门的采购订单整合在一起。其中的营销理念就是数量折扣，订购量越大，折扣幅度也越大。另一个营销动机则是若某个政府部门参与团购，其他买家看到后也有可能加入团购队伍。

3. 正向在线拍卖

许多政府部门会将多余的设备或其他商品拍卖处理，如车辆、被抵押的房地产等。如今，这样的拍卖活动也在网络上进行，可以在政府网站上，也可以通过第三方拍卖网站。如在美国联邦总务局自己运营的网站上，政府部门可以对多余的或没收的物资进行实时拍卖。有些拍卖不允许经销商插手，有的则是公开进行的。

（三）移动政务

移动政务主要是指移动技术在政府工作中的应用。虽然移动政务的主要对象是普通公民，但是也有面对企业的。移动政务使用的是无线互联网基础设施及终端设备。这是一种增值服务，因为政府可以接触到更多的民众，而且与其他的信息技术相比，它的成本效益更高。当然，它也给使用者带来了诸多便利。

三、C2C 电子商务发展模式

C2C 电子商务，即消费者对消费者的电子商务，是消费者与消费者之间通过互联网进行的个人交易，如二手交易、网上拍卖等。

（一）C2C 电子商务的优势

1. 较低的交易成本

C2C 电子商务通过减少交易环节使交易成本更低。C2C 电子商务以互联网为交易平台，与传统商务活动的通信方式如邮寄、传真或报纸等相比，大大降低了通信费用。同时，在 C2C 电子商务模式下，由各卖家保存商品，从而最大限度地降低了库存。

2. 经营规模不受限制

C2C 电子商务利用互联网提供的虚拟经营环境，可以轻松地通过增加网页来扩大其经营规模。

3. 便捷的信息收集

基于互联网的电子信息技术使 C2C 电子商务中买卖双方易于获知对方的信息，这一点是传统的消费者市场所无法比拟的。

4. 扩大销售范围

C2C 电子商务是基于互联网的商业模式，所面对的客户遍布全国，甚至全世界。与传统的二手市场相比，这无疑扩大了销售范围。此外，其营运时间不受限制，方便了买卖双方之间的联系。

综上所述，C2C 电子商务模式为消费者提供了便利与实惠，迅速成为电子商务普及与发展的重要形式，具有广阔的市场前景与发展潜力。在 C2C 电子商务发展过程中，盈利模式也在不断地探索和创新。

（二）C2C 电子商务的交易流程

下面以淘宝网为例，说明 C2C 电子商务的交易流程。淘宝网采用会员制，因此，无论是买家还是卖家都需要在淘宝网上进行注册。

1. 买家交易流程

买家交易流程包括以下几个环节。

（1）搜索、浏览商品

买家可利用购物网站提供的关键词搜索、类目搜索和高级搜索等方式，搜索所需商品和店铺，并可对感兴趣的商品进行收藏。与此同时，买家还可利用多种聊天工具与卖家就交易内容进行沟通。

（2）购买商品

买家在淘宝网上找到所需商品后，可单击"立即购买"，进入"确认购买信息"页面，输入购买数量、选择送货方式和收货地址，核对信息无误后，就可确认购买。

（3）付款

在买家确认购买后，即进入"支付"页面。买家可利用淘宝网提供的第三方支付平台进行付款，也可利用网上银行付款。付款后，等待卖家发货。

（4）收货、评价

买家收到货物并确认无误后，可单击"确认收货"按钮，同时，在"支付"交易管理页面，将货款转入卖家账户。交易完成后，买家可就卖家的产品、服务质量等对卖家进行评价，评价记录将计入卖家信用等级。

2. 卖家交易流程

卖家交易流程包括以下几个环节。

（1）开设店铺并发布商品

通过实名认证后的卖家可在淘宝网上发布欲出售的商品。可选择以一口价或者拍卖的方式出售。在商品出售时卖家必须提供商品的基本信息，包括商品的标题、图片、类别、价格、数量、送货方式、运费等。同时，可登录"我的淘宝"中"我是卖家"的"免费开店"页面进行店铺开设操作。卖家可利用淘宝网提供的店铺模板对店铺进行装修。所有操作完成后，卖家就拥有了属于自己的淘宝店铺和相应的地址。

（2）发货

商品销售后，在收到"买家已付款"的提示信息后，卖家按照买家提供的地址将商品寄出，并将发货情况告知买家。

（3）收款及评价

在买家收到商品并付款成功后，卖家的账户会收到货款。交易完成后，卖家可就买家的付款情况对买家进行评价，评价信息将记入买家的信用等级。

（4）提现

卖家在账户管理中进行提现操作，将账户中的资金转入卖家指定的银行账户中。

四、农村电子商务发展模式

（一）我国农村电子商务发展应用模式

近年来，电商企业的"农村战略"开辟了消费品下乡与农产品进城的新路径，为解决农村"买难"和农产品"卖难"提供了新思路，城乡农产品流通的优化重构，带动了农民增收，电商交易数据沉淀让基于互联网的合作金融成为可能。"互联网＋农业"也自然成为电商的新模式。

而互联网和具有庞大体系的农业结合，必将出现很多新思路、新玩法，也将有大量互联网、信息化，以及其他行业的企业跨界而来。以下是电商新模式"互联网＋农业"的五大模式。

1. 物联网技术下的工业化种植、养殖，技术驱动的规模化养殖

农业工业化能让农民学会标准化种植，并且在物联网技术下的精准农业将有效解决农业工业化种植、养殖的问题。目前，精准农业已经在一些规模化农业企业中得到应用，尤其是一些已经具有良好市场基础的高端农产品。在实施物联网技术生产之后，农业生产从经验式转向精准式，省水、节肥并且可以减少农药用量，除此以外还能增加效益。

2. 扁平化物流交易集散模式，信息对称带来的行业变革

互联网信息的扁平化、透明化，正对应于传统农业的产业链长，信息不对称的特点。传统的层级批发模式带来的成本高、物流损失、交流信息不畅等问题，都可以通过互联网技术快速解决。未来农产品互联网物流交易将出现两种主要方式。一方面，基于互联网技术和物流配送系统的大型农产品交易集散中心，这种集散中心将集储运、批发、交易、拍卖等多种功能，依托互联网数据，实现实时行情交易。另一方面，以大宗交易为主的批发销售电商交易平台。此上就是扁平化物流交易集散模式。

3. 多形式农产品交易电商平台，垂直领域发展带来的产业积累

未来农产品电商将会以多种形式在农产品交易电商平台出现。第一，依托原有互联网优势扩张到农产品领域的电商平台；第二，传统批发市场转型形成的农产品电商平台；第三，有实力的农产品企业自主打造垂直农产品电商平台，并逐步扩张品类；第四，个性化高端产品形成的小而美轻模式。目前，形成成熟盈利模式的电商平台很少，由于农产品的特殊性，很多农产品电商平台在人才、管理、技术上都不成熟，农业企业贸然转型投资，风险较高。

4. 农产品品牌化模式加速推进，品牌发展带来新的营销模式

农产品电商已进入快速发展期，由于农产品整体的品牌缺位，比其他品类具有更大的品牌打造空间。所以，未来品牌农产品电商将有更广阔的市场空间。而企业在打造品牌过程中，要兼顾农产品的文化特色和互联网的个性化、分享性。一方面，要做有故事、有温度、有情怀的品牌。另一方面，品牌打造需从身边的真实用户开始，用产品打动人，从而打造忠实粉丝群。继而可以说明农产品品牌化模式加速推进，品牌发展带来新的营销模式。

5. 以大数据为基础的市场预测分析及产品开发，技术驱动供需再平衡

农业由于种植、养殖期长，市场预测偏差大，无论是农民还是农业企业，都很难对第二年的行情做出准确判断。基于大数据支持的市场分析将提高市场预判的准确性，降低种植、养殖企业风险和生产型企业原料成本。基于大数据分析的产品研发，也将提高新产品的成活率。通过大数据的精准分析和调研，能够更加有效地分析当前消费者真正的需求点，提高新产品的市场生命力。

"互联网＋农业"是通过产业的融合和创新，以最新的互联网行业之长，补最传统的农业之短，甚至是创造全新的产业模式，农业企业家们要在充分了解自身实力的基础上，挖掘与互联网的最佳切入点，实现企业升级。其五种模式也是推动农产品电商发展的新渠道。

（二）我国农村电子商务发展主要特征

1. 农村信息化基础设施有待加强

由于政府财力、物力有限，加上农业本身缺少投资的积极性，导致即使有条件开展农业电子商务的地区，农业网站所占的比例也极小。

2. 农民对电子商务的认识有待提高

受文化程度的制约，农民仍保持传统的"眼看""手摸""耳听""口尝"的交易习惯，认为电子商务虚无缥缈，可信度值得怀疑。

3. 农业产业化水平低

目前，我国农业生产多以农户为单位，难以形成大规模生产，生产的盲目性较高，不能适应市场需求。在这种"包产到户"的现实条件下，很难实现农业产业化，力量难以集中，无法形成适应电子商务的科技力量。

4. 农业电子商务缺乏大型实用数据库

由于农业生产的特征，所涉及的信息关系到自然环境和社会经济发展，再加上我国幅员辽阔，地区差异很大，原有的基础工作比较薄弱，近几年才比较正规地进行大型数据库的建立。

5. 农业电子商务缺乏健全的物流配送体系

农业物流配送需求属于多点次，农产品种类繁多、生产单位小，在保鲜、运输、后续处理上较为困难，这使物流环节的难度增大。

五、社交商务

（一）社交商务的定义

社交商务是指通过社交网络或 Web 2.0 软件进行的电子商务活动。因此，社交商务可看作运用社交媒体辅助电子商务交易和电子商务活动的电子商务分支。社交商务也支持社会互动和用户贡献。因此，本质上社交商务是商务活动和社交活动的集成。

（二）社交商务的形成与演进

社交商务的重要特点之一是其营销和销售定位，因此，社交商务与社交营销的概念相关。社交营销作为规划社会变革以提高生活质量的一种方式，起源于 1970 年。

社交商务的另一重要基础是 Web 2.0 的商务应用，这些商务应用包括社交网络活动和社交软件应用。移动商务也是社交商务的一个重要组成部分。基于定位的商务模式需要在移动设备上执行，其他很多社交商务类似。尤为重要的是，移动商务的掌上文化与社交商务完美契合。社交商务的其他基础包括沟通、合作、理论、虚拟社区和虚拟世界。社交商务的主要基础是具有不同商务模式的电子商务领域。

（三）社交商务的范畴

社交商务的领域非常广泛，其主要活动集中于电子营销、广告和销售领域，这些活动通常称为社交媒体营销活动。

第三章 "互联网+"时代的电子商务网站和公众平台

电子商务系统构建中最核心的部分是电子商务网站的建设，它是企业实施电子商务的物质基础。电子商务网站的建设是一项系统性的工程，它的建设不但是技术方面的问题，而且需要遵循一定的方法来实施。公众平台是企业在移动电子商务时代宣传和推广最有效的移动电子商务平台。

第一节 电子商务网站概述

电子商务是未来商务交易的主要运营方式，电子商务的实施与运作依赖于电子商务系统，电子商务网站则是电子商务系统工作和运行的主要承担者和表现者，是网上的"虚拟公司"或"虚拟工厂"。构建电子商务网站是实施电子商务的重要一步。

一、电子商务网站的定义和主要功能

（一）电子商务网站的定义

关于电子商务网站，迄今为止尚没有明确的定义。对于企业来讲，它好像是"工厂""公司""经销商"；对于商家来讲，它好像是"商店""商场""门市部"；对于政府机构来讲，它好像是"宣传栏""接待处"或"办公室"，等等。在电子商务中，网站是其拥有者与用户交流及沟通的窗口，是买方和卖方信息汇与传递的渠道，是企

业展示其产品与服务的舞台，是企业体现其企业形象和经营战略的载体等。企业及政府机构实施电子商务，必须建立网站或借助其他商务网站；否则，电子商务的交易是不可能实现的。因此，简言之，电子商务网站是企业开展电子商务的基础设施和信息平台，是实施电子商务的公司或商家与服务对象之间的交互界面，是电子商务系统运转的承担者和表现者。

电子商务网站在软、硬件基础设施的支持下，由一系列网页、编程技术和后台数据库等构成，具有实现电子商务应用的各种功能，可以起到广告宣传、经销代理、银行与运输公司中介以及信息流动平台等方面的作用。

作为一个企业，建立了自己的电子商务网站，就好像对外设立了一个门户，不仅有利于企业树立自己的网上品牌，宣传企业形象，在互联网上开展电子商务业务，而且有助于企业从长远发展和竞争战略高度来思考与制定未来的发展目标和经营策略。通过这个门户，企业可以为合作伙伴和客户等提供访问企业内部各种资源及向外发布各种信息的窗口；能增加与客户的接触点，有助于企业提供更高水平的客户服务和提高用户忠诚度的个性化服务；可以使客户更方便、更快捷地购物、付款和交付，减少流通环节的开支，增加企业效益；有利于企业发展"供应链网络"，以实现"零库存"，并且可以提高企业的工作效率，减少管理费用。

（二）电子商务网站的主要功能

电子商务网站的功能关系到电子商务业务能否具体实现，关系着企业对用户提供的产品和服务项目能否正常开展，关系到用户能否按照企业的承诺快速地完成贸易操作。因此，电子商务网站功能的设计是电子商务实施与运作的关键环节，是电子商务应用系统构建的前提。由于企业生产与经营目的的差异，在网上开展电子商务的业务也是不尽相同的，同时企业建立电子商务站点的方式也不一样，所以，每一个电子商务网站在具体实现功能上是有区别的。

1. 企业形象宣传

企业形象宣传是一个非常重要的功能。对于目前大多数企业来说，只是建立了一个静态的网站，而且很少更新，电子商务业务的开展还处于初始阶段。因此，抢占未来商业竞争的制高点，建立自己的商务网站并率先打造与树立企业形象，是企业利用网络媒体开展业务最基本的出发点。此功能是很容易实现的，但是却很难获得用户普遍的认可。

2. 产品和服务项目展示

产品和服务项目展示是一个基本且十分重要的功能。利用网络媒体进行产品的推销，无疑使企业多了一条很有前途的营销渠道，同时这也是企业开展电子商务的基础。

3. 商品和服务订购

商品和服务订购是实现用户在线贸易磋商、在线预订商品、网上购物或获取网上服务的业务功能，提供全天候 7×24 小时的随时交易。该功能不仅依赖于技术的设计与实现，还依赖于网站主体在设计时从简化贸易流程和便于用户运用的角度去构思。

4. 转账与支付、运输

转账与支付、运输是体现资金流、物流信息活动的功能。该功能一般是企业借助于第三方平台去实现的，如资金采用支付宝、物流采用 EMS 等。

5. 信息搜索与查询

信息搜索与查询是体现网站信息组织能力和拓展信息交流与传递途径的功能。当网站可供客户选择的商品与服务和发布的信息越来越多时，逐页浏览式的获取信息的途径，显然已无法满足客户快速获得信息的要求。因此，商务网站如何提供信息搜索与查询功能，如何使客户在电子商务数据库中轻松而快捷地找到需要的信息，是电了商务网站能否使客户久留的重要因素。由于电子商务数据库比一般的数据库复杂，所以该功能的实现，除了运用比较先进的信息存储与检索技术外，还要充分地考虑商务交易数据的复杂性。

6. 客户信息管理

客户信息管理对反映网站主体能否以客户为中心、能否充分地利用客户信息挖掘市场潜力具有重要利用价值。随着市场竞争的加剧，利用网络媒体和电子商务手段及时地获取与处理客户信息已经越来越重要了，并逐步在企业中形成共识。

7. 销售业务信息管理

完整的电子商务网站还要包括销售业务信息管理功能，从而使企业能够及时地接收、处理、传递与利用相关的数据资料，并使这些信息有序且有效地流动起来，为组织内部的 ERP、DSS 或 MIS 等管理信息系统提供信息支持。该功能依据商务模式的不同，包括的内容也是有区别的。如分公司销售业务管理功能应包括订单处理、销售额统计、价格管理、货单管理、库存管理、商品维护管理和客户需求反馈等；经销商销售业务管理功能应包括订单查询、处理，进货统计和应付款查询等；配送商销售业务管理功能应包括库存查询、需求处理、收货处理和出货统计等。

8. 新闻发布、供求信息发布

新闻发布、供求信息发布包括新闻的动态更新、新闻的检索、热点问题追踪以及行业信息、供求信息和需求信息的发布等。

二、网站在电子商务中的作用

电子商务离不开互联网，当然就离不开商务网站。网站在电子商务中的作用大致包括以下几个方面。

（一）树立新的企业形象

电子商务网站为公司或企业提供了一种可以全面展示其产品和服务的虚拟空间，起到了提高企业知名度和增加企业信誉度的作用。在商务网站上做宣传的方式使企业的长期广告成本大大低于其他媒体，已有越来越多的企业在互联网上宣传本企业的形象和提高其产品的知名度。随着电子商务活动范围的不断扩大，商务网站的广告效应将不断增强。

（二）改变企业的竞争格局

电子商务网站改变了企业的竞争格局，帮助各类企业扩大竞争领域，大幅度地提高了企业的竞争能力。

互联网上的网站是一个虚拟空间，使得公司或企业不分大小，也无论位于何处，在网上都是一个拥有 IP 地址或域名的 Web 站点。因而在互联网上，企业的形象不再由规模、实力、人数、业绩、信誉和历史等决定，而是逐渐被一套新的规则所替代。这些新规则包括规范、快捷、方便、亲切、美感、专家咨询、全球性比较、个性化选择和交互式使用等。所以，在网络时代，大者恒大，强者恒强已不再管用，大批中小企业与各类大型企业将在同一条起跑线上起飞，电子商务改变了以往的市场准入条件，使中小企业从原先主要被大企业占有或几乎垄断的市场中获得更多的发展机会和利润。

（三）与客户直接交流，提供个性化服务

通过网站，企业或商家可以全天候跨地区地为客户服务，与客户保持售后联系，倾听客户意见，回答客户经常提出的问题。

基于互联网的商务网站缩短了生产厂商与最终消费者之间的距离，同时改变了传统市场的格局，大大减少了交易成本。商务网站为商家和客户提供了更加密切的交互平台，不但给企业提供了更多的开拓市场的机会，而且为消费者提供了更丰富的消费选择。因而基于网站的商务活动提高了企业把握市场和消费者了解市场的能力，从而提升了企业开发新产品和提供新型服务的能力。企业通过其商务网站可以迅速捕捉到消费者的偏好与消费习惯，同时可将消费者的需求及时反映到企业的决策层，从而促进了企业针对消费者需求所进行的研究和开发活动。

（四）直接开拓国际市场

企业建立了自己的网站，就意味着已经打开了进入世界上几乎每一个国家市场的通道。实际上，很多未将产品外销列入计划之内的公司或企业应该意识到，网站的信息一经发布，就肯定会为企业带来国际性的商业机会。不言而喻，对于出口外向型或有意进军海外市场的企业来说，在互联网上建立网站无疑是开拓国际市场最廉价、最有效的手段，也是使本土企业国际化的一条捷径。

（五）提供全天候的服务

电话、电报、传真等是企业的合作伙伴，以及企业和消费者沟通并提供产品或服务的传统通信联络手段。而在今天，企业利用自己的商务网站，则可以更生动、更直观、更方便地与更广范围内的其他企业和个人进行交互联系并推销产品和提供服务，并且这种方式是 24 小时不间断进行的，通常也不会有节假日等不营业的日子。

（六）高效廉价的定向宣传

企业的网站是针对客户群进行高效、廉价、定向宣传最有力的工具。若在搜索引擎中随便输入一个非常生僻的技术术语，其搜寻结果往往会是数以千计，即使是非常专业

地将市场细分，企业或公司也会找到自己的同行和潜在的客户。在互联网上加入专业的贸易协会、新闻组、邮件清单，将会发现以前鲜为人知的产品或服务，现在成了许多人共同的热门话题。

（七）缩短推出新产品和打开新市场的周期

推出新产品和打开新市场的代价是昂贵的。少数大型企业可耗费巨资打广告、搞促销，然而对于大多数企业来说，既没有足够的资金，也没有足够的时间去等待、收集和分析足够的反馈，以决定自己该如何改进产品或制定进入新市场的销售策略。然而通过自己的商务网站，企业可以采用多媒体方式展示其新产品，描述其优点和特色，同时能够以极其便宜的成本在新的目标市场上向更多客户打广告、做宣传。在此之后，就会发现人们对新产品的意见以及新市场的反馈纷至沓来，随后即可从中得出令人信服的数据。

（八）有利于发展客户关系网

任何一个要创立品牌、立志做大的企业，都不能忽略互联网及其不断发展壮大的用户群。几乎每个成功的商人都有类似的经历：一次偶然的会晤，互换了名片，结果却带来了大生意。实际上，每个精明的商人都清楚，至关重要的不在于知道多少，而在于认识多少人。通过互联网上的网站，商家可以向成千上万个潜在的客户发放"名片"，一天24小时地向他们介绍："我能为你做什么？如有需要，请跟我联系。"商务网站还能方便地把来访的客户信息记录下来，实现有效的客户关系管理，以便保持与客户的联系并更好地为客户服务。

（九）大大降低商务活动的成本

通过建立网站开展网上营销活动，不需要租用场所和装饰店面，也不需要大量导购、销售、管理和保安等人员，并且可以全天候营业，因而可极大地降低商务活动的成本。

（十）有利于同在外机构与人员保持联系

企业通过建立自己的网站，可以非常方便地与分散在各地的分支机构及其员工保持联系。例如，外地的各个分公司及出差在外的销售人员需要掌握公司总部的最新动态和指令，而公司总部需要及时了解和统计各分公司的销售业绩等。通过公司的网站，仅需花费廉价的上网费，公司总部和各个分公司之间以及公司与外地出差人员之间就能安全、便捷地沟通，快速查询有关资料，并且可以互传文件。这将有利于增强企业与员工之间以及员工与员工之间的交流和合作，明显地提高了工作效率和降低了管理费用。

三、电子商务网站的各种形式

由于建站目的不同和服务对象不同，各种商务网站在规模、内容和风格上也会有很大的不同。以下是目前几种常见的主要网站形式，体现了各种网站的不同定位。

（一）宣传式网站

利用网站开展企业推介和营销宣传活动，是利用网站开展商务活动的第一步，这是目前我国许多企业采用的网络营销模式。由于在这些企业内部通常还没有建立起基于网络和数据库的现代化管理信息系统，因而它们建立网站的目的仅仅是利用网站宣传企业的形象，并提供企业机构设置、产品种类及价格、联系方式等信息，因而相当于放置在互联网上的电子宣传手册和广告牌。

在这类网站中，一般不能提供更多的服务，也不能开展网上交易，属于一种静态网站，最多可以提供一个电子邮件的超级链接，客户可以通过这个链接发送电子邮件与该网站主体进行联系。虽然此类网站投资少、建站快，但没有充分利用网络与网站的功能和优势，因而营销效果有限，而且，这类网站往往缺少内容更新，时间一长，就成了互联网上的"死站"。当然，企业创建了自己的网站，相当于在互联网上有了一席之地。如果再在网站上增加一些服务，如各种广告和友情链接等，便可进一步增加网站的营销功能和访问量。

（二）门户式网站

所谓门户式网站，是指只要客户登录到这个网站，就可以得到企业或商家提供的所有服务。企业通过其门户网站把内部管理信息系统中可公开的信息与外部的客户和合作伙伴连接起来，在更大范围内实现信息的整合和共享。

（三）交易式网站

交易式网站通常也被称为网上商店，此类网站除了在网上提供企业、商品和服务的有关信息外，其主要目的是开展 B2C 形式的商品交易活动和提供相应的交易服务。此类网站由于其经营商品种类的不同与服务方式的不同又可分为以下几种不同的类型，其中一些是实行电子商务后创造和发展出来的新型商业模式。

1. 网上超市

网上超市经营各种商品，由网站经营者自己组织货源，并通过在线方式销售给最终消费者。

2. 网上专卖店

网上专卖店主要经营某一类容易在网上销售的商品，包括网上书店、网上鲜花店、网上礼品店等，由于网上专卖店的目标客户群体相对明确，所以一般比较容易成功。

3. 特殊交易网站

提供特殊交易的网站包括网上证券、外汇交易、网上游戏、网上视听等，这些类型的网站大多是电子商务衍生出来新的网络营销模式。

（四）交易中介式网站

交易中介式网站主要用于建立交易平台，让其他企业或个人到此网站进行交易，收取一定的中介服务费用或服务器存储空间租用费用，开展 B2B、B2C 或 C2C 形式的交易活动。常见的中介交易模式网站有以下几种。

1．网上商城

网上商城为每个进驻商城的商家提供网络空间和链接，存放企业的产品信息，网站本身并不组织货源和进行交易。中小型企业到这样的网站开展网络营销可以说是一种投资少、见效快的方法。

2．网上拍卖

网上拍卖大多属于 C2C 的电子商务模式。

3．网上信息提供

专门从事网上信息发布服务的网站有交通信息网站、气象信息网站和招聘信息网站等。其中，招聘信息网站专门提供各种人才库信息和公司人才需求信息，很受企业和求职者的欢迎。

（五）内部管理式网站

基于 Web 的管理信息系统是现代企业管理信息系统的新模式，而企业网站在这种系统中起着极为重要的作用。企业内部网站的主要功能是服务于企业的内部管理，由企业内部各个职能部门的管理统一到这个网站平台上。有了企业的内部管理网站，可使员工对企业的组织机构、业务流程和经营现状等信息一目了然，并可提供企业内部信息的发布与查询功能，以及员工和企业、员工和员工之间的交流等功能，从而实现将传统的金字塔式的逐级管理模式逐渐向网络化和知识型的管理模式过渡。

内部管理式网站的关键问题是如何通过网站实现企业内部各种管理职能的优化整合及管理信息的整合和共享，以及如何形成适应网站特点的管理流程，实现管理模式的变革并促进管理水平和效率的明显提升。

（六）行业式网站

社会上各行各业都可以根据需要创建本行业的商务网站开展行业性的电子商务活动。由于各行业经营方式和经营项目的不同，其网站在内容、形式、风格的定位上也有较大差异。

（七）电子政务网站

电子政务与电子商务关系密切，健全的电子政务是电子商务发展的基础。企业的商务活动离不开政府有关部门的服务和管理。

第二节 电子商务网站规划设计与技术

一、电子商务网站规划与设计

电子商务网站的创建是一项系统工程，网站的建设者必须考虑和分析建立网站的目的、需求和要实现的功能，并考虑网站的整体规划和具体的开发步骤，才能开发出一个具有相当水准的专业电子商务网站。

企业建立电子商务网站的方式目前主要有两种：一种是自建；另一种是借助应用服务提供商提供的平台建立电子商务网站。

当企业建立自己的网站时，网站的规划与设计将贯穿于建设的全过程。电子商务网站的规划与设计工作包括：电子商务网站规划与设计的一般原则；依据企业的经营业务及建立网站的目的进行调研、分析和策划；对网站的形象、功能和面向的客户进行定位；对网站的信息结构、栏目设置、导航体系进行设计。最后制订出一套能充分体现企业形象和网站自身风格并能收到良好效益的网站建设方案。

（一）电子商务网站规划与设计的一般原则

无论是电子商务网站，还是其他类型的网站的成功，都取决于网站所具备的基本原则。例如，成功的商业站点，必须能够把站点的业务需求、互联网技术以及网站的美术设计很好地集成在一起。因此，一个电子商务网站的建立，既需要有懂得互联网技术的应用程序开发人员，也需要有公司的业务人员和专业美工的参与，离开任何一方，网站的建设都无从谈起。规划和设计一个成功的网站，至少应遵循以下几条基本原则。

1. 明确建立网站的目标和用户需求

网站是在互联网上宣传和反映企业形象及文化的重要窗口。因此，首先，必须明确设计网站的目的，尤其对于电子商务网站，明确自己建立网站的目的，将有助于网站的设计工作；其次，网站用户需求分析是非常关键的一个环节，只有明确谁是网站的用户和潜在用户，用户真正的需求是什么，兴趣何在，才能做到有的放矢；最后，只有让网站吸引目标用户并用所提供的信息留住他们，网站才可能取得成功。

2. 总体设计方案主题鲜明

在目标明确的基础上，完成网站的构思创意，即总体设计方案。要对网站的整体风格和特色进行定位，规划网站的组织结构，并要充分利用一切手段表现网站的个性和情趣，办出网站特色。要做到主题鲜明突出，力求简洁，要点明确，以简单、朴实的语言和画面体现站点的主题，吸引对本站点有需求的人的视线。

3. 安全快速访问

网页的传送速度是网站能否留住访问者的关键因素。如果20～30秒还不能打开一个网页，一般人就会没有耐心。快速访问的首要前提是有足够的带宽，如何利用现有网络资源在不增加成本的前提下为用户提供更快的数据传输速率，已成为各设备制造商和服务提供商不断追求的目标。另外，要尽可能保证页面简单而明确，以确保页面传送的速度。

4. 网站内容及时更新

网站信息必须经常更新。一个好的企业网站，不是一次性制作完美就可以了。由于企业的情况在不断地变化，网站的内容也需要随之调整，给人常新的感觉，网站才会更加吸引浏览者。在给访问者良好印象的同时，信息的及时更新也便于客户和合作伙伴及时地了解企业的详细状况，企业也可以及时得到相应的反馈信息，以便做出合理的处理。如果参观网站的访问者每次看到的网站都是一样的，那么他们日后还会来吗？每次更新的网页内容尽量要在主页中提示给浏览者。由于网站内容的结构一般都是树形结构，所有文章都包含在各级板块或栏目里。因此，如果每次更新的网页内容全都被放进了各级板块和栏目中，浏览者并不知道更新了哪些内容，而让用户到板块或栏目中去查找，恐怕不是一个好的方法。所以，在这种情况下，一定要在首页中显示最近更新的网页目录，以便于访问者浏览。

5. "三次单击"原则

网站设计中有一个非常著名的原则——"三次单击"，即访问者通过三次单击就可以找到相关信息。即使访问者找到的信息是不完全的信息，但至少他知道在三次单击内没有偏离正确的路径。因为网站若层次太多，这样会使有价值的信息被埋在层层的链接之下，很少有访问者有足够的耐心去寻找它，通常他们会在三次单击之后放弃。当然，如果网站规模特别庞大，那么它的结构层次不会很浅。这种情况下，一方面，要尽量压缩网站的结构层次；另一方面，可以通过提供网站的结构图的方式来帮助访问者尽快找到所需要的信息。

6. 网站的信息交互能力

网站的交互性是网站成功的关键。大多数网站虽然内容组织充实、设计风格各异，但都有一个共同点，那就是几乎每个主页的最下方都有一个相似的提示，即如有问题请发邮件到某某信箱，有的则是电话或传真。除此之外，再没有其他方式能让用户与网站沟通了。这说明很多企业不过是把网站作为一个广告牌来使用，忽略了网站的交互特性，也没挖掘出网站功能的广泛用途。

（二）企业自建式电子商务网站的规划与设计

1. 网站的功能定位

在进行网站功能的定位之前，首先应该进行深入的市场调研与分析。

（1）市场调研与分析

商务网站的功能定位源于对市场的调研和把握。所谓市场，一般可以说是由人、购买力、购买习惯三个因素构成的。现代企业在生产某种产品或在提供某种服务之前，都会对当前市场和潜在市场、本地市场和外地市场做全面的调查、了解和分析研究，从而避免盲目性。电子商务网站在创建前也必须对市场做认真调研。有关调研活动通常可包括以下一些内容。

①调查开展电子商务活动的经济环境、网络环境和政策环境。各地区经济发展的具体情况，信息化基础设施的完备程度，有关电子商务的政策法规，政府部门的支持程度等，都将对电子商务的成功开展产生重要的影响。

②分析同类商品或服务的市场容量。了解市场对将要提供的商品或服务的最大需求量，并获知提供该类商品或服务的竞争者在市场中已占有的份额，然后再结合本企业的优势和劣势分析自己在竞争中可能占有的市场份额和地位。

③分析不同人群的消费习惯和潜在市场，即分析不同消费者层次及他们的消费习惯，调查这些人是否经常上网等。据此制定不同的营销策略，以便为不同层次的消费者创建不同的网站栏目，提供个性化的服务。

④分析不同地区的销售商机与潜在市场。这一分析主要是了解本企业的产品或服务在特定地域中可能扩展的程度，以及研究不同地区的消费水平及可能获得的利润水平，使本企业的产品和服务更具有竞争性。对于电子商务来讲，虽然网上销售除物流之外已不存在地域界限，但仍需要考虑本网站提供的商品和服务如何能够为不同地区的更多消费者所接受。

⑤分析市场规模和发展趋势，即从不同途径收集大量资料并采用统计分析手段获得不同商品或服务的市场规模和发展趋势，观察消费者的消费动向并分析其原因所在，从而决定本企业电子商务活动的内容及商务网站的定位。

（2）网站功能定位

首先应确定建立网站的目的，根据市场调研的结果以及企业经营的需要和发展规划确定网站的类型、具体功能和所要达到的目标。一般来说，商务网站的建设目的都是宣传企业自身、树立企业形象、提高企业的知名度、及时发布相关信息、开拓市场和增加业务量，同时为客户提供全天候的产品和服务。据此目的，商务网站的具体功能定位通常可依据以下几点的考量和分析来进行。

①研究营销与服务过程的哪些阶段适合在线经营。将已有的业务转向在线经营往往能够提高效率，但仍需要根据企业的能力和客户的具体情况而定。

②确定网站提供的商品和服务主要定位于哪些客户群。以便重点了解这些人群的消费习惯，提供有针对性的产品和服务。

③确定是否提供个性化服务。分析提供个性化服务的优点和缺点。

④考量客户能接受的访问网站的平均响应时间，准备提供怎样的网络性能水平，期望可能达到多大的访问量。事实上，特殊活动、促销以及季节性活动都将造成客户访问

量的猛增，并对网站满足客户需求和保持良好的信誉提出挑战。

⑤分析哪些后端商务过程可以与前端商务过程集成。例如，应考察是否可将网站的前端电子货架与后端的库存管理有机结合，以及怎样将前台的客户订单与后台的送货服务结合处理等。

⑥对于开展在线交易的网站还须考虑货款结算问题，决定是否提供电子支付功能，应该与哪家银行合作，以及如何解决安全支付与信用问题等。

⑦考量网站功能的可扩展性与可维护性目标。

⑧考察网站的安全性要求及其对策。应该有一个包含商业和技术风险在内的应变计划，该计划需要详细说明具体的解决和实施方案，以及主要负责人员的职责、权限和联系方式等。

2. 网站的技术解决方案

明确网站的功能定位后，即可根据当前信息技术发展状况和本企业的实际情况规划网站的软件、硬件平台和解决方案。这方面需要确定的问题包括：

①确定网站需要多少个服务器，是否每一个服务器都由一台独立的计算机来承担，并确定这些计算机所需的性能。

②确定网站的主机方案，决定采用自建网站方式，还是采用向 ISP 租用虚拟主机或采用主机托管方式。

③若是采用自建网站的方式则需要确定网站接入 Internet 的方式和实施方案，并根据当前需要和将来的发展确定所要求的接入带宽。

④选择操作系统平台，采用 UNIX、Linux 还是 Windows Server 系列：分析各种系统所投入的成本、对应软件的兼容性、提供的功能、易开发的程度，及其稳定性、安全性和可维护性等指标。

⑤选定 Web 服务器软件和数据库系统软件。根据所选用的操作系统，确定与之相匹配的 Web 服务器软件、数据库服务器软件和 E-mail 服务器软件等。

⑥选定 Web 应用程序的开发工具，如 ASP.NET、JSP、Java 和 PHP 等语言工具、数据库应用开发软件和网页制作开发工具等。

⑦确定需要采取的网站安全措施，包括建立什么样的安全认证体系，如何防御黑客攻击，怎样防治病毒等。同时应制定网站硬件故障的应急措施。网站安全措施极为重要，停机和安全缺陷会对客户的信任度造成毁灭性的影响，所以电子商务的软件和硬件解决方案必须十分可靠，并且应该具有足够的冗余性和灵活性来应对紧急情况的发生。

3. 网站栏目规划

应该根据建立网站的目的和网站的形式来规划网站的具体栏目和各栏目的内容，以达到吸引访问者，为客户提供满意的服务并取得最大效益的目的。

对于一般的企业网站而言，其内容通常包括：企业简介、企业动态、产品介绍、服务内容、联系方式等基本内容。而对于开展在线交易的网站，其内容除了详细的商品和服务信息之外，还应包括会员注册、商品信息查询以及网上商品展示、购物车、结算付款、订单处理、客户送货方式选择与售后服务等功能。

（1）网站栏目规划要点

一般来说，相关的栏目规划要点如下。

①根据网站的内容和所提供的服务，按不同主题和层次将其分为不同的栏目。网站的主要内容一定要放置在首页或一级、二级栏目中。

②对各个栏目做更细致地规划，设定每个栏目的名称、所需包含页面的数量和内容，以及各栏目之间的逻辑结构等。

③设置主页的超级链接和搜索引擎。将网站的栏目分层设置，可使网站的内容结构关系清晰和有条理，但也会使有些较为重要的内容陷入太深的层次而不易被访问到。为此，可使用超级链接来打破单一的线性结构，使网站内容呈网状结构，从而使访问者能够方便地从一个栏目直接切换到另一个栏目。如果网站的内容庞杂、层次较多，就应将最重要的内容链接到首页，并最好设置网站内容搜索引擎，以帮助访问者方便、快速地找到所需信息。

④设定网站与客户的双向交流栏目。这些栏目包括留言板、论坛、邮件列表等。从而使访问者有机会发表他们的意见和参与网站的活动。Internet 最大的优势之一就是可跨时空为人们提供相互沟通的平台。对于商务网站来说，留言板和论坛能够留下客户的意见和建议，及时反映消费倾向和市场动态，帮助网站和企业改进经营和服务；而邮件列表功能则可以方便地将网站要通告客户的信息通过电子邮件分发到在该列表中登记的每一个客户。

⑤设置信息下载和咨询服务栏目。一个商务网站必然具有与所提供的商品和服务相关的大量信息资料。某些客户可能不愿意一页页地在线浏览，而希望能将有关的资料一次性地下载到自己的电脑里，以便详细阅读研究。为此不妨设置一个可供下载资料的栏目，这样既方便了这些客户，同时也减轻了售后服务人员的负担，并为扩大市场份额创造了条件。此外，可以设置一个提供咨询服务的栏目，集中回答客户所关心的问题。设置这样的栏目不仅可以更好地为客户服务，也可以及时获得有价值的反馈信息。

⑥以方便客户的访问为中心。客户访问网站所要求的是方便、快速、正确地得到所需的信息和服务，而不会去关心站点本身的结构。因此，规划栏目的出发点应该是更好地帮助客户导航，满足他们的各种需求。适宜的栏目划分是一个站点成功的关键，如果一个网站提供了相当多的信息内容和服务，但其逻辑结构不合理，这些信息和服务的作用就会大打折扣。如果客户不能很容易地发现信息，网站就失去了它的有效性。所以规划站点栏目和内容时，应从客户的立场出发，尝试登录站点，并在站点中游走，努力完成各种目的，看其是否真的做到了方便、友好与快捷。

（2）网站文件结构

合理的结构设计对于网站的规划也是至关重要的，下面介绍几种常用的逻辑结构类型。

①分级结构。这一结构类似于目录系统的树形结构，由网站文件的主页开始，依次划分为一级标题、二级标题等，逐级细化，直至提供给浏览者具体信息。在分级结构中，

主页是对整个网站文件的概括和归纳，同时也提供了与下一级的链接。分级结构具有很强的层次性。

②线性结构。这种结构类似于数据结构中的线性表，用于组织线性顺序形式存在的信息，可以引导浏览者按部就班地浏览整个网站文件。这种结构一般都用在意义是平行的页面上。

事实上，通常网站文件的结构是分级结构和线性结构相结合的，这样可以充分利用两种结构各自的特点，使网站文件既具有条理性、规范性又可同时满足设计者和浏览者的要求。

③ Web 结构。这一结构类似于 Internet 的组成结构，各网页之间形成网状连接，允许用户随意浏览。在实际设计中，应该根据需要选择或结合使用网站文件的结构类型。

4. 网站导航设计

人们在访问某个站点时，经常会因为跳转过多的页面和浏览过多的信息而迷失方向。所以，对于网站的设计者来说，设计一个良好的信息导航系统是非常有必要的，它能够帮助访问者快速找到所需的信息。

站点的导航方式无外乎两种：并列方式和层次方式。在并列式导航系统中，所有的导航标志都处于同一个层次，分别用来指向各自的栏目。此种方式通常应用在站点的首页。而在层次式导航系统中，则采用专门的导航条精确地描述了各导航内容的层次关系及其位置。

另外还有一种称为"热点导航"的方式，是一种在并列式和层次式导航基础上进行的扩展。通常，每个站点都有相当丰富的信息，不同的人会对不同的信息感兴趣，但在某一时期内大多数人感兴趣的问题很可能会集中在当前的若干个热点上，而站点提供的这些热点信息却可能处于不同栏目的不同层次中，且这些信息之间并不存在必然的联系。此时，就可采用"热点导航"方式，即将这些热点信息的链接并列地放置在站点的主页上，形成一个"热点导航"条，以方便访问者快速查看到此类共同关心问题的具体信息。

站点中的各种导航标志总是以链接的方式出现，因而实现站点导航的方法就是将有关信息与放置在适当地方的对应导航标志链接起来。通常情况下，都是以文字链接和图片链接作为导航标志。当然除了这两种基本链接之外，目前还有许多的网页设计技术可以实现链接，如 Flash 动画和 Java Applet 等。导航标志可以出现在页面中的任何一个位置，并没有特别规定，完全取决于站点设计者的品位与要求。然而，为了照顾人们从上到下、从左到右的阅读习惯，大多数站点都会将导航条布置在页面的上方或者左边。

5. 网站布局设计

就像设计报纸和杂志的版面一样，网站的各个页面也需要有一个好的版面布局设计。事实上，网页布局设计的重要性完全不亚于报纸和杂志的版面设计。网页布局设计包括整体布局设计、页面框架设计以及采用合适的布局技术等。

（1）页面框架设计

页面框架设计实际上就是怎样划分页面显示区域的问题，这是网页布局设计中首先要解决的问题。一般来说，页面的框架结构主要有以下几种形式。

①左右型结构。左右型框架结构是将页面显示区域划分为左面和右面两块。其中一块所占面积较大，通常用来放置页面的主要内容，另一块则用来放置站点内容的索引。

②上下型结构。上下型框架结构是将页面显示区域划分为上面和下面两块。与左右型结构类似，其中较大的一块通常用来放置页面的主要内容，另一块则用来放置站点内容的索引。

③复合型结构。这是上下型和左右型结构的结合，大多数商务网站由于其信息量巨大，都会采用复合型的框架结构，以便在有限的页面空间内安排更丰富的内容。

（2）网页布局技术

一般来说，有3种技术可以实现网页的结构布局，分别为帧布局技术、表格布局技术和层布局技术。

①帧布局

这里所说的帧对应于 HTML 文档中的一个 Frame 元素。帧布局就是将页面分成互不重叠的几个部分，每个部分称为一帧并对应于一个独立的网页。

采用帧布局最大的好处在于可以随意调整各个帧在页面中所占的比例，并且在显示网页时，拖动一个帧的滚动条只会滚动该帧画面的内容而不会影响其他帧。但是帧布局也有一个缺点，就是当某帧的内容超过该帧显示的范围时，就会自动出现滚动条，这在许多情况下将会破坏整个页面的美观。

②表格布局

这里所说的表格对应于 HTML 文档中的一个 Table 元素。表格布局是最常用的页面布局技术，目前大多数网页都采用表格作为其基础布局技术。

表格布局的最大好处在于可以根据需要将整个页面分隔成任意数量和任意大小的单元格，并且可以在单元格内嵌入任何网页对象。而且当对每个单元格的对象进行单独操作时，都不会影响其他单元格中的对象。与帧布局相比，表格布局技术也是将页面划分为多个不同的区域，但各区域不会像帧布局一样出现滚动条。

③层布局

其最大优点是将页面的布局从平面空间扩展到立体空间。采用层布局技术可以将一个页面看作由多个层面重叠而成的，各个层面不仅允许以像素为单位精确地定位其在整个空间中的位置，而且可以通过一定的设置来控制某一层是否显示以及层与层之间的叠放次序。

6. 网站 CI 设计

CI 设计即企业形象设计。而商务网站的 CI 设计则是指通过网站的网页视觉来展示企业形象的设计。商务网站也需要整体形象的包装和设计，有创意的 CI 设计将使网站的形象有相当程度的提升，并对商务网站的宣传推广起到事半功倍的效果。特别是国内很多浏览者对网站的首页美观度要求较高，这样更加注重了要对网站进行 CI 设计。网站的 CI 设计主要可以从以下几个方面着手。

（1）设计一个网站标志

网站的标志又称为 Logo。如同产品的商标一样，Logo 是网站特色和内涵的集中体现，要使网民看见这个 Logo 就能想起这个网站。Logo 的设计创意来自商务网站的名称和内容。

（2）设计标准色彩方案

确定网站的标准色彩方案也是网站 CI 设计相当重要的一步。不同的色彩搭配可以产生不同的视觉效果，体现网站的不同风格，并能影响到访问者的情绪。一个网站的标准色彩是指能体现该网站形象和延伸其内涵的色彩。

（3）设计标准字体方案

网站的标准字体方案是指用于网页标志、标题和主菜单的特有字体。标准字体方案和标准色彩方案对于网站形象一样的重要，一般网页的默认字体是宋体，为了体现网站与众不同的风格，可以根据需要选择一些特别的字体。

（4）设计宣传语

宣传语即用一句话甚至一个词来高度概括企业和网站的精神和目标，并将其作为企业和网站的宣传标语或广告语。

7. 网站开发计划

在开发网站时，一项重要的任务就是制订一个可行的开发计划，并规划一个较为细致的项目开发日程安排时间表。考虑到可能遇到的各种意外情况，制订开发计划时应在时间、人员、资金等方面注意留有一定的余地。一般来说，网站开发计划应包括以下几项内容。

①项目的性质与总体目标。

②开发工具与开发方法。

③开发成本与维护成本的估算，资源利用计划。

④项目任务的分解与相应的人员配备。

⑤各项任务的具体内容、责任人及规定完成的时间。

⑥各分项目的开发顺序和相互协调。

⑦有关开发人员定期交流和讨论的安排。

⑧对各个阶段成果检测、联调和验收的计划安排。

⑨项目质量管理计划和风险管理计划。

（三）企业借助于应用服务提供商平台建设电子商务网站的规划与设计

1. 网站类型的定位

企业开展电子商务，需要投入很多的财力、物力与人力，甚至要对企业的组织结构与经营管理模式进行变革与重新设计，并需要将传统的业务流程进行重组，从而应用到新的电子商务架构当中。因此，如果没有明确的定位，各种投入可能不但得不到回报，而且会错失在网络空间发展的机会。

（1）宣传与推广

宣传与推广是电子商务发展的初始阶段的主要目的之一，也是企业建立网站的基本目标。通过 Internet 可以达到宣传企业形象、提高知名度、展示企业的产品及服务、挖掘更多的商业机会、发布企业的最新动态和经营状况、扩大销售渠道等广告宣传目的。

（2）交流与沟通

交流与沟通是企业建立网站、利用网络功能和网络信息资源的又一个基本的目标。互联网能够帮助企业加强与客户的沟通，并建立起一种更密切的实时互动交流的关系；互联网可以使企业与供应商、经销商、中介机构、运输商等合作伙伴建立更加便捷的交流渠道；互联网能够使企业快捷而方便地获取世界范围内的信息资源。

（3）提供在线信息咨询和技术支持

利用网络实时互动、迅速反馈的功能，可以使企业在线对客户提供产品售前、售中和售后服务的信息咨询和技术支持，以及在线预订等服务，不仅提高了服务效率，也降低了服务成本。

（4）实现网上的商务交易

即在网上开展电子商务，进行商贸交易，其内容包括接受客户选购商品的订单，实现网上原材料的采购，实现网上的支付、结算与物流配送。

（5）提高企业内部业务流程的信息化水平

通过网上虚拟商店或者虚拟企业的运行和网上交易的实现，可以促进企业内部业务流程的信息化水平提高。如面向企业内部，建立销售信息网络，提高销售业绩及管理水平等。

2. 应用服务提供商（ASP）的选择

ASP 是 Application Service Provider 的英文缩写，意即应用服务提供商。随着企业自身业务的不断发展以及核心业务能力的增强，越来越多的企业希望把作为其业务支撑平台的网络系统的维护和管理工作交给专业的公司统一管理，以降低企业的运营成本，因而提供此种服务的 ASP 便应运而生。

企业选择应用服务提供商一般应从以下几个方面进行考虑。

（1）ASP 是否能提供本企业所需要的应用系统

一般来说，一些通用电子商务网站应用程序对于各个企业都是适用的，但也普遍存在着企业在某些方面有个性化需求的情况。这个就需要 ASP 在通用系统的基础上做一些修改以满足企业的需求。

（2）ASP 的网络通信能力

ASP 可以通过多种方式传输数据，如 Internet、VPN，也可以使用无线上网的方式，但无论 ASP 采取何种通信方式，最重要的是要保证电子商务网站的实时反应能力。ASP 应该保证企业可以随时增加用户，而且当网络用户突然大量增加时，ASP 应有能力保证每个用户的正常操作。

（3）ASP 在保证数据安全方面的能力

①在硬件方面，有实力的 ASP 拥有自己的数据处理中心，而不是再将数据中心外包给另外的外包服务商。通常前者比后者具有更高的安全性。在数据存放的硬件问题上，就算是弄清楚 ASP 的机房里是否配置了灭火器这样的问题也不算过分。

②在对数据的存放方面，ASP 是否提供必要的数据冗余和灾难保护措施，是否经常备份数据等，这是企业必须考察的问题，ASP 应有能力应对突发的事件以保证数据不被丢失和破坏。

③在保证数据的安全方面，ASP 应具有完善的安全保护措施，诸如安装先进的防火墙软件、对数据进行加密、对用户进行严格的授权管理、对员工规定严格的工作制度等，以保证客户企业数据不被窃取和泄露。

（4）ASP 所提供的服务的完善性

服务的完善性包括 ASP 是否愿意为客户企业提供必要的技术支持，是否愿意根据企业的需要随时完善应用程序系统，是否能保证对应用系统进行高效的维护，是否能及时对应用系统进行升级，以及在系统升级时保证不影响客户企业对系统的使用等方面的问题。

（5）ASP 的市场覆盖范围

企业最好选择一些能在很大范围内提供应用服务的 ASP，如一些几乎能在全球范围内提供 ASP 外包服务的跨国公司，如阿里巴巴。这不仅是因为一般大公司信誉良好、技术力量雄厚、管理先进，还因为当企业发展壮大而广设分支机构时，无论在哪里仍可以选择合作过的 ASP。一般而言，选择有合作伙伴关系的 ASP 可以使企业在下次合作时更顺利。当然，这些跨国公司的服务收费也会比较高，对于一些尚无开设海外分支机构计划的中小企业来说，这一条并非必选项。

3. 网站的栏目规划

对于此类方式建立的电子商务网站，其栏目规划方法同企业自建网站的栏目规划方法相似，唯一不同的是，一旦该类企业选择相应的应用服务提供商后，该应用服务提供商会提供给该企业一个建立有相应栏目的统一的电子商务网站模板。企业可以采用该模板提供的栏目收集和整理资料。

二、构建电子商务网站的相关技术

随着电子商务应用的日渐广泛和成熟，基于电子商务网站的应用和技术开发也越来越盛行，企业可以通过各种方式来建立自己的电子商务网站，但无论以何种方式建设网站，所建的网站都不仅要对本企业起到适用、够用、好用的效果，而且重要的是要方便日后的维护。

（一）电子商务网站的程序开发技术

IT 技术的发展促使了许多网页开发技术的产生，如第一代 Web 开发语言 HTML、第二代 Web 开发语言 XML、动态脚本语言 Java Script 和 VB Script 以及 ASP、ASP. NET、PHP、JSP 等服务器端的 Web 动态编程语言，网页开发技术层出不穷。

1. 超文本标记语言

目前 Web 上的绝大多数文件都是用 HTML（超文本标记语言）来编写的，HTML 语言是网页制作的基础，它是网页开发中使用的最基本语言。

2. DHTML 语言

制作网页的人都想让网页能"精美动人"，靠添加精美的图片确实能增色不少，但在传输和下载过程中会使访问者因传输速率太慢而失去耐心，而 DHTML 则能做出很好的动态网页。

3. XML 语言

HTML 是通过一些标记来定义文档内容以什么样的形式显示在浏览器上，它只描述了浏览器应当如何在页面上布置文字、图形和按钮，并没有对最为重要的信息本身的含义进行描述，作为一种简单的描述性语言，它只能显示内容而无法表达数据内容，而这一点恰恰就是智能搜索引擎和电子商务所必需的。

4. ASP 语言

ASP 是 Microsoft 公司推出的一套服务器端脚本开发工具和运行环境，可用来建立和执行动态的交互式 Web 服务器应用程序。有了 ASP 就不必担心客户端的浏览器能否运行所编写的代码，因为所有的程序都将在服务器端执行。当程序执行完毕后，服务器仅将所执行的结果返回给客户端的浏览器，这样就减轻了客户端浏览器的负担，极大地提高了 Web 交互的速度。

5. PHP 语言

PHP 是一种开放式的、能够创建动态 Web 页的服务器端脚本语言，PHP 的语法与 C/C++、Java、Perl 很相似，但它执行动态网页的速度比 CGI 或者 Perl 更快。

6.JSP 语言

JSP 是由 Sun Microsystems 公司倡导的、许多公司一起参与建立的一种动态网页技术标准，其在动态网页的创建中有强大而特殊的功能。

JSP 是 Java 平台上用于编写包含诸如 HTML、DHTML，XHTML 和 XML 等含有动态生成内容的 Web 页面的应用程序的技术。JSP 技术功能强大，使用灵活，为创建显示动态 Web 内容的页面提供了一个便捷而快速的方法。JSP 技术的设计目的是使构造基于 Web 的应用程序更加容易和快捷，而这些应用程序能够与各种 Web 服务器、Web 应用服务器、浏览器和开发工具共同工作。

（二）电子商务网站的 Web 数据库技术

Web 数据库是 Web 技术和数据库技术相结合的产物。网上订货、在线交易等电子商务平台都需要以 Web 数据库作为其基石。随着 Internet 技术和应用的深入发展，Web

数据库的开发与应用将越来越彰显其重要性。

1. Web 数据库概述

数据库技术是管理大量数据的有效方法，其优势在于可将庞大而复杂的信息以合理的结构组织起来，便于对其处理和查询。数据库管理系统软件在数据结构和算法等方面均采取了多种技术以提高数据的处理能力和查询速度，同时为数据的访问控制和安全保护提供了强有力的支持。

所谓 Web 数据库管理系统，是指基于 Web 模式的 DBMS 的信息服务，充分发挥 DBMS 高效的数据存储和管理能力，以 Web 这种浏览器 / 服务器（B/S）模式为平台，将客户端融入统一的 Web 浏览器，为 Internet 用户提供使用简便、内容丰富的服务。Web 数据库管理系统必将成为 Internet 和 Internet 提供的核心服务，为 Internet 上的电子商务提供技术支持。

（1）通过 Web 访问数据库的优点

数据库应用的一个重要方面就是对数据的访问，但是许多数据库系统目前提供的访问方式，或是一个字符方式的查询界面，或是通过编程方式实现，无论哪种方式都较难使用。

与传统方式相比，通过 Web 访问数据库的优点在于：

①借用现成的浏览器软件，无须开发数据库前端。如果能够通过 Web 来访问数据库，就不需要开发客户端的程序，使用的数据库应用都可以通过浏览器来实现，界面统一，也减少了培训费用，能使广大用户很方便地访问数据库信息。

②标准统一，开发过程简单。HTML 是 Web 信息的组织方式，是一种国际标准，开发者甚至只需学习 HTML 一种语言，而使用者也只需学习一种界面 —— 浏览器界面。

③交叉平台支持。几乎在各种操作系统上都有现成的浏览器可供使用，为一个 Web 服务器书写的 HTML 文档，可以被所有平台的浏览器所浏览，实现了跨平台操作。

（2）Web 数据库的发展趋势

电子商务是以 Web 网络技术和数据库技术为支撑的，其中 Web 数据库技术是电子商务的核心技术。

①非结构化数据库。在信息社会，信息可以划分为两大类：一类信息能够用数据或统一的结构加以表示，称为结构化数据，如数字、符号；另一类信息无法用数字或统一的结构表示，如文本、图像、声音、网页等，称为非结构化数据。结构化数据属于非结构化数据，是非结构化数据的特例。

所谓非结构化数据库，是指数据库的变长纪录由若干不可重复和可重复的字段组成，而每个字段又可由若干不可重复和可重复的子字段组成。简单地说，非结构化数据库就是字段可变的数据库。

②异构数据库系统。由于历史等原因，Internet 上的数据库系统不少是分布、异构的。Internet 上的大量信息必须通过数据库系统才能有效管理，那么在 Internet 分布式海量信息情况下如何建立合理高效的海量数据库，成为亟待解决的问题。针对目前关系型数

据库占据了绝大多数市场的情况，要实现网络环境下的海量信息共享，就必须联合各个异构数据库，使数据库之间能够通过主动式的超文本链接，实现相互连接，使得交叉引用的数据可以被很容易地检索到。

相互关联的数据库可以很容易地被归纳在一起，创建一个单一的虚拟数据库，也称为异构数据库系统。异构数据库系统是相关的多个数据库系统的集合，可以实现数据的共享和透明访问，每个数据库系统在加入异构数据库系统之前本身就已存在，拥有自己的 DBMS。它的异构性主要体现在以下几个方面：计算机体系结构的异构；基础操作系统的异构；DBMS 本身的异构。它的目标在于实现不同数据库之间的数据信息资源、硬件设备资源以及人力资源的合并和共享。

2. ODBC 数据库连接技术

ODBC 是 Microsoft 倡导的数据库服务器连接标准，它向访问 Web 数据库的应用程序提供了一种通用的接口。在其支持下一个应用程序可以通过一组通用的代码实现对各种不同数据库管理系统的访问。通过 ODBC 访问数据库的方式是基于 SQL 的，各种应用程序通过不同的 ODBC 驱动程序可以实现利用 SQL 语言对不同数据库系统的访问。

采用 ODBC 的最大好处是应用程序可以采用任何一种支持 ODBC 的工具软件独立开发，而不受所访问的数据库管理系统的约束。

3. ADO 数据库访问技术

ADO 是 ASP 内置的、用于访问 Web 数据库的 ActiveX 服务器组件。应用程序开发者可以将它与 ASP 结合起来，编写提供后台数据库信息的动态网页，并在客户浏览器端实现对 Web 数据库的查询、插入、更新和删除数据的操作。

第三节　电子商务网站的推广与管理

很多企业在自己的网站建立之后，以为一切都万事大吉，就可以享受网站带来的巨大经济效益了。其实并非如此，如果没有大量的客户访问网站，享受网站提供的服务，那么你的网站就不能发挥其本身的真正功能。一个电子商务网站如果离开了宣传，即使有再好的创意、再优质的服务也是一句空话，终将一事无成。大家都知道，互联网上密布着的大大小小的各种网站数以百万计，如何能让客户迅速地访问到你的网站是一个非常重要的问题。

一、网站的主机选择方案

作为一个商务网站，至少应该有一台与 Internet 连接的主机存放网页信息和数据库信息等。对于网站必备的主机选择，目前有以下几种解决方案。

（一）自建网站方式

如果企业规模较大、资金充足、技术条件允许，并且有大量的信息需要和外界交流，则应该自己购置软硬件设备，创建一个独立的网站。这样，不仅使用方便，也可以将企业内部网络与互联网相连接，使企业内部管理的数据和外界的信息高度整合化，从而大大提升企业的形象和效益。在自建的网站中可以配置各种类型的服务器，包括 Web 服务器、DNS 服务器、E-mail 服务器、数据库服务器等，使企业的综合管理水平上升到更高的层次。

（1）自建网站的优势主要表现在以下几个方面：

①易于采用新技术，便于扩充和升级。

②对网站内容有完全的控制，易于经常更新内容。

③拥有自己的网站管理员，对网站的安全性有更多的控制能力。

④可作为企业内部的网络，提供到大型数据库的直接链接。

（2）自建网站的不足之处主要表现在以下几个方面：

①投入较大，费用较高，机房环境和管理难以达到较高的标准。

②需要更多的创建网站时间。

③需要全天候的系统管理。

④需要专门的网站管理员及相关技术人员。

⑤需要向电信部门支付通信费用。

（3）自建网站需要重点考虑的问题包括：

网站规模的确定、各种服务器和网络设备的选型、配置及管理，操作系统、Web 服务器软件和数据库管理软件的选择，接入互联网方式的选择以及网站的安全策略等。

（二）虚拟主机方式

虚拟主机是指通过相应的软件，将一台主机的硬盘存储空间划分成相对独立的若干个存储目录。从用户角度来看，每一个存储目录看起来就好像是一台独立的主机，只要硬盘空间允许，就可以划分为相当多的目录。因此，某台计算机能拥有虚拟主机的个数，从理论上讲只受硬盘空间大小的限制。每一台虚拟主机都有自己独立的域名或 IP 地址，并且可以和相应的软件结合被配置成 Web 服务器、FTP 服务器或 E-mail 服务器。

用户在访问这样的服务器时，将看不出是在和其他人同时共享一台主机系统的资源，就好像各自都拥有独立的服务器一样，具有完备的互联网服务功能。虚拟主机之间完全独立，并可由租用者自行管理。租用者可以通过远程控制技术控制所租用的硬盘空间，完成信息的下载、上传及相关应用功能的配置等活动，而整个系统的维护则由虚拟主机的提供者承担。

虚拟主机技术的出现，实现了多台逻辑主机共享一台物理主机的资源，每个虚拟主机的租用者所承受的硬件费用和软件费用、人员费用和系统维护费用，以及通信费用等都会大大地降低。一般情况下，虚拟主机提供者能够提供良好的软硬件资源、畅通的通信线路以及对系统较好的维护与管理等，所以虚拟主机方式的性能价格比远高于自建网站的方式。然而虚拟主机方式一般不能支持较大的访问量，因而适合于搭建中小企业的网站。

选择一家好的虚拟主机提供商是很重要的，它不仅能保证你的服务器的安全、稳定、快速，还有过硬的技术人员来提供技术保障。在选择虚拟主机服务时，应强调"三看"原则。

1. 看速度

选择虚拟主机提供商首先要看速度。影响速度的因素主要是出口带宽、线路的通畅性和服务器配置。线路的通畅性受当地 ISP、服务器的存放位置及每台服务器的用户分布决定，同样配置的服务器，用户占有的系统资源越少，速度就会越快。此外，服务器本身的配置对线路速度也有一定的影响。实际上，衡量速度快慢的最好办法是试一试、比一比，现在一般虚拟主机提供商都提供免费试用服务。

2. 看服务

服务与虚拟主机提供商提供的服务器的稳定性有很大的关系，稳定性差，根本无法谈及服务。在稳定性相差不多的情况下，服务不好也会给企业及网络管理员带来无限多的麻烦。用户衡量虚拟主机提供商服务的好坏，可从以下几个方面入手。

①电话支持系统：是否能提供 24 小时技术、服务及业务支持。
②网络支持系统：在线技术支持、电子信箱服务是否完备。
③客户服务中心：是否有较完善的客户服务网络。
④用户培训系统：是否可及时向用户提供培训服务。
⑤用户数据库管理：是否有较完备的用户数据库管理系统，是否能对用户的信息保密。
⑥服务体系保证：是否有较严格的服务保证体系或服务监督部门来监测服务实施。

3. 看价格

用户要综合考虑企业目前的承受能力、企业网站的用途及发展方向等，从而选择不同级别的服务器。

价格一般分为以下几个部分：域名注册费、空间租用费、网页设计费、网站推广费及其他更高级的服务费。有的厂商还要收取域名注册服务费、域名解析费、服务器设置费等。在选择虚拟主机提供商时一定要问清楚。"一分价钱一分货"，价格不同其网络速度和享受的服务也会不同，但同样的付出，选择不同的虚拟主机提供商，其收益肯定会不同。

（三）主机托管方式

主机托管是指用户在专门的 ISP 处租用或者放置自己的一台或多台计算机，由 ISP 负责计算机与互联网的全天候实时相连，然后通过远程控制将这些计算机配置成各种服务器，从而建立起企业自己的网站系统。

在主机托管方式下，用户须向提供此项服务的 ISP 支付一定的费用。主机托管的技术基础和所依赖的主要手段是用户与服务器之间的远程控制机制，即只要用户能上网就可对远端所托管的服务器进行控制，从而实现对远端服务器的管理与维护。

经营主机托管业务的 ISP 负责为用户提供优越的机房环境，包括机架空间、恒温环境、网络安全保护、UPS 供电以及消防安全等，并确保与互联网连接的畅通。而企业自己则需要负责主机内部的系统维护与网站信息的更新等。由于主机一般是直接连接到 ISP 的主干网上，所以对企业用户来讲，此种方式不但可以节省大量的初期投资以及日常的维护费用，而且网站被访问的速度更快。此外，与虚拟主机方式相比，本方式将使用户具有更大的使用空间和更高的管理权限。

主机托管比较适合于一般的企业电子商务活动，这些活动的网站访问率高但安全性要求相对较低，例如，利用网站树立企业形象、宣传产品、提供技术咨询和售后服务等。对于一些涉及企业机密的活动，除非与主机托管经营者有严格的协议规定，否则在安全保密性方面将是一个突出的问题。

二、网站推广

网站推广，通俗地讲就是给网站做广告，让更多的人知道这个网站。虽然人人都知道网站一定要内容好，但内容好的网站却并不一定是人人都知道的。"酒香不怕巷子深"这种想法是万万要不得的。在互联网世界中有成千上万亿网页，发布于几百万个域中。而其中最有名的 10% 的网站吸纳了大约 90% 的用户，在这种情形之下，电子商务网站要实际运营起来，首先要对网站本身进行推广。

网站宣传推广的方式可以分为传统媒体的宣传推广、网络特有的宣传推广及其他网络推广方式三类。

（一）传统媒体的宣传推广方式

传统媒体是指用传统的、并非通过现代通信工具来进行传播的媒体。总的来说，有以阅读为主、以听觉为主和看听结合三种。其中第一种又称平面媒体，包括报纸、杂志、画册、展览、户外海报、路牌、车体广告等；第二种主要指广播电台；第三种则以电视为主。

（二）网络特有的宣传推广方式 —— 搜索引擎注册

当人们需要在互联网上查找资料时，一般是使用搜索引擎来进行查询检索。事实上，任何人只要知道自己想要什么，都可以通过搜索引擎找到所需要的资料。如果把自己的网站在各大著名搜索引擎上进行登记注册，就能得到宣传推广的效果。

搜索引擎专门用于搜索，是提供给广大网民使用的一种功能，专用于查找自己所需信息所在网站的网址。要想借助搜索引擎推广网站，首要条件是要把网站在搜索引擎上登记，即把网站地址以及内容的相关信息记录进搜索引擎的数据库中，以方便搜索引擎查找。

全球有上千个搜索引擎，登记一个搜索引擎大约需要 5 分钟，在 1000 个搜索引擎上登记要花 83 小时。如果每天工作 8 小时，则需要 10 个工作日。如果网站有 40 个网页，则需要 400 个工作日来完成。所以没有必要在全球上千个搜索引擎上登记，因为对网站的访问中有 80% 来自全球 10 多个主要的搜索引擎。因此，在主要搜索引擎上登记即完成了大部分工作。

（三）其他网络推广方式

如果企业从事的是高科技产业，尤其是信息产业，那么直接在互联网上推广其业务将收到事半功倍的效果。网络推广这一方式最吸引人之处就在于它极大地降低了信息发布与获得的成本，而且利用网络推广的辐射面更广。

在网络上推广就是通过网络渠道进行宣传，具体方法很多，主要有以下几种。

1. 网络广告宣传

为了提高网站的知名度，可以选择一些访问量较高或与本企业网站内容相近的网站，交付一定费用，做必要的网络广告宣传，这也是提高企业网站知名度的一条捷径。

网络广告投放需要花钱，如果把钱花在最适当之处，首先就需要明确自己的需求，是要提高知名度还是提高流量。如果想获得知名度，那么就出钱到有知名度的网站投放网络广告，但这些网站的广告价格都比较高；如果只是为了流量，那么可以选择名气不大，但流量大的网站。

此外，对于一个商务网站来说，客流的质量和客流的流量一样重要。高质量的客流很重要，广告投放一定要有目标性。此类广告投放要选择的媒体非常有讲究，首先要了解自己的潜在客户是哪类人群，他们有什么习惯，然后寻找他们出没频率比较高的网站进行广告投放。也许这样价格会高些，但是带来的客户质量比较高，因而带来的收益也会比较高。

2. 活动宣传

例如，在线大奖赛活动宣传也是一种很好的宣传方式，不过不是什么活动都能够有效果的，想有很好的效果，就必须有很好的策划。

由于宣传推广的手段很多，无法逐个分析，所以主要通过网站访问统计来评价网站宣传推广的效果。网站访问统计分析包括以下几个方面。

①网站被找到的方法，即访问者是通过外部链接、搜索引擎还是书签链接找到你的站点的。

②访问者的信息，如 IP 地址、操作系统类型、浏览器类型、访问了哪些页面、停留了多长时间等。

③被访问页面的信息，包括每一个页面被访问的次数、时间等。

④统计信息，如每天、每周、每月、每年的访问数量。

通过这些信息，可以详尽了解网站被访问的具体情况。通过网站访问分析系统，可以准确把握指定网页的访问量，可以找出访问次数最多、最受欢迎的网页和访问次数最少、效果最差的网页，作为今后决策调整和网站维护的依据。

三、网站的管理

管理学第一原理告诉我们："有效管理源于有效监测。"而今，随着互联网的高速发展与网络应用的极大丰富，人们花费在其上的管理时间也越来越多。政府和企业信息化正在深入到每一个单位，包括公司内部IT架构体系的建立、WWW服务的推出等，更高的阶段则是每一项业务和应用的电子化和信息化。现在，人们对互联网的依赖越来越大，对互联网的服务质量要求也越来越高。如何保证网站性能的高效和稳定，从而吸引更多的客户，成为互联网站越来越关心的问题。

电子商务网站真正意义上是一种动态的网站，交互性很强，而且其运作具有延续性的特点，这和普通的基础设施投入是完全不同的，它取得的利润和效益来自科学的管理，而不是硬件设备本身。所以，电子商务网站建成后，必须有相应的管理制度和专门的维护人员。

有的网络管理员认为，自己的工作职责就是保证服务器的正常工作，服务是可用的，别人可以正常地访问公司的网页。而对于到底有多少个用户正在访问网站，甚至防火墙内部现在有多少台机器在网上，却不是很清楚。这种网络管理还只是停留在保证网络联通、服务可用的层次上，这样反而使效益更加不好，不科学的维护会无形中丧失无数的客户。所以，在一个由网络支撑的业务系统中，仅仅保证网络联通是远远不够的。可见，网络管理的重要性被忽视是非常不应该的，网站是企业的对外窗口，它应该为企业的发展发挥应有的作用。此外，为网站设置专门管理员的必要性及网站管理员的职责权限问题也应受到重视。

（一）设置网站管理员

电子商务网站建成以后，一定要设置网站管理员。这里说到的网站管理员包括所有的技术人员和网页日常维护人员。网站是企业虚拟的办公地点，所以应当有人看管，网站管理员就是监守网站这个虚拟办公室的人员，他是企业的客户和合作伙伴等一切网站来客的网站联络人，同时又肩负着这个虚拟办公室的日常运行及维护的重任，由此可见网站管理员的重要程度了。

电子商务网站管理员需要具备的素质包括两个方面：一是对网站管理员的技能要求；二是对网站管理员的道德要求。

（二）电子商务网站管理员需要承担的工作

1. 更新与检查网站内容

一个成功的电子商务网站要保证页面的链接正确、站点内容的经常更新，这样才会吸引更多的浏览者，壮大自己的客户群。试想如果一个电子商务网站内容干巴巴，页面从不更新，甚至链接断层、界面凌乱、文件丢失，一派衰落景象的话，那么只会使辛辛苦苦建立的网站变成垃圾。反复访问企业网站的访问者，必然对企业有兴趣，他就是企业的潜在客户，能否成为企业的业务对象，就在于网站能否为这些潜在的客户提供必要的服务了。在这种情况下其结果就不容乐观，一个不稳定的网站对于企业的业务系统来说是致命的。一个因网络不通而被拒绝访问的客户，他首先看到的是这个企业的服务质量，而不是网络质量。如果一个网站中的内容一成不变，链接又时常打不开，这样不但潜在的客户会失去，就连目前所拥有的客户也会失去，所以更新与检查网站内容尤为重要。

（1）维护新闻栏目

新闻栏目是企业与外界联系的窗口，由专人专门维护新闻栏目是很有必要的。一方面要把企业和业界动态都反映在里面，让访问者了解企业的发展情况；另一方面，要在网上收集相关资料，放置到网站上，吸引同类用户。

（2）维护商品信息

企业的商品信息是电子商务网站中必不可少的部分。随着外在条件的变化，商品的信息也在不断地变化。电子商务网站要派专人专门负责商品信息的维护。其中包括删除过时的商品信息，添加新的商品信息，编辑现有的商品信息。

（3）时常检查相关链接

为保证网站中的链接通畅，要经常通过测试软件对网站所有的网页链接进行测试，看是否能连通，发现问题并及时处理。尤其是网站导航栏目，可能经常出问题，你也可以在网页上显示"如有链接错误，请指出"等字样。

2. 对会员进行管理

随着客户逐渐增多，会员管理制度所发挥的作用就越来越显著了。通过会员管理制度可以得到相关客户的邮件列表、兴趣爱好，并且可以根据他们在网站上的消费情况、访问情况和参与活动情况建立相应的会员等级，不同等级的会员享有不同的权限，从而激发客户的积极性。

3. 对网站浏览统计进行分析

作为电子商务网站的管理员，需要时刻对网站的浏览及访问量进行统计分析。统计包括访问者的多少、各个访问栏目的访问率、访问者的访问时间和访问者的所在地等。通过分析这些数据，就可以找出自己的优势与不足，从而对网站进行相应的修改，增加网站的可读性，更好地实现网站的建设目标。

（1）网站访问数据的指标

①首页计数器：这个计数器能够最直接地告诉你和你的网站访问者，有多少人曾经来访问过你的网站。

②综合浏览量：它表示某一时间段内网站各网页被浏览的总次数。

③独立访客数：某一时间段内来访的 IP 地址数量。

④印象数：网页或广告图片被访问的次数，等同于计数器所表达的数字。

⑤点击次数：当访客通过单击被浏览网页中的某个链接访问到自己感兴趣的网页时，称为点击一次。一个访客可以带来十几次甚至更多的点击次数。

⑥点击率：一般用于表示网站上广告的广告效应。如果一个广告出现了 1 万次，而

它被点击的次数为 500 次，那么点击率即为 5%。

当然除了这些常规统计数字外，通过一些 ASP 程序及栏目，还可以了解到"注册用户的数量""邮件列表的用户数""每天收到的邮件数量""参加网上调查的人数"和"论坛发表的文章数"等网站的数字信息。

（2）利用数据分析管理电子商务网站

将一段时间内网站综合浏览量和点击次数等数字做成以小时或者天为单位的图表，你就可以非常容易地看到一天（周／月）内，哪个时段的访问量比较高，哪个时段的访问量比较低。通过时段的访问量分析，可以知道主要访问者的性质，如每天的访问高峰期在 9：00 — 17：00，则表明访问者大多是在公司／单位上网；如果访问高峰期在 18：00 — 23：00，则说明访问者多在家中进行浏览。知道了哪个时间段网站的访问人数较少，网站的负载较小，将需要发送的邮件杂志和更新的网页在这个时段发送出去，既可以避免在网站最拥挤的时候过多地占用线路资源，又能够比较顺利地发送数据。

（3）根据数字变化趋势随时调整网站的发展方向

一个网站从建立开始，访问人数会随着网站的逐渐完善、内容的更新频率、内容的可读性以及对网站所进行的各种推广活动而形成一条波动的曲线。通过对访问图的分析，再找一下具体原因，如访问高峰的形成是因为某个时段增加了可读性较强的栏目，还是因为网站进行了很好的宣传。针对分析结果进行巩固提高，就会使网站一直向着好的方向发展。

（4）根据统计数字曲线选择合适的宣传推广方式

选用了不同的网站宣传方式后，对访问数据进行分析统计，就可以知道哪种宣传方式最有力。

综上所述，可以看出，通过访问统计数字，不仅能够了解到某一时段的访问人数情况，还可以从中分析出访问人群的上网高峰期、网站内容是不是能够令人"回眸"、新栏目推出的反响如何以及网站推广手段是否有效等。

4. 客户信息的及时反馈

客户访问了你的网站后，可能会对某些方面感兴趣，往往会随时给你留言、发邮件。这些网站来客就成为潜在的客户群，应该给予必要的重视。对他们提出的问题及时解决并回复，这样有助于为企业树立良好的公众形象，进一步增加网站客户的数量；反之，如果没有设置网站管理员专人负责处理网站来客的邮件信息的话，那么这些网站来客的留言或电子邮件不是发不出去就是发信后石沉大海，迟迟得不到你的回复。这样一来，网上访客的数量就会急剧减少，因为谁也不愿意与一个死气沉沉的网站进行交流。而且，根据经验，尽管你的网站上有地址、电话和传真号码，但访问者还是喜欢用电子邮件同你联系，因为网站本身就是为了突出这种通信优势。所以，一定要保证网站与访问者及时通话，这就需要专人负责。

（1）对订单及时处理

如果客户对电子商务网站中的某些商品产生兴趣，就会产生购买欲，这时他们就会填写订单，准备购买你的商品。对客户订单的处理尤为重要，因为这些客户即将成为你的业务对象，所以对客户订单的处理要及时准确，并根据需要准备好相关的配送环节。

（2）对留言簿进行维护

对留言簿要经常进行维护，总结意见。因为一般访问者对站点有什么意见，通常都会在第一时间看看站点哪里有留言簿，然后就在那里记录，期望网站管理者能提供他想要的东西，或提供相关的服务。必须对访问者提出的问题进行分析总结，一方面，要以尽可能快的速度进行答复；另一方面，要记录下来进行切实的改进。我们可以从中收集很多信息，从而获得更多的商机。

（3）对客户的电子邮件进行维护

所有的企业网站都有自己的联系页面，通常是管理者的电子邮件地址，经常会有一些信息发到邮箱中。对访问者的邮件要及时答复，最好是在邮件服务器上设置自动回复功能，这样能够使访问者对站点的服务有一种安全感和责任感，然后管理员再对用户的问题进行细致的解答。

（4）维护投票调查的程序

企业站点上也经常有一些投票调查的程序，用来了解访问者的喜好或意见，一方面，对已调查的数据进行分析；另一方面，也可以经常变换调查内容。但对于调查内容的设置要有针对性，不要搞一些空泛的问题。也可以针对某个热点问题或现象进行投票，吸引其他人来看结果。

（5）对顾客意见的处理

网站的交互性栏目可能会收集到很多顾客意见，要及时处理，这样才能保证企业的良好形象。

5. 对网站安全进行监控

网站是对外开放的，以便每个来客进行访问，但是，要注意网站的安全问题，即要防止某些心怀不轨的来客对网站进行攻击。他们或者修改网页进行恶作剧；或者破坏系统程序；或者进行电子邮件骚扰；或者转移资金账户，窃取资金，从而构成了一个复杂的黑客群体，对网站计算机系统和信息网络构成极大的威胁。

这样就需要网站的管理员对网站进行严密的防护，设置防火墙，采用加密算法进行密钥传输，进行用户身份认证等。但这样做还远远不够，因为网络安全的强度只取决于网络中最弱连接的强弱程度，所以要及时发现网站的漏洞并进行修复，如果没有网站管理员，或者网站管理员的管理水平不能及时跟上，就会为网站留下许多安全隐患，给黑客入侵造成许多可乘之机。

寻找网络中的薄弱环节和安全漏洞，是每个系统管理员和每个黑客都要做的一件事。系统管理员查找漏洞的目的在于加强防护，黑客探测漏洞的目的在于找到攻击点。只有网站管理员及时检测到它，找到它的所在，才能修复它，并能领先黑客一步。而且网络是动态的，黑客也是多谋善变的，对安全产品或服务仅配置一次是不够的，不但防火墙如此，其他安全产品也是如此。

第四章 "互联网＋"时代的电子货币与支付

支付系统是开展电子商务的必备条件，也是目前制约电子商务发展的瓶颈之一。在线支付是指参加商务活动的各方在网上发生的一种资金交换，如电子商务的货款支付与结算。网上支付技术发展的目标就是实现虚拟支付、无货币支付，如信用卡、数字现金、智能卡等，这些方式通过 Internet 可以广泛地被客户、商家及银行所接受。

第一节　传统支付方式与电子支付

一、传统支付方式

电子支付是在传统的支付方式功能的基础上，综合运用电子技术、计算机技术、网络技术和信息安全技术等产生和发展起来的。为了更好地了解电子支付过程，首先介绍传统的支付方式——现金、票据和信用卡。

（一）现金

现金有两种形式，即纸币和硬币，是由国家组织和政府授权的银行发行。其中，纸币本身没有价值，它只是一种国家发行并强制使用的货币符号，但却可以代替货币加以流通，其价值由国家加以保证；硬币本身含有一定的金属成分，故而具有一定的价值。

现金交易过程有以下几个主要特点。

第一，买卖双方在同一位置，而且交易是匿名进行的。商家并不需要了解消费者身份，因为现金本身是有效的，其价值是由发行机构加以保证的，而非由消费者认同。

第二，现金使用方便、灵活，交易程序上非常简单，即"一手交钱，一手交货"。交易双方在交易结束后马上就可以实现其交易目的，即消费者用现金买到商品，商家用商品换取现金。

当然，这种交易方式也存在一些缺陷，主要表现在：

一是受时间和空间的限制。对于不在同一时间、同一地点进行的交易，就无法采用现金支付的方式。

二是现金面额的固定性意味着要在大宗交易中携带大量的现金，这种携带的不便性以及由此产生的不安全性在一定程度上决定了现金作为手段的局限性。

（二）票据

票据一词，可以从广义和狭义两种意义上来理解。广义的票据包括各种记载一定文字、代表一定权力的书面凭证，如股票、债券、货单等，人们将它们统称为票据。狭义上的票据是一个专用名词，专指票据法所规定的汇票、本票和支票等票据。

票据分为汇票、本票和支票三种。汇票是出票人委托他人于到期日前无条件支付一定金额给收款人的一种票据；本票是出票人自己于到期日无条件支付一定数额给受票人的票据；支票则是出票人委托银行或其他法定金融机构见票时无条件支付一定金额给予受款人或持票人的一种票据。

作为支付手段，各种票据都可以使用，如消费者支付商品款给商家，可以直接签发本票，也可以签发汇票和支票，但无论是何种形式，都需要出票人的签名方能有效。下面以支票为例说明用票据支付的交易流程。

在支票交易中，支票由买方签名即可生效，故而买卖双方无须处于同一位置。卖方需通过银行来处理支票，需为此支付一定的费用，并需等待提款。因而，与现金交易相比，这种交易方式不再匿名，而且费用也较高。

汇票的交易流程与支票大体相同，汇票是由商家通过银行处理的，而本票则是由消费者通过银行处理的。利用票据进行交易的主要特点是：

①以票据的转移代替实际金钱的转移，可以大大减少携带现金的风险。

②可以异时异地进行交易，突破了现金交易同时同地的局限，大大增加了实现交易的机会。

③可以避免清点现金可能产生的错误，并可以节省清点现金的时间。

④需要出票人的签名方能生效。

⑤非匿名方式。

此外，票据本身也存在一定的不足，如票据的真伪、遗失等，都可能带来一系列问题。

（三）信用卡

信用卡是银行或其他金融公司发行的、授权持卡人在指定的商店或场所进行记账消费的信用凭证。

信用卡的特点主要有：

1. 多功能

不同的信用卡功能和用途各异，但概括起来，主要有四种功能，即转账结算功能、消费借贷功能、储蓄功能和汇总功能。

2. 高效便捷

由于银行为持卡人和特约商户提供高效的结算服务，这样消费者就便于也乐于持卡购物和消费，而且利用银行卡结算可以减少现金货币流通量，简化收款手续；同时，持卡人即使到外地，也可以凭卡存取现金，十分灵活方便，不仅免去随身携带大量现金的不便，而且又有安全保证。

二、电子支付

（一）电子支付的概念与特征

随着越来越多的商家计划进入电子商务领域，支付问题就显得越来越突出。如何解决世界范围内的电子商务活动的支付问题？如何处理每日通过网络技术产生的成千上万交易流的支付问题？答案显而易见：利用电子支付。

1. 电子支付的定义

电子支付是指电子交易的当事人，包括消费者、厂商和金融机构，使用安全电子支付手段通过网络进行的货币支付和资金流转。具体来说，电子支付是以金融电子化网络为基础，以商用电子化工具为媒介，以计算机技术和通信技术为手段，以电子数据形式存储在银行的计算机系统中，并通过计算机网络系统以电子信息的传递方式实现流通和支付。

2. 电子支付的特征

与传统的支付方式相比较，电子支付具有以下几个特征。

①电子支付是采用先进的技术通过数字流转来完成信息传输的，其各种支付方式都是采用数字化的方式进行款项支付的；而传统的支付方式则是通过现金的流转、票据的转让及银行的汇兑等物理实体的流转来完成款项支付的。

②电子支付的工作环境是基于一个开放的系统平台；而传统支付则是在较为封闭的系统中运作。

③电子支付使用的是最先进的通信手段；而传统支付使用的则是传统的通信媒介。电子支付对软、硬件设施的要求很高，一般要求有联网的微机、相关的软件及其他一些配套设施；而传统支付则没有这么高的要求。

④电子支付具有方便、快捷、高效、经济的优势。用户只要拥有一台上网的 PC 机，便可足不出户，在很短时间内完成整个支付过程。支付成本相对于传统支付来说非常低。

在电子支付方式下，与传统的支付方式一样最大的问题是保证任何人都不能仿造用户的电子货币或盗走用户的信用卡信息。如果采用电子货币来显示在线支付，为了模仿现有支付方案的特性，还必须满足某些 Internet 支付系统具有的灵活性，而且这些系统应当可以支持不同情况下的不同支付模型。此外，支付的时限也必须被所涉及的当事人一致同意。

作为电子支付的一个主要条件就是必须允许将电子货币从一个系统转移到另一个系统。支付系统应允许许多形式的支付和电子货币，除此以外，还应与其他电子货币和实际货币的提供者签订协议，这样就可以产生能将这些资金转移到系统中的机制。

（二）电子支付的发展

银行采用计算机等技术进行电子支付的形式有五种，分别代表着电子支付技术的不同发展阶段。

第一阶段：银行利用计算机技术处理银行间的业务，办理结算。

第二阶段：银行计算机系统与其他机构计算机系统之间的资金结算。

第三阶段：银行利用网络终端向客户提供各项银行业务，如客户在自动柜员机上进行取、存款操作等。

第四阶段：利用银行销售点终端系统向客户提供自动扣款服务。

第五阶段：电子支付发展的新阶段——网上支付阶段。

随着计算机技术的发展，电子支付的方式越来越多。这些支付主要分为以下四大类。

①电子货币类：如电子现金、电子钱包等。

②电子信用卡类：如信用卡、智能卡等。

③电子支票类：如电子支票、电子汇款、电子划款等。

④移动支付类：基于账户的支付、基于代币券的支付等。

（三）电子现金

1. 电子现金的概念

电子现金是以数字化形式存在的电子货币，其发行方式包括存储性质的预付款和纯电子形式的用户号码数据文件等，使用灵活简便，直接与银行连接便可使用。电子现金支付的特点是不直接对应任何账户，持有者事先预付资金，便可获得相应币值的电子现金，因此可以离线支付。

2. 电子现金的特征

电子现金的特点和现实中的现金一样，可以存取和转让，适用于小的交易量。使用电子现金的三方——商家、客户和银行都需要使用电子现金软件，而银行与商家之间有协议和授权关系，由银行负责客户和商家之间的资金转移，因此，电子现金对于客户来说是匿名的，使用电子现金消费具有很好的保护个人隐私功能。客户在开展电子现金业务的银行开设的账户内存入资金后，然后利用口令和个人识别码将电子现金下载到自己计算机的硬盘上，就可以在接受电子现金的网上商店进行购物。

电子现金还具有以下几个特殊的特征。

（1）价值性

电子现金必须有一定的现金、银行授权的信用或银行证明的现金支票进行支持。当电子现金被一家银行产生并被另一家银行所接受时不能存在任何不兼容性问题。如果失去了银行的支持，电子现金会有一定的风险，可能存在支持资金不足的问题。

（2）可交换性

电子现金可以与纸币、商品／服务、网上信用卡、银行账户存储金额、支票等进行交换。一般倾向于电子现金在一家银行使用。事实上，不是所有买方都会使用同一家银行的电子现金，他们甚至不使用同一个国家的银行的电子现金。

（3）可存储性

可存储性将允许用户在家庭、办公室或途中对存储在一个计算机的外存、IC 卡，或者其他更易于传输的标准或特殊用途的设备中的数字现金进行存储和检索。电子现金的存储是从银行账户中提取一定数量的电子现金，存入上述设备中。由于在计算机中产生和存储现金，因此伪造现金比较容易，最好将现金存入一个不可修改的专用设备。这种设备应该有一个友好的用户界面以助于通过密码或其他方式的身份验证，以及对于卡内的信息浏览显示。

（4）可分割性

电子现金可以用若干种货币单位表示，并且可以像普通现金一样把大钱分为小钱，满足电子商务小额支付的需要。

（5）安全性

电子现金能够安全地存储在客户的计算机或存储卡中，而且电子现金可以方便地在网上传输，并且使用有效的数字签名和校验系统，防止盗用、重复使用。一般的电子现金都建立了一套事后检测和惩罚机制。

3. 电子现金的运作过程

电子现金的运作过程可以分为以下五个步骤进行。

（1）购买电子现金

消费者要从网上的货币服务器（或银行）购买电子现金，首先要在数字现金发布银行开设电子现金账号并购买电子现金，然后将足够的资金存入该账户用于以后的支付。

（2）存储电子现金

消费者使用电子现金终端软件从电子现金银行取出一定数量的电子现金存在硬盘上。

（3）购买商品或服务

消费者用电子现金购买商品或服务，卖方同意接受电子现金的消费者订货，消费者用卖方的公钥加密电子现金后，传送给卖方。

（4）资金清算

接受电子现金的卖方与电子现金发行银行之间进行清算，电子现金银行将消费者购买的商品的款项支付给卖方。这时可能有两种支付方式：双方的和三方的。双方支付涉及买卖双方。在交易中卖方用银行的公用密钥检验电子现金的数字签名，如果对于支付满意，卖方就把数字货币存入自己的机器，随后再通过电子现金银行将相应面值的金额转入账户。所谓三方支付方式，是在交易中，电子现金被发给卖方，卖方迅速把它直接发给电子现金银行，银行检验货币的有效性，并确认它没有被重复使用后，将它转入账户。在多种情况下，双方交易是不可行的，因为可能存在重复使用的问题。为了检验其是否重复使用，银行将从卖方获得的电子现金与已经使用的电子现金数据库进行比较。

像纸币一样，电子现金通过一个序列号进行标识。为了避免重复使用，电子现金将以某种全球统一标识的形式注册，但是，这种检验方式十分费时费力，尤其是对小额支付。

（5）确认订单

买卖双方资金支付完成以后，卖方提供货物或服务给消费者，消费者在收到货物或接受服务后确认交易完成。

4. 电子现金支付方式的特点

电子现金支付方式具有以下几个特点。

①银行与商家之间应有协议和授权关系。

②消费者、商家和电子现金银行都需要使用电子现金软件。

③因为数字现金可以申请到非常小的面额，所以数字现金适合小的交易量。

④身份验证是由电子现金本身完成的，电子现金银行在发放电子现金时使用了数字签名，商家在每次交易中，将电子现金传给电子现金银行，由电子现金银行验证消费者支付电子现金是否有效。

⑤电子现金银行负责消费者和商家的资金转移。

⑥具有现金的特点，可以存取和转让。

⑦买卖双方都无法伪造银行的数字签名，而且双方都可以确信支付是有效的，因为每一方都知道银行的公开密钥，银行避免了受到欺骗，商家由于拥有合法的货币避免了银行拒绝兑换，消费者避免了隐私权受到侵犯，因此比较安全。

电子现金和普通的钱币一样，也会丢失，如果消费者的硬盘出现故障并且没有备份，电子现金就会丢失，就像丢失钞票一样。

（四）电子钱包

1. 电子钱包的概念

电子钱包是存储所有者的身份证书、地址簿等识别信息，并可装入电子现金、电子零钱、电子信用卡、网络货币、数字货币和数字现金的电子货币，集多种功能于一体的电子货币支付方式，实际上是一种智能卡。消费者在网上购物时，只要点击自己的电子钱包，就可以进入支付结算，避免了其他网络支付方式要经过填写烦琐的个人信息等麻烦，加速了网上购物的速度，提高了购物效率。电子钱包一般都有支付限制，只能在限额以下进行支付，避免了像信用卡信息泄露带来的大额透支那样的重大利益损害，比较安全。

2. 电子钱包的种类

电子钱包具有多种形式，主要包括服务器端电子钱包和客户端电子钱包。

（1）服务器端电子钱包

服务器端电子钱包就是在商家服务器或电子钱包软件公司的服务器上存储消费者信息，这样用户无论身在何处都可以使用电子钱包。但是这种方式最大的缺陷就是服务器的安全漏洞可能会导致用户的信用卡信息泄露给未经授权的第三方，损害消费者的利益。

（2）客户端电子钱包

客户端电子钱包是在消费者自己的计算机上储存的电子钱包信息，由于不在中央服务器上储存电子钱包信息，消除了"黑客"攻击电子钱包服务器导致泄密的可能。客户端电子钱包把保证电子钱包的安全责任转移到消费者自己身上，而消费者个人的安全防范措施有时候并不理想，因此在某种角度上风险实际上是增加了。客户端电子钱包的另一个缺陷是携带不便，只有用自己的计算机上网才能使用电子钱包进行网上支付，而消费者追求的随时随地享受购物乐趣却无法体现。

3. 电子钱包的使用步骤

电子钱包的使用步骤如下。

①顾客上网浏览商家 Web 主页上的在线商品目录，选择要购买的商品。

②顾客填写订单，包括项目列表、价格、总价、运费、搬运费、税费等。

③订单可通过电子化方式来商定，或由顾客的电子购物软件建立。有些线上商场可以让顾客与商店协商物品的价格，如出示自己是老客户的证明，或给出竞争对手的价格信息。

④顾客确认后，选定用电子钱包付钱。将电子钱包装入系统，单击电子钱包的相应项或电子钱包图标，电子钱包立即打开，然后输入自己的保密口令，在确认是自己的电子钱包后，从中取出一张电子信用卡来付款。

⑤电子商务服务器对此信用卡号码采用某种保密算法并加密后送到相应的银行，同时商店也收到经过加密的购货账单，商家将自己的顾客编码加入电子购货账单后，再转送到电子商务服务器上去。这里商店对顾客电子信用卡上的号码是看不见的，不可能也不应该知道，商店无权也无法处理信用卡中的钱款。因此，只能把信用卡送到电子商务服务器上去处理。经过电子商务服务器确认这是一位合法顾客后，将其同时送到信用卡公司和商业银行。在信用卡公司和商业银行之间要进行应收款项和账务往来的电子数据交换和结算处理，信用卡公司将处理请求再送到商业银行请求确认并授权，商业银行确认并授权后送回信用卡公司。

⑥如果经商业银行确认后拒绝并且不予以授权，则说明顾客的这张电子信用卡上的钱数不够、没有钱或者已经透支。遭商业银行拒绝后，顾客可以再打开电子钱包，取出另一张电子信用卡，重复上述操作。

⑦如果经商业银行证明这张信用卡有效并授权后，商店就可交货。与此同时，商店需留下整个交易过程中发生往来的财务数据，并且出示一份电子数据发送给顾客。

⑧上述交易完成后，商店按照顾客提供的电子订货单提供的地址，将商品通过物流配送方式交到顾客或其指定人手中。

在上述电子钱包购物的全过程中，虽然中间经过了信用卡公司和商业银行等多次进行身份确认、银行授权、各种财务数据交换和账务往来等，好像很复杂，其实这都是在极短的时间内通过很简单的操作来完成的。实际上，从顾客输入订货单到拿到商店出具的电子收据，全过程仅用5～20秒的时间，并且安全可靠。在购物过程中，顾客可以用任何一种浏览器进行浏览和查看。有了电子商务服务器的安全保密措施，既可以保证顾客信用卡的信息别人看不见，又可以保证顾客去购物的商店是一个真实的而不是假冒的，从而保证顾客可以安全、可靠地买到称心的商品。

（五）电子支票

1. 电子支票的概念

根据中国人民银行颁发的《银行结算办法》，电子支票采用电子方式完成纸面支票功能，如比较有代表性的FSTC（金融服务技术联合会）电子支票系统中，电子支票是纸面支票的电子版，包含纸面支票的相同信息，其使用方式与纸面支票相似。

2. 电子支票的特点

（1）接受度高

电子支票的内容和原理与传统支票十分相似，客户不必再接受培训，且其功能更强，所以接受度高。

（2）适宜小额清算

电子支票适宜做小额清算。电子支票传统的密码加密方式比公开密钥加密的系统容易处理。收款人、收款人银行和付款人银行都可以使用公开密钥来验证支票，电子签名也可以自动验证。

（3）开放程度高

电子支票技术可通过公众网络连接金融机构和银行票据交换网络，连接现有的金融付款系统。

3. 电子支票的运作方式

电子支票系统目前一般是专用网络系统。国际金融机构通过自己的专用网络、设备、软件及一套完整的客户识别、标准报文、数据验证等规范化协议来完成数据的传输，从而控制其安全性。系统在专用网络运行已有成熟的模式，如SWIFT系统应用范围主要是企业与企业之间，保证了报文传输的可靠性、完整性与安全性。

（1）SWIFT系统的安全控制

①通过口令机制进行客户身份检查，通过读写控制进行操作合法性检查。

②数据完整性控制，即对传输数据进行校验，排除介质故障和篡改。

③数据安全控制，对数据进行加密，防止窃听。

公共网络上的电子支票系统用于发出支付和处理支付的网上服务。付款人向收款人发出电子支票，即一个经付款人私钥加密的写有相关信息的电子文件，收款人将其存入银行，以取出现金。电子支票由客户计算机内的专用软件生成，一般应包括支付数据、支票数据、客户的数字签名、CA 证书、开户行证明文件等内容。

电子支票系统中主要的各方有客户、商家、客户的开户银行、商家的开户行、票据交易所。票据交易所可由一个独立的机构或现有的一个银行系统承担，其功能是在不同的银行之间处理票据。客户使用可访问 Internet 上不同的 Web 服务器的浏览器，可浏览网上的电子商店，浏览时还可向客户显示电子支票的格式。

（2）电子支票支付流程

①客户到银行开设支票存款账户，存入存款，申请电子支票的使用权。

②客户开户行审核申请人资信状况，决定是否给予使用电子支票的权利。可以通过发放开户行统一开发的电子支票生成软件来标志使用权的赋予，这个专用软件能自动生成含有开户行证明标志的电子支票，方便开户行提供特色服务，但通用性较差，若使用不同开户行的电子支票则需要多个专用软件，带来使用上的不便。

③客户网上购物，填写订单完毕，使用电子支票生成器和开户行发放的授权证明文件生成此笔交付的电子支票，一同发往商家。

④商家将电子支票信息通过支付网关发往收单行请求验证，收单行将通过金融网络验证后的信息传回商家。其中收单行做出验证记录以便据此为商家入账，客户开户行做出确认记录以便据此转账。

⑤支票有效，商家则确认客户的购货行为，并组织送货。

⑥在支票到期日之前，商家将支票向收单行背书提示，请求兑付。商家可以积累一定数量的电子支票进行批量处理。背书的过程生成数字时间戳及其他背书标志，以防止商家利用支票复制多次背书欺诈。收单行根据上一步的验证信息确定是否接受背书，背书成功则发送完成消息返回商家。

⑦对持有多张不同开户行的电子支票的收单行与开户行之间选择固定的时间经票据交换所进行支票的清算，轧出应收应付的差额，据此记账。

（六）智能卡

1. 智能卡的发展

智能卡类似于信用卡，但卡上不是磁条，而是计算机芯片和小的存储器。在智能芯片上将用户信息和电子货币存储起来，该卡可以用来购买产品／服务和存储信息等。

2. 智能卡的构成

智能卡主要由以下三部分构成。

（1）建立智能卡的程序编辑器

程序编辑器在智能卡开发过程中使用，它从智能卡布局的层次描述了卡的初始化和个人化创建所有需要的数据。

（2）处理智能卡操作系统的代理

包括智能卡操作和智能卡应用程序接口的附属部分。该代理具有极高的可移植性，它可以集成到芯片卡阅读器或个人计算机及客户机／服务器系统上。

（3）作为智能卡应用程序接口的代理

该代理是应用程序到智能卡的接口。它有助于对不同智能卡代理进行管理，并且还向应用程序提供了一个智能卡类型的独立接口。

3. 智能卡的应用范围

智能卡的应用主要有以下几个方面。

（1）电子支付

如智能卡用于电话付费，代替信用卡。

（2）电子识别

如能控制对大楼房间或系统的访问，如计算机或收银机。

（3）数字存储

即一种实时存储和查询数据的应用，如存储和查询病例，跟踪目标信息或处理验证信息。

4. 智能卡的优点

智能卡具有以下几个优点。

（1）对于用户来说，智能卡提供了一种便利的方法

智能卡消除了某种应用系统可能对用户造成不利影响的各种情况，它能为用户"记忆"某些信息，并以用户的名义提供这种信息。某种应用本身能够配置成适合某个用户的需要，而不是用户学习和适应这种应用。

（2）降低了现金处理的支出及被欺诈的可能性，提供了优良的保密性能

使用智能卡，用户不需要带现金就可以实现像信用卡一样的功能，而保密性能高于信用卡。因此，智能卡在网上支付系统中作用大。

第二节 移动支付、电子支付协议及网上银行

一、移动支付

（一）移动支付概述

移动商务的发展离不开完善的支付方式和支付手段。移动支付可以简单定义为借助手机、掌上电脑、笔记本电脑等移动通信终端和设备，通过手机短信息、WAP等多种方式所进行的银行转账、缴费和购物等商业交易活动。它也是整个移动商务的重要组成部分。

在手机支付方式下，使用一部手机就可以方便地完成整个交易，而且很多情况下可以缩短用户不必要的等待时间，剔除很多无价值和乏味的活动，因而日益受到移动运营

商、商品零售商和消费者的青睐。

1. 移动支付的角色

在移动支付协议中，无外乎有以下四个角色。

（1）用户

用户（支付者）即买方。在移动商务环境中，支付者使用手机或者其他移动终端通过移动互联网与商家或支付网关进行交互。支付者和商家的需求是推进移动支付系统生存及发展的主要动因。在移动支付中，支付者的最大特点就是他们拥有经认可的 CA 发行的数字证书。

（2）商家

商家即卖方。商家即指具有货物或服务提供给支付者的组织。参与到移动支付系统中的商家，如商场、零售店或加油站等，通过减少支付的中间环节，降低经营、服务和管理成本，提高支付的效率，提高支付者的满意度。

（3）金融机构

移动支付系统中的金融机构包括银行、信用卡发行商等组织，主要为移动支付平台建立一套完整的、灵活的资金转账服务和安全体系，并管理基于手机 SIM 卡的银行账户，保证用户支付过程的顺利进行。金融机构比移动运营商具有更完善的支付体系，包括现金、信用卡及支票为基础的多种支付手段。金融机构是一个很关键的角色，它在一定程度上起到了维护整个移动支付系统正常运作的重要作用。

（4）支付网关

支付网关以金融机构代理的身份出现在移动商务环境中，实现核准和支付功能，在下面的流程介绍中把支付网关进一步细分为移动支付系统与移动交互平台。

2. 移动支付流程

假设用户和内容提供商都在金融组织拥有账户，下面介绍一个基于账户和预先付款的移动商务支付流程。

（1）注册

消费者首先必须向移动支付提供商提出开户申请，这个步骤是必需的，只有在完成这一步之后消费者才可以进行以下一系列的移动支付活动。

（2）提交购物支付申请

消费者在注册成功之后就可以通过短信服务或者其他方式向移动交互平台来提出自己原始的购买以及支付要求。

（3）提交处理后的支付申请

移动交互平台首先根据服务号对消费者的支付申请进行分类，然后把这些申请压缩成格式，最后把它们转交给移动支付系统。

（4）商家确认

在收到 CMPP 格式的申请后，移动支付系统会向商家查询并验证一些细节问题，商家在收到之后会给出相应的反馈。

（5）转账申请

如果商家同意消费者的支付申请，系统就会处理消费者的申请，如验证行为的有效性、计算业务总额以及向金融机构申请转账等。

（6）确认转账申请的有效性

这时金融机构会对转账申请的合法性进行验证并给出系统反馈。

（7）向商家返回支付结果

在收到金融机构的反馈之后，移动支付系统就会向商家发出转账成功的信息和递送货物的要求。

（8）递送

商家把商品通过一定形式发送给消费者。

（9）返回确认结果

在收到金融机构的反馈后，移动支付系统会立刻把这一反馈转发给移动交互平台。

（10）反馈消费者

移动交互平台会把从移动支付系统那里得到的支付结果返馈给消费者。

以上所讨论的流程是一种成功的支付方式，即消费者、商家、金融机构能在支付网关的支持下进行移动支付。如果在其中某一步发生错误，整个流程就会停滞，并且系统会立刻向用户发出消息。

（二）移动支付的基本要求

移动支付所提供的方便与快捷是众所周知的，然而这样的便利如果需要以牺牲安全性为代价，恐怕将难以吸引任何一个用户。

移动支付有各种安全方面的风险，因此首先我们必须正确地认识移动支付的风险。在进行移动付款时，买方、卖方、付款服务提供方之间必须相互交换与付款相关的信息，在整个过程中，移动支付可能面临的风险主要有以下三类。

第一类，交易者身份被冒用。就买方而言，会担心交易的对象是假冒的商家，这样可能在付款后收不到所购买的商品；就卖方而言，会担心买方的身份被别人冒用，导致买方不许可的交易发生。

第二类，交易传输的资料被窃取或修改。

第三类，交易者否认曾经进行过的交易。

为避免移动支付风险，一个安全的交易系统需要具备以下几个特征。

1. 交易双方身份的认证

交易双方身份的认证即确认交易者的身份。

2. 资料信息的私密性

资料信息的私密性即黑客入侵电脑系统前往往利用网络窥视、并事先收集使用者在登入系统时输入的账号、密码及使用者姓名等重要信息，再冒名侵入系统。交易必须保证这些信息不被截获及破译，经由网络送出以及接收的信息是不能被任何闯入者读取、修改或拦截的。

3. 资料信息的一致性、完整性

资料信息的一致性、完整性即电子交易的内容在用户端和服务器间的传递过程需要确认没有被改变，也就是信息在交易的处理过程中不能被任意加入、删除或修改。

4. 不可否认性

不可否认性即人们不能否认曾经做过的交易。

以上安全问题在电子商务环境下是类似的，但是由于移动通信的通信介质为开放的空间，因此移动商务的安全问题可能要更加严重。

（三）移动支付的运营模式

当前，移动支付的运营模式主要有以下三类：以移动运营商为运营主体的移动支付业务、以银行为运营主体的移动支付业务和以独立的第三方为运营主体的移动支付业务。三种运营模式的比较见表 4-1。

表 4-1　移动支付的三种运营模式

运营主体	方式比较		
	支付账户	优缺点	举例
以移动运营商为主体	移动运营商以用户的手机话费账户或专门的小额账户作为移动支付账户	用户每月的手机话费和移动支付费用很难区分，而且通过这种方式进行的交易仅限于小额交易	如中国移动与新浪等网站联合推出的短信、点歌服务
以银行为运营主体	银行通过专线与移动通信网络实现互联，将银行账户与手机账户绑定，用户通过银行账户进行移动支付	银行为用户提供交易平台和付款途径，移动运营商只为银行和用户提供信息通信，不参与交易过程	如招商银行等提供手机银行业务的银行都有自己的移动支付平台
以独立的第三方为运营主体	移动支付服务器提供商或移动支付平台提供商是独立于银行和移动运营商的第三方经济实体，同时也是连接银行、移动运营商和商家的纽带和桥梁	通过交易平台运营商，用户能够轻松实现跨银行的移动支付服务	

三种主要运营模式的特点比较见表 4-2。

表4-2 三种主要运营模式的特点比较

运营主体	特点比较
以移动运营商为主体	直接与用户发生关系，不需要银行参与，技术实现简便； 运营商需要承担部分金融机构的责任，如果发生大额交易将与国家金融政策发生抵触； 无法对非话费类业务出具发票，税务处理复杂
以银行为运营主体	各银行只能为本行用户提供手机银行服务，移动支付业务在银行间不能互联互通； 如果一部手机只能与一个银行账户相对应，那么用户无法享受其他银行的移动支付服务，这会在很大程度上限制移动支付业务的推广； 各银行都要购置自己的设备并开发自己的系统，因而会造成较大的资源浪费； 对终端设备的安全性要求很高
以独立的第三方为运营主体	银行、移动运营商以及SP业务之间分工明确、责任具体； 平台运营商发挥着"转接器"的作用，将银行、运营商等各个利益群体之间错综复杂的关系简单化，将多对多的关系变为多对一的关系，从而大大提高了商务运作的效率； 用户有了多种选择，只要加入平台即可实现跨行之间的支付交易； 在市场推广能力、技术研发能力、资金运作能力等方面，都要求平台运营商具有很高的行业号召力

　　移动运营商与银行等金融机构存在一种依赖关系。因此，金融机构参与移动支付系统活动对移动运营商而言并不意味着是一种威胁。由于运营商缺乏管理金融风险的专业知识，因此它们应该与金融机构合作，而移动运营商在小额支付方面更有优势，能更快捷地进行支付活动，而对银行来说小额支付所需的交易成本与大额费用相同，因此银行应更关注与解决移动支付活动中大额支付方面的问题。同时，银行如果离开移动运营商独立开发自身的移动支付解决方案，它们可能会碰到技术上的难题。因此银行也需要和移动运营商合作，将系统开发维护的工作外包给移动运营商或是直接使用移动运营商所提供的支付平台并支付租金。在移动支付价值链中，移动运营商和金融机构都有他们各自的核心竞争力，并且在移动支付系统中应该是彼此互补的。

　　独立第三方服务提供商的出现，突破了以往运营商和银行发展移动支付业务时各自受到的限制，将运营商、银行、商户、用户等各利益群体之间错综复杂的关系简单化，将以往多对多的关系变为多对一的关系；通过中间件技术搭建起专业的移动支付平台，将运营商、银行、商户、用户等环节组合到一起，形成一条完整的价值链。

　　因此要构建一个由移动运营商、金融机构、独立第三方服务提供商、商户、客户等环节组成的完善新型的移动支付价值链，以上各个组成部分必须各司其职，分工合作。移动运营商负责提供通信通道，获取移动支付产生的通信费；移动支付运营商负责移动支付的运营管理，获得一定的信息费和交易佣金分成；商户提供移动支付的具体服务内容，而移动支付为客户提供方便的支付手段；银行则是移动支付的资金管理、结算环节。

只有彼此合理分工、密切合作，建立科学合理的移动支付的运营模式，才能推动移动支付业务的健康发展，实现整个移动支付价值链的共赢。

（四）移动支付的类型

移动支付的种类繁多，根据分类标准不同，得到的分类结果也不一样。下面根据支付基础、支付时间以及支付媒介三个标准对移动支付进行分类介绍。

1. 按移动支付基础划分

按照移动支付基础进行划分，现有的移动支付系统可以分为两大类。

（1）基于账户的支付

每个消费者在使用移动支付系统之前，都需要注册一个账号，这个账号通常由互联网支付提供商进行维护。消费者在每次支付事务中均通过该账号进行交易，并会定期收到账单，然后通过向 IPP 付款来保持账户平衡。由于基于账户的支付方式管理费用较高，所以通常不适合于小额交易。于是，这种小额交易通常由第三方支付代理商来负责，它们把这些小额交易聚集起来，在稍后的时间进行批处理，于是减少了大量小额支付所带来的管理费用。

（2）基于代币券的支付

在这种支付方式中，每位消费者都拥有自己的电子货币。电子货币是一种由银行等金融机构支持的可以代表货币价值的交易介质。在基于代币券的支付方法中，消费者把实际货币兑换成代币券。在交易过程中，电子货币完全像普通货币一样被使用。代币券支付的最大优点是适合小额支付，因为其管理费用比基于账户的支付方法相对低得多。

2. 按移动支付时间划分

根据支付时间不同，移动支付可以分为以下三类。

（1）实时支付

实时支付是在交易的过程中同时完成支付，实时支付通常使用电子货币。电子现金支付是实时支付的典型例子。

（2）预支付

预支付是指消费者提前为自己所需要的商品进行支付。储值卡与电子钱包是这种支付方法的典型手段。

（3）后期支付

后期支付是指消费者在得到他们所需要的商品后才进行支付。IPP 与 ICP 通常会对消费者进行鉴定，从而对消费者的支付能力进行担保，这样消费者就可以在支付之前进行消费活动。电子支票与信用卡是这种后期支付的主要形式。

3. 按采用的媒介划分

根据所采用的媒介，移动支付可分为以下两类。

（1）采用银行账户或信用卡进行的移动支付

采用银行账户或信用卡进行的移动支付方式又可以进一步分成两种。

一是在交易过程中并不直接使用信用卡，而是通过已经建立好的支付系统进行支付，直接从信用卡或银行账户中扣款。

二是直接把智能卡植入移动电话中，通过手机进行支付时，手机可以直接向智能卡存储数据。

（2）由电话账单进行的移动支付

由电话账单进行的移动支付方式是通过电话账单进行支付。这种移动支付方式操作简单，大大地压缩了成本，在一定程度上不需要银行或信用卡公司的介入，因此受到广泛的好评。

4. 移动支付的优缺点

（1）移动支付的优点

与传统支付方式相比，移动支付不仅给用户带来了新鲜的感受，而且还有以下三大优点。

①支付灵活便捷

如果移动支付达到普及的程度，那么在资金支付环节基本可以不受时间和地点的限制。

②交易时间成本低

可以减少往返银行的交通时间和支付处理时间。这一点对于现代都市人群具有很强的吸引力。尤其随着生活和工作节奏的加快，时间的价值也越来越高，节省时间就意味着效率和收益的提高。

③有利于调整价值链，优化产业资源布局

移动支付不仅可以为移动运营商带来增值收益，也可以为银行和金融系统带来中间业务收入。此外，如果收入结算简便可靠，商家也可以降低交易成本，甚至减少人员和运营场地的投入，将资源更多地用于价值的再创造。

（2）移动支付的缺点

当然移动支付并不是十全十美的，它作为一种处于萌芽阶段的支付手段也存在着若干问题。目前，由于技术水平有限、法律保障机制不完善、个人信用机制的管理尚未成熟，移动支付还面临着许多挑战与考验，典型的问题包括两大层面。

①技术层面

第一，移动终端多样的问题。如今市场上还有各种移动终端，如何在各种类型的终端实现统一的支付方式。

第二，在个人信息的控制方面，移动终端中究竟集成多少个人信息是合适的。

第三，移动终端的接口和协议如何统一的问题。

②基础设施层面

第一，应用程序究竟要被如何设计，才能更加充分地利用现在有限的宽带。

第二，各种不同的移动设备操作系统间如何进行交流。

第三，大量的无线基础设施投资是否能取得适当的投资回报。

除此之外，其他的技术问题包括：一是移动设备如何保证用户在移动过程中数据不会丢失。二是数据在无线网络传输中的安全问题。三是如何将移动商务病毒的影响降到最低。四是如何对移动终端的主人进行认证和识别。

5.移动支付的应用

移动支付是时代的宠儿，随着科技的迅速发展，移动互联网的蓬勃兴起，智能手机的日益普及和近场支付技术的快速发展，移动支付正在走进人们生活的各个角落，改变着人们的支付习惯。

移动支付不但能给移动运营商带来增值收益，而且可以增加银行的中间业务收入，同时能够帮助双方有效提高其用户的黏性和忠诚度。其巨大的商业潜力使得互联网厂商、第三方支付公司、电信运营商、银行卡组织等竞相加入其大潮，如 Google 公司推出了Google Wallet，苹果公司推出了 Apple Pay，eBay 旗下的第三方支付平台 PayPal，还有主要面向中小企业和个人的新兴的移动支付公司 Square 等。

我国的移动支付虽然较国外起步较晚，但近年来也得到了很大发展。目前形成了以中国移动为主导、以银联为主导、以第三方支付平台为主导的三种产业链模式。其中中国移动、中国电信、中国联通三家运营商推出以 NFC-SWP 方案为主的手机钱包现场支付业务。银联推出了支持 IOS、Android、Windows、Mobile 等多款主流智能手机操作系统的银联互联网手机支付。支付宝推出了无线支付产品"手机安全支付"，财付通移动支付平台推出了相关的互联网应用。

二、电子支付协议

安全套接层协议是由美国网景公司开发的在网络会话层上的安全协议，用于浏览器和 Web 服务器之间的安全连接。它通过数字签名和数字证书实现客户机和服务器的身份验证，通过公开密钥和私有密钥保证通信安全，并广泛应用于电子商务的安全电子支付环节。

1.安全套接层协议概述

安全套接层协议在传输层协议和应用层协议之间运行。SSL 协议完全独立于应用层协议，为其提供"透明"的服务，即在应用层开始通信之前，客户机和服务器已完成了加密算法、会话密钥的协商以及服务器的认证工作。随后的应用层传输数据都被加密，保证客户机与服务器的通信不被窃听。SSL 提供的基本安全服务功能如下。

（1）服务器认证

支持 SSL 协议的客户机软件可以对服务器的数字证书进行认证。在客户端，所有可信任的认证机构都在一个列表中，采用公钥密码技术验证服务器证书中的 CA 数字签名，确认该服务器是否是可信任的。

（2）客户机认证

与服务器认证类似，支持 SSL 协议的服务器软件可以对客户机的数字证书进行认证。

（3）保证数据传输的机密性和完整性

经过认证的服务器和客户机之间可以形成安全通道，利用双方约定的会话密钥实现加密通信。由信息发送方加密，信息接收方解密。对于传输的数据，有一套检测机制能够判定信息是否被篡改，保证数据的完整性。

2. SSL 协议的内容

SSL 协议描述了通信双方的握手过程规范和传输数据的组织格式。协议共分为两层，下层是 SSL 记录协议，上层包括三个子协议，即握手协议、更改密码规程协议和报警协议，其中最重要的是记录协议和握手协议。

（1）记录协议

记录协议规定了数据组成的格式，传输的数据都封装在记录中。

记录是由记录头和长度不为 0 的记录数据组成。记录头可以是 2 字节或 3 字节长的编码，其中的信息有：记录头的类型、记录数据的长度、记录数据中是否有填充数据。当记录头的最高值为 1 时，表示不含填充数据，且记录头为 2 字节，那么记录数据的最大长度为 32 767 字节；当记录头的最高位为 0 时，表示含有填充数据，且记录头为 3 字节，记录数据最大长度为 16 383 字节。SSL 记录数据由消息认证码 MAC、实际数据和填充数据组成。MAC 用于数据的完整性检查；填充数据是在使用块加密算法时，将实际数据填补成块数的整倍数。

（2）握手协议

握手协议规定了双方进行通信时产生加密算法和密钥的协商过程。握手的过程分成以下两个阶段。

第一阶段：建立私密性通信通道。双方都发出 Hello 消息，对方都能够正确地接收，这时可以确定是否需要一个新的密钥。如果不需要，则进入握手的第二阶段；如果需要新密钥，则服务器端发出的消息可以使客户端产生一个新密钥。这个消息中包含了服务器的证书、加密约定和连接标识，为客户端对服务器的认证提供了条件。若客户端成功地产生了密钥，它向服务器发出消息 Client-Master-Key，服务器向客户端返回消息 Server-Verify；若客户端不能成功地产生密钥，则它向服务器发送一个出错的消息。

第二阶段：主要任务是对客户端进行认证，这是可以选择的。服务器向客户端发出认证请求消息 Request-Certificate，客户端发出自己的证书，服务器认证完成后返回一个消息 Server-Finish，握手协议完成。

3. 基于 SSL 协议的银行卡支付过程

基于 SSL 协议的银行卡支付涉及多个参与方，如客户端浏览器、商家服务器、银行服务器、CA 认证机构，有可能还有第三方机构的支付网关。但是，在真正的支付过程中 CA 认证机构是不参与通信的，它仅是离线颁发数字证书。银行卡的支付有以下两种解决方案。

（1）持卡人通过商家服务器向银行发送账户信息

①持卡人与商家服务器建立 SSL 连接，登录网站，向商家发出购买请求。

②商家响应持卡人请求，发出"同意支付"等信息，包括银行或支付网关的数字证书。

③持卡人使用得到的银行或支付网关的公开密钥加密支付信息，并将其与购买信息捆绑，发送给商家服务器。

④商家使用银行或支付网关的公开密钥加密支付信息，并将其与持卡人的加密支付信息一起发送给银行或支付网关服务器，请求支付。

⑤银行或支付网关服务器用自己的私钥解密商家发来的消息，这时，商家的账户信息和持卡人的支付信息转到了银行内部网，由发卡银行验证卡的有效性，并完成账户之间的资金结算。

⑥银行或支付网关服务器用自己的私钥加密支付结果，发送给商家。

⑦商家服务器用银行或支付网关的公钥解密结果，并发送给持卡人。

⑧商品配送。

（2）持卡人直接向银行服务器发送账户信息

这种解决方案较前一种更加安全，但在支付流程和消息内容上有些差别。持卡人与商家服务器、银行或支付网关服务器分别建立 SSL 连接，账户信息根本不从商家服务器过，而是直接传送到银行或支付网关。

在基于 SSL 的银行卡支付过程中，SSL 协议只是建立了持卡人的客户机到商家服务器、银行或支付网关服务器的安全信息通道，而持卡人的身份真实性和交易双方的不可抵赖性并没有得到根本解决。因此，SSL 协议与完备的 PKI 体系结合才能更好地支持这种支付过程。

（二）SET 协议

1. SET 协议概述

SET 协议将对称密钥和非对称密钥两种加密体制的优势结合在一起，利用 DES 算法、RSA 算法实现数据加密、数字签名和数字信封等安全措施。SET 是一个完备的信用卡支付协议，可以支持各种银行卡，实现支付过程中的所有需求。

（1）数据机密性

SET 协议可以保证持卡人的账户信息和支付信息在网上安全传输。采用 DES 算法加密信息，避免网上无关方的窥探；利用双重签名的方法，保护了持卡人的账户信息，不会将账号和密码暴露给商家。

（2）数据完整性

SET 协议可以保证支付信息不被篡改。

（3）身份验证

SET 协议支持商家、持卡人和支付网关的多方身份验证。

（4）不可抵赖性

在交易中发布的数字证书包含了交易过程信息。因此，无论是商家还是客户，都不可否认自己发出的信息。

SET 协议文档主要包含以下三部分内容。

①商业描述。提供 SET 处理的总述。

②程序员指南。介绍了数据区、消息和数据处理的流程，包括系统设计考虑、证书管理、支付系统和正式的协议定义。

③协议定义。数字区和消息的严格描述。

2. SET 交易参与方

SET 协议是一个基于第三方的认证中心方案，交易的参与方还包括持卡人、商家、支付网关、收单银行、发卡银行。

（1）持卡人

持卡人要参与网上 SET 交易，首先要向发卡银行申请，经批准后持卡人从银行取得专用的软件，并将其安装在自己的计算机上。然后，由发卡银行委托第三方认证中心为客户颁发数字证书。

持卡人软件的主要功能为：发送信息、接收信息、存储自己的签名公开密钥、存储其他交易实体的公开密钥、管理证书和密钥、申请人身份认证、存储交易记录等。采用双重签名的方式分别对购买信息和支付信息加密。同时，完成数据解密。

（2）商家

商家是网上交易中商品和服务的提供者。商家要参与网上 SET 交易，首先，要获得收单银行的许可，通过信用评估双方达成合作协议，银行保证接受来自商家的银行卡支付，并负责交易中的资金清算工作；其次，商家的网络商店系统中要集成专用的 SET 商家软件；最后，商家必须获得由 SET CA 颁发的商家数字证书。

商家有一套电子柜员机系统，也就是商家的在线支付服务器。其主要功能为：处理持卡人的支付请求、与支付网关通信、存储自己的签名公开密钥、存储其他交易实体的公开密钥、申请身份认证、存储交易记录等。电子柜员机只能看见用户的购买信息，而将支付信息完整地转给支付网关。

（3）支付网关

支付网关是收单银行或由其授权的第三方机构的专用系统，它是 Internet 与银行内部网的一道隔离屏障，也是支付信息的协议转换工具。支付网关与持卡人、商家一样，需要获得 SET CA 颁发的支付网关证书。

支付网关在整个 SET 交易中起着重要作用，其基本功能描述如下。

①提供进 / 出网关的信息流路由通道，接收支付请求信息，发出支付授权消息。

②验证持卡人证书、商家证书的有效性。

③对进 / 出网关的支付指令进行加密、解密、确认持卡人的账号。

④向商家发放支付网关证书，管理商家证书撤销列表。

⑤管理支付网关的私钥。

⑥提供 Hash 函数运算，得到报文的 MAC。

⑦完成 SET 信息格式到银行内部信息格式（ISO 8583）之间的相互转换。

（4）收单银行

收单银行是商家的开户银行，专门为商家处理支付授权和支付的业务。收单银行接收来自支付网关的支付请求，处理工作完全在银行内部网进行，与 Internet 没有关系。因此，SET 交易的支付受理借助于传统银行卡系统就能完成，不需要新增特别的技术措施。

（5）发卡银行

发卡银行是持卡人的开户银行，负责对经过授权的交易进行付款。发卡银行接收来自收单银行的付款请求，资金划拨也是借助于传统银行卡系统在内部网络上完成，不需要新增特别的技术措施。另外，发卡银行为持卡人配发持卡人软件，是持卡人数字证书的审核批准单位。

（6）SET CA

SET CA 与商品交易没有直接的关系，但它的作用十分重要。SET CA 为持卡人、商家和支付网关颁发数字证书，是整个 SET 交易的信用支柱。

3. SET 协议的购物流程

SET 交易系统是在传统的银行卡系统的基础上建立的，所以购物流程也与传统的银行卡购物非常相近，具体步骤如下。

①持卡人通过浏览器访问商家的 Web 网站，在线查看商品目录，浏览产品图片或试用部分功能，然后选择需要购买的商品。

②持卡人填写商品订单，订单有固定的格式，主要内容包括名称、数量、收货地址、运输方式等，价格一般是由商家确定好的，有的系统可以在线协商。订单可以从商家的 Web 网站获得，也可以由持卡人电子钱包软件产生。

③持卡人选择所使用的银行卡、语言等，向商家发出初始请求以后开始按 SET 协议规范操作。

④商家服务器产生一个不含任何机密的初始响应信息，将商家的数字证书和支付网关数字证书一起生成数字摘要，并用私钥对该数字摘要、商家数字证书和支付网关数字证书进行数字签名，形成数字信封，然后发给持卡人。

⑤持卡人利用商家的公钥打开收到的数字信封，对商家的身份进行认证，并得到商家产生的数字摘要、商家的数字证书和支付网关数字证书。持卡人利用同样的算法生成商家数字证书和支付网关数字证书的数字摘要，与商家产生的数字摘要进行比较。如果相同则表示该消息有效，否则丢弃。

⑥持卡人利用电子钱包软件将订购信息和自己的数字证书、账户信息打包成一个购买请求信息，并对其进行双重签名，发送给商家。

⑦商家认证持卡人的数字证书，检查数据的完整性。从购买请求信息中提取订购信息，然后产生支付请求信息，包括摘要、商家数字证书、持卡人的双重签名等，将其发送到支付网关。

⑧支付网关检查数据的完整性，认证商家和持卡人的数字证书，提取出支付信息，发送给收单银行。至此完成了 SET 流程，转入银行内部网处理。

⑨收单银行将支付请求信息发给发卡银行，经核实后，发卡银行给出支付授权，由收单银行通过支付网关发给商家。

⑩商家将订单确认的信息发给持卡人，组织商品的配送或在线服务。

⑪持卡人软件记录交易日志。

三、网上银行

（一）网上银行概述

网上银行包含两个层次的含义：①机构概念，指通过信息网络开办业务的银行；②业务概念，指银行通过信息网络提供的金融服务，包括传统银行业务和因信息技术应用带来的新兴业务。在日常生活和工作中，我们提及网上银行，更多的是第二层次的概念，即网上银行服务的概念。网上银行业务不仅是传统银行产品简单地从网上的转移，其服务方式和内涵也发生了一定的变化，还由于信息技术的应用，产生了一系列全新的业务品种。

网上银行又称网络银行、在线银行，是指银行利用 Internet 技术，通过 Internet 向客户提供开户、销户、查询、对账、行内转账、跨行转账、信贷、网上证券、投资理财等传统服务项目，使客户可以足不出户就能够安全、便捷地管理活期和定期存款、支票、信用卡及个人投资等。可以说，网上银行是在 Internet 上的虚拟银行柜台。

网上银行又被称为"3A 银行"，因为它不受时间、空间限制，能够在任何时间、任何地点，以任何方式为客户提供金融服务。

（二）网上银行的分类

网上银行发展的模式有以下两种。

第一，完全依赖于互联网的无形的电子银行，也称为"虚拟银行"。所谓虚拟银行就是指没有实际的物理柜台作为支持的网上银行,这种网上银行一般只有一个办公地址，没有分支机构，也没有营业网点，采用国际互联网等高科技服务手段与客户建立密切的联系，提供全方位的金融服务。以美国安全第一网上银行为例，它就是一家无营业网点的虚拟网上银行，它的营业厅就是网页画面，当时银行的员工只有 19 人，主要的工作就是对网络的维护和管理。

第二，在现有传统银行的基础上，利用互联网开展传统的银行业务交易服务。即传统银行利用互联网作为新的服务手段为客户提供在线服务，实际上是传统银行服务在互联网上的延伸，这是目前网上银行存在的主要形式，也是绝大多数商业银行采取的网上银行发展模式。因此，事实上，我国还没有出现真正意义上的网上银行，也就是"虚拟银行"，国内现在的网上银行基本都属于第二种模式。

（三）网上银行的特点

与传统银行相比较，网上银行突破了时空局限，以开放的服务界面，改变了银行服务模式，拓展了银行运作空间，为传统银行业找到了高效率、低成本的新出路。

1. 金融服务标准化、个性化和综合化

随着网络经济的发展，金融服务面临标准化和个性化两极化趋势，即一方面以更低的价格大批量提供标准化的传统金融服务；另一方面在深入分析客户信息的基础上为客户提供个性化的金融服务，重点在理财和咨询业务、由客户参与业务设计等方面。网上银行在提供标准化、大批量产品的同时，还能充分利用信息技术深入分析客户，为客户提供个性化的服务，量身定制小批量金融服务。

另外，网上银行服务的综合性还体现在能突破传统银行的局限，将存款、现金管理等零售业务及部分批发银行业务与资讯信息、综合金融服务及个性化金融服务等融合在一起，提供一揽子高附加值的综合金融服务。

2. 金融服务手段网络化

网上银行是通过 Internet 技术为公众提供相应的金融服务。首先，网上银行改变了传统银行以机构网点数量、地理位置为客户提供服务的经营思想，转而通过网络为客户提供及时、便利的优质金融服务。其次，网上银行借助知识和智能，借助非金融机构、软件公司、电信业者、中介业等部门的合作，依靠少数脑力劳动者提供全方位金融服务。最后，网上银行借助于网络技术大大缩短了客户与传统银行之间的距离，在点对点为客户提供人性化服务的同时，也为银行自身业务的空间扩张奠定了基础。

3. 金融服务空间扩大化

网上银行打破了传统银行网点扩大的地域限制，能够在全球范围内提供金融服务。由于高科技对银行业的渗透，银行的发展更依赖于和计算机网络通信服务商、资讯科技服务商等其他非银行服务机构的合作与发展。

4. 金融服务透明化

网上银行通过"无缝"的客户联系环境，减少了传统银行服务中信息不对称的现象。由于数字化信息可同时提供多名用户几乎无消耗、无边际成本地重复使用，并具有可塑性更强、检索效率高以及传输成本极低等特点，网上银行在营造高透明的竞争氛围、降低信息不对称引发的交易成本等方面发挥着不可替代的作用。

（四）网上银行的交易系统及安全保证

1. 网上银行的交易系统构成

网上银行交易系统由用户系统、网站、网银中心、业务数据中心、柜台和 CA 中心等组成。

（1）用户系统

用户系统是用户进行网上银行交易的环境，在用户系统中可完成认证介质登录、访问网上银行系统等工作。

（2）网站

网站负责银行信息公布和对外宣传，并提供与网银中心的链接。网站是提供给用户的唯一访问站点，用户只需记住网站，无须了解银行内部其他主机的地址。

（3）网银中心

网银中心位于银行端，通常包括交易服务器、安全认证、加密系统等。交易服务器起到支付网关的作用，在应用层上负责转发用户系统与业务数据中心的通信。交易服务器安装有 SSL 服务器，将客户端发送来的数据进行解密，然后转换成银行业务格式，与业务数据中心进行交易，同时加密业务数据中心返回的信息并发往客户端。交易服务器还与 CA 有接口，用于查询用户证书的合法性和有效性。

（4）业务数据中心

业务数据中心是银行的账务中心，保存用户账户的信息。

（5）柜台

柜台位于银行的营业网点，可授权进行网上银行业务交易。

（6）CA 中心

CA 是一个复杂的系统，负责银行和用户的证书颁发、验证、废止和维护等工作。

2. 网上银行交易数据的安全措施

为保证网上银行的交易流程和数据安全，网上银行使用了一系列的安全技术。

（1）认证鉴别

网上银行系统使用基于 RSA 的加密机制，数字签名机制和口令登录相结合的方式验证用户身份。用户必须是认证介质的合法拥有者，并且需经银行验证用户的数字签名通过，该用户才是网上银行系统的合法用户。

（2）CA 技术

CA 是网上银行的核心安全技术，CA 对交易实体的公钥及其相关信息进行数字签名，形成电子证书，以捆绑该实体的公钥和身份，证明实体在网上银行交易的真实性。

（3）数据加密

国内网上银行通常采用 SSL 加密传输的方式，用户系统、网站及网银中心的通信用 SSL 加密。为此，用户系统需要安装 SSL 模块，网站和网银中心安装有 SSL 服务器。

（4）数字签名技术

用户用私钥对交易信息进行 RSA 运算，得到签名，此过程称为数字签名。银行验证签名时，用用户的公钥对签名值进行解密，与原文比较。数字签名保证了交易信息的不可否认性，此时银行可出示该交易的签名信息，证明是该用户做的交易。

（五）网上银行业务

一般来说，网上银行的业务品种主要包括基本业务、网上投资、网上购物、个人理财、企业银行及其他金融服务。

1．基本网上银行业务

商业银行提供的基本网上银行业务包括在线查询账户余额、交易记录，下载数据，转账和网上支付等。

2．网上投资

由于金融服务市场发达，可以投资的金融产品种类众多，国外的网上银行一般提供包括股票、期权、共同基金投资等多种金融产品服务。

3．网上购物

商业银行的网上银行设立的网上购物协助服务，大大方便了客户网上购物，为客户在相同的服务品种上提供了优质的金融服务或相关的信息服务，加强了商业银行在传统竞争领域的竞争优势。

4．个人理财助理

个人理财助理是国外网上银行重点发展的一个服务品种。各大银行将传统银行业务中的理财助理转移到网上进行，通过网络为客户提供理财的各种解决方案，提供咨询建议，或者提供金融服务技术的援助，从而极大地扩大了商业银行的服务范围，并降低了相关的服务成本。

5．企业银行

企业银行服务是网上银行服务中最重要的部分之一，其服务品种比个人客户的服务品种更多，也更为复杂，对相关技术的要求也更高，所以能够为企业提供网上银行服务是商业银行实力的象征之一。一般中小网上银行或纯网上银行只能部分提供，甚至完全不提供这方面的服务。

企业银行服务一般提供账户余额查询、交易记录查询、总账户与分账户管理、转账、在线支付各种费用、透支保护、储蓄账户与支票账户资金自动划拨、商业信用卡等服务。此外，还包括投资服务等。部分网上银行还为企业提供网上贷款业务。

6．其他金融服务

除了银行服务外，大商业银行的网上银行均通过自身或与其他金融服务网站联合的方式，为客户提供多种金融服务产品，如保险、抵押和按揭等，以扩大网上银行的服务范围。

第五章 "互联网+"时代的电子商务安全及运营

第一节 电子商务安全及其防范

电子商务作为一种全新的业务和服务方式，为全球客户提供了更丰富的商务信息、更简洁的交易过程和更低廉的交易成本。伴随着互联网用户的迅速增加，网络交易额也在急剧上升。以至于人们可以对其中的安全问题忽略不计。

一、信息安全的概念

在涉及电子商务的领域中，信息安全总是备受关注。安全被认为是基于网络开展商务活动的基础。各类机构都深受频繁发生的网络安全事件困扰。很少机构或是个人电脑系统没有遭到过攻击。网络安全的破坏，包括网络犯罪可能造成巨大的损失，甚至威胁到人员生命安全，开展电子商务活动，数据、交易、隐私安全和保护买卖双方的利益都是至关重要的。

信息安全是指保护信息和信息系统免受未经授权的访问、使用、公开、中断、修改、查看、记录或破坏。计算机安全是指保证数据、网络、电脑程序、电脑电源和其他计算机信息系统组成部分的安全。网络攻击方式和应对方式多种多样，这使计算机安全涉及内容十分广泛。网络攻击和计算机防御可能影响到个人、机构、国家甚至是整个网络。计算机安全的目标是阻止或是最小化网络攻击的影响。计算机安全分为两类：广义的计算机安全涉及所有的信息系统；狭义的计算机安全仅指电子商务安全，如买方安全保护。

这里两个方面的内容都会涉及，但将着重介绍电子商务相关的计算机安全。

二、电子商务安全基本问题

为了更好地理解安全问题，应该先了解与电子商务和IT安全相关的几个重要概念，以及与安全问题相关的常用基本词汇。

在考察电子商务运作的整个过程中，了解哪些安全隐患存在于电子商务流程的操作中，对其所产生的危害性进行分析研究，针对安全问题存在于电子商务过程中的漏洞与隐患进行全面清扫与修复，以此来保证电子商务在相对安全的环境下运行，且使安全管理方面做到防患于未然。以在电子商务交易活动中易发生安全问题的客户、银行、商家作为例子，来进行分析。

第一，于客户而言，商品已付款但是货物却没有一点消息；个人的身份信息被公开；有人冒名顶替进行商品的购买，甚至强制被要求对未曾购买过的商品买单；关于客户的一些比较敏感的私人信息也可能会遭到泄露或者是窃听；当销售商的服务器被人恶意攻击时，客户无法正常使用，而这些可能都是客户的烦恼所在。

第二，银行可能面临的安全问题。电子商务活动中的安全风险，还有很大一部分来自攻击者对银行专用网络的破坏，包括系统中断、窃听、篡改、伪造等。

第三，对于商家而言，破坏其中央系统，使其安全性遭受威胁；在订单方面进行恶意解除或伪造虚假订单；入侵者将合法用户的数据进行更改；所销售的商品状况被竞争者检索；恶意竞争者为了获取商家递送商品的情况以及了解其库存的情况，假借他人身份对商品进行订购等恶劣手段；客户资料被同行所获取；企业名誉被他人诋毁；消费者的订单生成后却不进行支付等这些安全问题都可能会存在。

概括起来，电子商务的安全问题主要涉及信息的安全问题、信用的安全问题、安全的管理问题以及安全的法律保障问题。

（一）黑客的威胁和攻击

包括电子商务在内的各类信息系统很容易受到无意的威胁和故意的攻击。

1.无意的安全威胁

无意的安全威胁可以分为三类：人为失误、环境危害和计算机系统故障。

（1）人为失误

人为失误可能发生在硬件或是信息系统的设计阶段，也可能存在于编程、测试、数据采集、数据录入、认证和帮助说明之中。失误可能是由疏忽、经验不足或是误解造成的。

（2）环境危害

自然灾害包括地震、剧烈风暴、洪水、电力故障或强烈波动、火灾、爆炸、放射性尘埃和水冷系统故障都可能破坏计算机资源。战争破坏和人为破坏也是一种特殊的环境危害。

（3）计算机系统故障

缺陷可能是由制造工艺不达标、材料缺陷、过时或维护不善的网络造成的。非故意故障也可能由经验不足、测试不充分等其他原因造成。

2. 有意的攻击和犯罪

有意的攻击指的是盗窃数据、对数据的滥用、盗窃计算机设备或软件、人为输入错误的数据、故意破坏计算机设备或是计算机系统、用病毒去攻击计算机系统、对计算机的滥用以及各种互联网欺诈等行为。

3. 犯罪分子和犯罪手法

互联网上实施的犯罪统称为"网络犯罪"，犯罪的实施者称为网络犯罪分子，它包括"黑客"和"破解者"。黑客是指那些通过非授权认证方式进入一个计算机系统的人。破解者是指那些通常通过网络侵入别人系统的，或者是破解计算机程序许可的，以及有意破坏计算机安全的人。他们做这些可能是因为利益、敌意、私心，或者是由于破解是一个挑战。一些强行侵入他人站点的破解者表面上指出站点安全系统的漏洞。

网络犯罪分子的攻击方式多种多样，根据目标的不同，有些是以电脑作为武器，有些针对电脑资产。

黑客和软件破解犯罪中往往还牵涉一些看似无辜的人员，包括一些内部人员。我们把那些为他人转移盗取钱财的"无辜"的人称为"钱骡"。在一种称为"社会工程"的手法中，犯罪分子设法从不防备的人手中获取他们的信息或是网站登录权限。

（二）漏洞的安全问题

攻击目标可能是人，也可能是机器或是信息系统。针对人的攻击多涉及欺诈，目的是盗取金钱或房地产之类的各种财产。但是，计算机还被用于骚扰、破坏信誉和侵犯隐私等。

1. 漏洞受到的攻击

信息系统的任何部分都可能成为攻击目标。电脑可能被盗或是遭到病毒和其他恶意软件的攻击。用户是欺诈的主要对象。数据库可能受到未经授权的访问攻击，数据可能遭到复制或盗取。网络可能遭到攻击，信息流可能被阻断或是更改。设备的终端、打印机以及其他部件都可能遭到多种多样的破坏。软件和程序可能受到劫持。程序和规则可能遭到更改等。攻击全是针对薄弱之处的。

（1）漏洞信息

漏洞的风险主要在于这个漏洞可能被发现并加以利用。只要有漏洞就会被利用。

（2）邮件攻击

邮件是一个最容易受攻击的地方，因为它是通过非安全网络传播的。

（3）手机和无线系统攻击

由于这类系统比有线系统更容易攻击，随着移动计算爆炸式增长，此类攻击也日益增多。

2. 企业 IT 系统及电子商务系统漏洞

（1）技术弱点

①未加密的通信。中间人攻击，重放攻击。

②操作系统和应用程序补丁不充分。

③防病毒软件和个人防火墙使用不充分。

④边界安全薄弱。

⑤应用程序安全性差。

（2）组织弱点

①终端用户培训和安全意识差。

②移动设备安全防范不到位。

③商务电脑和网络使用不当。

3. 电子商务的安全形势和需求

使用信息安全策略可以防御攻击和攻击者。

（1）信息安全的内容

电子商务安全指预防和应对网络攻击和侵入。例如，用户如果在一个网站查找某个产品宣传页，而网站要求用户先填写包含用户或企业信息的一张个人信息表进行注册，然后才会为用户提供产品宣传页。在这种情况下，可能会带来哪些安全问题？

从用户视角：

①用户如何知道经营网络服务器的公司是否合法。

②用户如何知道网页和表格是否被间谍软件或是其他恶意软件入侵。

③用户如何知道是否会有某些不讲诚信的员工截取或是滥用注册信息。

从企业视角：

①企业如何知道用户是否会在网站上试图侵入网络服务器或是更改网页内容。

②企业如何知道用户是否会试图切断服务器使其他用户无法使用。

从双方视角：

①双方如何知道他们的网络通信有没有被第三方在线窃听。

②双方如何知道在服务器和用户浏览器之间传来传去的信息有没有被更改。

这些问题集中反映了电子商务交易中形形色色的安全问题。在涉及电子支付的交易中，还会面对更多的安全问题。

（2）电子商务安全需求

要保证电子商务安全，需要做到以下几点。

①认证。认证就是一个确认个人、软件客户端、电脑程序或是电子商务网站等主体真实身份的过程。传输认证就是确认发送者是哪个指定的发送人或企业。

②授权。授权是决定什么样的授信主体可以被允许进入或是进行操作的过程。授权发生在认证过程之后。

③审核。个人或程序登录网站或访问数据库的时候，很多相关的信息都会记录到一

个文件中，这个记录访问内容、访问时间以及访问人员的过程就称为审核。审核提供了一种检查历史操作的方式，可以为电子商务安全调查人员查找哪些人或是程序进行了非授权的操作。

④可用性。"负载平衡"硬件和软件等技术可以确保可用性。

⑤不可抵赖性。不可抵赖性与认证密切相关，就是要保证在线客户或贸易伙伴无法否认他们的购买、交易或其他责任。不可抵赖性涉及以下几种证明文件。

第一，发送方持有发送证明；

第二，接收方持有发送方身份证明；

第三，认证和不可抵赖性是防御网络钓鱼和身份窃取的最基本手段。为了保护并保证电子商务交易的相互信任，通常用数字签名或是数字证书来验证交易的发送者和交易时间，这样交易过后就无法再声称交易未经授权或交易无效。

4. 防御者的策略和方法

网络安全，人人有责。一般来说，信息系统部门和安全软件供应商提供技术支持，而管理者提供行政支持。这些安全策略也同样需要用户的配合。

（1）电子商务防御计划和策略

制定一个多层次的电子商务安全策略是非常有效的。电子商务安全策略包括三个部分，即威慑、阻止和检测未经授权使用企业品牌、身份、网站、邮件、信息及其他资产，或是试图诈骗企业、企业客户和员工等行为。威慑措施是指可以迫使犯罪分子放弃攻击某个特定系统的想法的措施，阻止措施可以阻止未经授权用户侵入电子商务系统。检测措施可以检查入侵者是否正在或是已经试图侵入电子商务系统、有没有成功侵入、是否仍在破坏系统以及他们可能已经完成的操作。

信息安全。确保消费安全可靠是提升消费者使用体验的关键因素。电子商务安全的根本目标就是信息安全。信息安全就是保护信息系统里存储、处理、传输的数据不受未经授权的访问或修改，保护正常授权用户服务不中断，以及各种必要的检测、记录和抵御威胁的措施。

（2）相关处罚

安全防御的一个重要部分就是严惩抓获的犯罪分子，对此类案件的判罚会越来越严厉。

5. 斗争后的恢复

在网络安全斗争的每个回合中，都会有赢有输，但没有人可以最终赢得这场斗争。另外，一次安全侵入事件后，机构和个人都会进行恢复工作。在预防灾难或是严重攻击过程中，恢复工作尤为重要，并且恢复的速度还要够快。机构在信息系统全面恢复之前，正常业务还不能中断，它们需要尽快恢复，这就需要制订一个业务持续和灾难恢复计划。

三、攻击方式

黑客常用一些免费获取的软件工具及相关使用教程，以了解有关漏洞和攻击程序的知识。虽然有些免费工具也需要专业知识，但黑客新手还是可以尝试其他很多工具。

（一）恶意代码：病毒、蠕虫以及木马

恶意软件的设计目的就是在未经用户同意甚至是在用户不知情的情况下，侵入或是破坏用户的计算机系统。恶意软件是计算机专家用于指代各种恶意的、侵入性的或是烦人的软件或程序代码的术语。

恶意软件并不是以其特征来界定，而是看编程者是否怀有恶意。计算机病毒、蠕虫、特洛伊木马、隐藏程序、间谍软件、虚假广告软件、犯罪软件以及其他恶意的有害软件都属于恶意软件。

1. 病毒

病毒就是这样一种软件代码，它把自己植入宿主甚至是操作系统，当运行其宿主程序时就会激活病毒。病毒有两个构成要素：一个是有一个传播机制来传播病毒；另一个是一旦病毒被触发就会带来一定影响。

（1）带病毒的电子邮件

它会感染读取邮件的系统并传遍整个系统。

（2）网络病毒

它可以通过那些未设置保护措施的端口侵入并危害整个系统。

（3）基于网页的病毒

它会通过感染正在浏览它的系统，感染其他联网系统。

2. 蠕虫

在微软的使用教程中，会教你如何识别计算机病毒，如何判断你的计算机是否已经受到感染，以及怎样预防病毒。蠕虫和木马都是比较特殊的病毒种类。

和病毒不同的是，蠕虫的传播并不需要人类的帮助。蠕虫通过网络传播和感染电脑或移动设备，甚至通过即时消息也可以传播。此外，病毒仅影响受到感染的计算机，而蠕虫有自我传播的特性，会影响整个网络的通信功能。蠕虫由多个部分构成，包括一个攻击弹头、一个传播引擎、一个有效载荷、一个目标选择机制和一个扫描引擎。攻击弹头就是一些会寻找已经知道的漏洞并进行攻击的代码，大量的蠕虫已经充斥着整个互联网。

3. 宏病毒和宏蠕虫

当你打开包含宏模块的应用程序或是执行某个特定的程序时，宏病毒就会被触发。因为蠕虫传播的速度远快于病毒，所以企业需要积极跟踪新的安全漏洞，并安装相应补丁文件进行修复，以预防蠕虫传播。

4. 木马

木马是一种貌似有用的软件，实际上却隐藏着威胁计算机安全的程序。木马这一名称来源于希腊神话中的木马。传说在特洛伊战争期间，一匹巨大的木马被作为礼物献给雅典娜女神。特洛伊人把这匹木马拉进了城门。士兵打开城门，把希腊军队放进城，在夜晚，藏在空心木马中的希腊士兵占领了城池并赢得胜利。

木马程序种类繁多。黑客用的是那些可以通过网络远程控制受感染电脑的木马程序。这种木马由服务器和客户端两部分构成。在受感染的电脑上运行的程序就是服务器，黑客用于进行远程操控攻击的程序就是客户端程序。用户每次打开装了木马的计算机，木马程序就会作为服务器自动运行，等待执行相关客户端发送的操作命令，黑客可以通过这种木马程序盗取用户名和密码、查看受感染电脑的相关信息、删除和上传文件等。

（二）拒绝服务

拒绝服务攻击DOS是指以大量的服务或是登录请求针对某个网站服务器进行轰炸，使其崩溃或是无法及时做出回应。在一次 DOS 攻击中，攻击者通过特殊软件向目标计算机发送大量的数据包，目的就是使目标计算机超载运行。很多攻击者都是依靠那些由别的黑客编写的软件程序进行攻击，而不是自己亲自编写攻击程序，因为这些程序可以很方便地从网上免费下载。利用僵尸计算机发起攻击是一种常见的 DOS 攻击方法。

DOS 攻击很难阻止。所幸，由于近年来这种攻击已经司空见惯，网络安全界已经开发出了一系列抵御这些代价高昂的攻击的方法。

（三）网络服务器和网页劫持

网页劫持通过制作一个热门网站的流氓拷贝来实现，所拷贝网站的内容和原网站基本类似。一旦有不知情的用户被引导并登录了恶意网站，垃圾邮件发送者就可以运用这种技术，获得关键词更高的排名，然后就会有更多人访问这个网站。

（四）僵尸网络

僵尸网络是指利用大量受到劫持并被设置成自动匿名运行的网络计算机。这种网络可以用来转发包括垃圾邮件和病毒等在内的信息到其他网络计算机。受到感染的计算机就被称为计算机机器人或僵尸，僵尸主控机或僵尸牧民控制着这些僵尸计算机，这种僵尸计算机组成的网络具有扫描并侵入其他计算机和发动 DOS 或其他攻击的能力。僵尸网络被用于垃圾邮件和欺诈。僵尸网络以多种形式出现，可能是蠕虫，也可能是病毒。

（五）恶意广告

恶意广告听起来像是一种很炫的虚拟游戏，其实它就是一种网络上的虚假广告，目的是引诱你将恶意软件下载到你的计算机中。最常见的虚假广告就是你不需要的安全软件，相反这些安全软件可能会危害你的电脑，这就是通常所说的"流氓安全软件"或"恐吓软件"。

总之，如果你收到一封恭喜你赢得一大笔金钱并告诉你"详情请看附件"的邮件，千万不要打开。

四、电子商务安全的防御策略

（一）电子商务安全策略

电子商务安全策略主要围绕信息保障模型及其相关要素展示。电子商务安全策略的基本框架描述了信息保障和控制的主要类型。电子商务安全策略涉及的最主要的领域就是管理、财务、营销和运营。

1. 安全防御的目的

安全防御策略的主要目的有以下几个方面。

（1）防御和威慑

良好的管理可以防止错误的发生。威慑试图攻击系统的犯罪分子，最好的效果就是拒绝一切未经授权的访问。

（2）检测

攻击就像火灾一样，发现得越早，处理起来就越容易，造成的损失也就越小。在很多情况下通过使用专用的诊断检测软件，我们就可以用很小的成本完成相关检测任务。

（3）损害控制

其目的就是在发生故障的时候，减小或控制损失。实现这个目的就需要采取安装容错系统之类的措施，容错系统可以在系统彻底恢复之前，确保系统在低级模式下仍可以运行。如果没有容错系统，就必须快速恢复系统，因为用户总是希望他们的系统能够尽快恢复正常。

（4）恢复

恢复计划就是要以最快速度恢复受到破坏的电子商务系统。快速恢复过程中，对损失的部件直接更换往往比修复更加高效。

（5）矫正

矫正那些造成系统破坏的因素，可以防止相关问题的再次发生。

（6）认识和遵守

所有员工都要接受与危害相关的宣传教育，并严格遵守安全管理的法律法规。

2. 安全支出和需求之间的差距

信息安全管理中需要关注的一个重要问题就是，究竟需要付出多大代价来应对主要的安全威胁。由于电子商务面对的威胁不断发生变化，这个问题很难回答。也正是由于这个原因，许多企业难以准确预测它们面对的最主要威胁所需要的安全支出。

因此，在制定任何一个安全防御策略的时候，都需要先搞清楚以下几个问题。

①当前最大的数据安全问题是什么。

②当前面临的最大风险是什么。

③需要支出哪些费用？这些费用与风险是否一致。

④安全管理工具方面的支出可以为我们带来什么样的收益。

⑤安全事件造成了什么样的损失。

⑥降低安全损害的最核心的安全技术是什么。

⑦接下来制定安全预算的主要原则是什么。

3. 安全需求评估

制定安全策略时另一项重要的工作就是要搞清楚当前的策略和应对方案中还有什么不足之处，这也是风险评估的一部分。评估的方法有很多，这里列出的是具有代表性的两种方法。

（1）对电子商务系统进行漏洞评估

漏洞评估就是对系统中的漏洞进行查找、统计和认定的过程。在电子商务中需要重点关注的是网络、数据库以及预防欺诈等。概括来说，那些可以影响业务的漏洞就是最为严重的信息安全漏洞。漏洞可能是由网络造成的，也有可能是由硬件或软件造成的。不管形成原因是什么，最终造成的结果就是数据丢失或性能下降。漏洞评估将决定安全防御机制的相关需求。

（2）进行模拟渗透测试

这种测试就是模拟外部攻击，也称为"黑盒子"测试。相反地，软件开发公司会进行一种内部的"白盒子"测试，对系统的硬件和软件进行细致的检查。

4. 渗透测试

渗透测试是一种通过模拟恶意攻击来评估计算机系统或是网络安全性的方法。测试过程包括主动分析系统的所有潜在漏洞和可能遭到的攻击。这种分析从潜在黑客的角度出发，分析黑客可能利用的安全漏洞。所有发现的问题及其影响的评估都将反馈给系统开发人员，同时还会提出相关技术性建议。渗透测试的目的就是检查系统遭到攻击的可能性，以及一旦遭到攻击将会对相关业务产生多大的影响。渗透测试是全面安全审核的一部分。

有多种方式可以进行渗透测试评估。同样地，有很多软件工具可以进行渗透评估。很多大学、咨询公司和网络安全公司都提供网络和计算机安全培训和相关信息。

5. 电子商务安全和生命周期管理

电子商务安全管理具有周期性，在整个生命周期中必须不断对电子商务安全需求进行评估，并做出相应的调整。电子商务安全管理计划涉及一系列保护企业财产安全的安全控制措施。

信息系统安全生命周期管理是指通过信息整合，在信息系统从概念设计、编程开发以及正式发布到结束使用整个生命周期中坚持安全管理理念。这需要完善的信息保障措施。

（二）电子商务系统防御

电子商务系统防御可以分为以下五个方面。

（1）计算机系统访问权限、数据流和电子商务交易的防护

此类防御主要包括三个方面：访问权限控制、内容加密和公钥基础设施。这个方面的防护主要是保护企业的数据、应用程序和计算机设备。入侵者即使绕过了防火墙的访

问权限控制，也要面对经过加密的防护。

（2）电子商务网络保护

这里首先着重学习防火墙的防护功能。防火墙把企业网络与计算机和公共网络隔离开。为了使互联网访问更加安全，还可以使用私人虚拟网络。

（3）普通权限、管理员权限和应用程序权限控制

这些都是通过建立向导和检测程序来保护计算机设备的多种安全策略。

（4）社会工程和欺诈防护

包括预防垃圾邮件、网络钓鱼和间谍软件。

（5）灾难防备、业务连续性和风险管理

这些都是管理方面的内容，可以用软件辅助管理。

第二节　电子商务运营与管理

电子商务运营模式并不是一种全新的创举，而是在电子商务日益繁荣发展基础上，电子化企业借鉴市场既有的各种成熟的商业贸易模式，同时配合资讯科技，运用互联网技术，对市场进行细分，对市场进行准确定位等来经营企业的方式。电子商务运营模式推进了企业信息化进程，企业运用现代信息网络技术开展国际合作和交流，实现了企业的经济结构战略性调整，对于提高企业自身社会竞争力和企业品牌必将产生深远的影响。

一、电子商务运营管理

运营管理之所以十分重要，是因为它在人们的日常生活中无处不在。无论衣食住行，还是日常生活活动，都牵涉运营管理的全过程。任何企业的运营管理，最终都是通过"输入—转换—输出"这一过程完成生产、交付产品及服务的。输入到运营管理中的各类资源，都是需要转换的资源，如各类的信息资源、客户资源、调研对象等。经过运营管理各个环节的转换，各类资源会通过改变其原有的属性，来完成最终的产品及服务的生产、交付。而大多数的输出，并不是单纯的产品或服务，而是产品与服务的组合体。

（一）电子商务运营管理创新

电子商务是企业通过电信网络进行的生产、营销、销售和流通等活动。它不仅指基于互联网上的交易，而且指所有利用电子信息技术解决问题、降低成本、增加价值和创造商机的商务活动。必须明确电子商务，电子是手段，网络是平台，商务是目的，创新是灵魂。作为网络化经济时代的新型经济模式，电子商务的实施推广将改变传统的生产经营方式，改变已有的服务及消费模式，带来了企业组织形式及业务模式的新变化，企业在全球竞争中要想取得一席之地，必须进行创新，主要包括组织架构、管理思想及企

业战略三个方面。

1. 组织架构创新

组织架构是实现企业战略目标的基础保证，只有调整好企业的组织结构，理顺部门之间、部门内部的关系，明晰权责，才能为下一步的流程设计、绩效考核激励体系打下基础。科学的组织架构不仅能保证企业高效运作，也能减少员工在事务性工作上被消耗大量精力。为适应电子商务发展及应用，新型企业组织架构——脊椎型组织结构应运而生，它以企业目标为基本目的，以基本业务流程为中心进行设计，最大限度保证了企业运转灵活、稳定。

2. 管理思想创新

管理思想是企业进行经营活动的指导思想，是企业管理创新的灵魂。企业的生存与发展依赖于企业管理思想的不断发展创新，企业管理者要勇于打破传统思想的壁垒，乐于接受新事物，勇于面对新问题，才能够发现发展的本质，在市场竞争中立于不败之地。

3. 企业战略创新

电子商务迅速发展，知识经济兴起、世界经济一体化进程加快，企业必须及时创新企业发展战略，才能在激烈的全球市场竞争中拥有一席之地。

（二）企业信息化与电子商务

企业信息化是电子商务的基础，电子商务又是企业信息化的"助推器"。大力发展电子商务，推进企业信息化进程，支持企业运用现代信息网络技术开展国际合作和交流，是实现我国经济结构战略性调整的关键，对于提高国民经济和社会总体水平也必将产生深远的影响。

1. 企业信息化是实施电子商务的基础

在信息经济环境中，企业围绕着信息组织生产。企业首先要有获得信息的技术手段。在信息技术的支撑下，企业可以清楚地知道现实的市场需求，在什么地方，需要什么产品，需要多少。企业信息化不是在现行的业务流程中增设一套并行的信息流程，而是要按照现代企业制度的要求，适应市场竞争的外部环境，对企业业务流程进行重组和优化，并利用现代信息技术支撑商业运作。电子商务的实质并不是通过网络购买东西，而是利用 Internet 技术，彻底改变传统的商业运作模式。电子商务将会帮助企业极大地降低成本、节约开支、提高运作效率，更好地服务于客户。对于企业来说，电子商务是一种业务转型，真正的电子商务是使企业得以从事在物理环境中所不能从事的业务。

2. 电子商务是企业信息化建设的助推器

企业信息化建设成本高导致电子商务的应用效果不佳，但却又能通过电子商务降低交易成本。电子商务有助于降低企业的成本，为企业节约资金，企业恰好就可以利用这笔资金作为企业信息化建设的投资。此外，由于电子商务的发展已形成一定的客户和信息基础，这些客户和信息又可以被企业信息化建设所利用。总的来说，发展电子商务可以从各方面促进企业信息化进程。

①通过外部竞争效益促进企业信息化建设；

②通过电子商务交易标准化促进企业信息化的标准化；

③电子商务的发展将通过"倒逼机制"促进网络安全的运行，从而为企业信息化建设提供安全保障；

④电子商务的发展将在全社会培养一批相关人才，从而为企业信息化建设提供人才支持。在电子商务的引领下，企业不仅把互联网作为买卖的通信工具，更是作为基础的信息环境，把企业的客户、供应商与企业内部处理三条线集成在一起。

同时，由于网络的扩充性非常好，使企业在成长过程中有比较好的基础平台支撑这种成长，企业可以以电子商务为基础进行互联网的转型，从而实现企业信息化。因此，电子商务有助于企业尽快实现信息化，提高核心竞争力，是企业信息化建设的助推器。

3. 企业信息化与电子商务相互制约

企业信息化的现有技术状况阻碍了电子商务的发展，同时电子商务的发展又给企业信息化建设带来许多难题。电子商务本身要靠企业信息化建设的深入来发展，而多数企业的信息化程度和水平都达不到标准，这已成为制约电子商务发展的重要因素。

另外，电子商务又肩负着推进企业信息化建设的重任，企业希望通过电子商务的发展促进企业信息化建设的开展。但是，由于电子商务环境与传统机构的经营模式有很大的区别，传统企业通过信息化开展电子商务，就必须依靠 IT 技术思想修改自身的组织构架、业务流程和经营策略。但传统企业在利用 IT 技术时，很容易依循工业化的思路，单纯追求 IT 技术技术的自动化应用，不但创造不出新的高绩效的流程来组织生产，反而会由于对 IT 的投资造成新的成本来源。企业投资增加，将影响企业信息化的投资和电子商务的进一步实施。

电子商务之所以难以迅速地普及，就是因为企业缺乏这些完善的信息化环境。电子商务在实施过程中要求企业在人事、技术、资金等方面都达到一定的深度，这为企业信息化建设带来巨大的压力，发展电子商务的同时，企业信息化建设将面临更大的挑战。

（三）电子商务运营和管理综合能力评价

电子商务作为一种新型的交易方式，具有与传统交易不同的特点，它包括网上部分和线下物流配送等方面。运营和管理综合能力评价指标从全面性来考虑，应当涉及电子商务的整个运作过程，具体来说，包括信息能力、物流能力以及支付能力三个方面。

1. 信息能力

电子商务不同于传统的交易，他首先有一个网上信息交流的部分。信息能力反映了电子商务的技术水平和管理水平。分开来讲，信息能力主要包括信息共享程度和诚信状况。

（1）信息共享程度

电子商务是建立在信息技术基础之上的，信息共享的程度决定了电子商务运营的管理绩效与水平。信息共享程度可以通过信息的时效性以及信息系统的先进性来评价。信息的时效性指供求信息的及时发布占总发布供求信息的百分比。供求信息的及时发布有利于企业商家及时安排生产以及便于消费者及时满足购买需求，对电子商务的可靠性影响很大。信息系统是信息共享的硬件基础，是信息传递的工具，在很大程度上决定着信息传递的时效性、有效性和正确性，但是，信息软、硬件设备生命周期的短暂性也决定了信息系统更新的频繁性。我们可以采用一定时间内信息系统投入成本占总销售收入的百分比来评价信息系统的先进程度。

（2）诚信状况

电子商务运营中的诚信状况主要可以从三个方面评价：虚假供求发布率、恶意退货率、信用度炒作率。

有些不诚信的客户和商家故意在网站上发布虚假供求信息、购买产品后恶意退货，以及有些商家进行诚信度的炒作。虚假供求信息的发布、恶意退货和诚信度的炒作严重影响了电子商务的运营和管理，增加了运营和管理的成本，电子商务运营商如何处理这些问题可以体现出其运营和管理的能力。虚假供求信息的发布率可以用无效、虚假的供求信息占总供求信息的比率来表示，恶意退货率可以用恶意退货发生的次数占总退货次数的比率来计算，诚信度炒作率可以用诚信度炒作发生的频率来表示，比如一个月发生几次诚信度炒作事件。

2. 物流能力

物流能力主要包括交货的可靠性和服务质量两个方面。

交货的可靠性可以用交货的准确率、交货的及时率和交货的有效率三个指标来表示。交货准确率反映了销售商把品种和数量都正确的货物送到顾客的手中，交货的准确必须满足3个条件：准确的产品、准确的数量和准确的地点。因此交货准确率即正确品种、数量和地点的交货次数占总交货次数的百分比。交货及时率反映了第三方物流企业能够在正确的时间把产品送到目的地。该比率可以用准时交货次数占总交货次数的百分比来表示。交货有效率主要反映了第三方物流企业能够保证产品在交货过程中的质量完好。交货有效率可以用有效交货次数占总交货次数的百分比表示。

物流的服务质量可以用顾客满意度和顾客投诉率评价。客户的满意度直接影响消费者的购物体验，顾客的投诉率同样也会影响电子商务的信誉，阻碍电子商务的进一步发展。因此，在物流环节，电子商务运营商应当与物流配送企业联合起来，提高顾客的满意度和降低顾客的投诉率。

3. 支付能力

支付能力主要由支付的安全性和快捷性评价。消费者网上购物时，需要在支付方式上追求快捷，同时也要保证支付的安全性。支付能力作为电子商务的一个重要组成部分，其在支付方式的快捷和安全性方面也能反映电子商务运营和管理的能力。

二、中小企业电子商务运营的基本模式与管理

电子商务的出现，让中小企业看到曙光，其低廉的交易成本、简单的贸易流程、超越时空的新型经营模式以及由此带来的可观利润，使中小企业可以避大企业之锋芒，错位经营发展，走独特的竞争取胜之路。

为避免走弯路，我国中小企业应在借鉴大企业及发达国家实施电子商务运营模式先进经验的基础上，立足于企业自身特色和实际情况，有效结合业务流程，围绕增强企业核心竞争力和获利能力，确立实施电子商务运营模式的策略，制订出一套适合自己的完整的电子商务运营模式实施方案。在具体实施过程中，要有正确的心态，牢记电子化只是企业追求利益的手段，商务才是真正的目的，应注意成本控制、风险预测和管理。

（一）中小企业电子商务运营的基本模式

1. 专业化电子商务应用模式（ASP）

简单来说，ASP就是企业（用户）将整个信息系统的建设、维护等外包，按时按量付租金就可使用该信息系统。此种模式对资金有限、人才缺乏、处于成长初期的中小企业尤其适用，大大促进了中小企业的运作效率。

2. 第三方电子商务平台模式

此种模式的实质就是依托第三方提供的公共平台，利用电子商务系统，为企业、商家搭建公共性、公平性交流平台，进行综合性的信息发布和网上交易。为保证交易的安全性，控制一些不确定的风险，此模式还包含电子认证和电子公证服务，解决中小企业在资金和技术方面的不足。

3. 企业协作平台模式

类似于常说的"群"，即把属于同一行业的企业通过电子商务联合起来，按照兴趣和目标的不同，分为不同的群组，对应不同的业务，提供各不相同的服务，当然群组内部及群组之间都在同一平台上，可以直接通信，从而实现信息共享、战略协作、同步运行，但也容易加剧同行竞争。

4. 电子采购模式

企业运营中采购、加工、销售三大环节，在加工和销售不变的情况下，采购花费的成本越低，其所降低的费用就转化为利润。在线采购便宜快捷，周期也短，过程成本得以有效降低，这对中小企业来说具有举足轻重的作用。

（二）中小企业电子商务运营模式的管理

影响中小企业电子商务运营模式的选择因素包括：企业自身发展的目标和方向、企业发展的根基即资金、成本及收益、网络交易的安全性及信息流等。企业推进电子商务拓展业务需要结合实际，分步进行。

1. 起步阶段

主要是信息共享，电子邮件传递，查询和发布供求信息，企业及企业产品的形象宣传等。发展较好的企业可以借助第三方交易平台，如阿里巴巴等，在短时间内掌握电子商务交易操作技巧。

2. 成长阶段

中小企业经过第一阶段适应期后，信息管理也逐步走上正轨，生产经营、物流、资金流由计算机全程控制，并且有的企业专注个性，开始做自己的网站，提升顾客满意度。

3. 成熟阶段

中小企业内部、外部都具备了一体化网络信息传输及处理，还可以根据客户需求提供个性化服务，并且对资源进行整合，减少投入费用，全面提升中小企业综合能力。

4. 整合运行阶段

在组织、管理及业务流程基础上，对电子商务系统进行调整，改变其中不适应企业发展的方面，对资金、信息、物流等全部实行动态化信息处理和整合，贯穿于管理整个过程。

三、电子商务运营模式的优劣分析

随着经济的快速发展和社会的急剧进步，电子商务这一运营模式应运而生，这一运营模式实现了实体交易与互联网交易的有机融合和统一，在方便人们的生活等诸多方面发挥着重要的作用。电子商务的诞生与发展固然令人欣喜，但是电子商务的发展也存在许多的弊端和缺陷，这些缺点的存在是不容忽视的，要想促进电子商务的持续和长期发展，必须花费更多的人力、物力与财力对电子商务运营模式进行深入的研究，着重解决其发展过程中存在的弊端，尽可能避免这一行业发展过程中恶性竞争的出现。接下来对几种重要的电子商务运营模式进行分析和研究。

（一）B2C 运营模式对策

首先来讲，B2C 运营模式无疑方便了顾客的消费，消费者不必刻意跑到实体店去购买自己所需的产品，极大地节省了时间和精力，而同时企业也省略了分销商、渠道商等成本，使商品的价格得以降低。但是对于顾客来说，其最为关注的无疑就是产品的价格，而为了获取价格优势，许多企业开始了价格战之争，进而导致企业虚构原价等现象的出现，最终为消费者带来损失。

（二）B2B 运营模式对策

B2B 运营模式发展至今已经达到了相对成熟的地步，但与此同时也导致一个问题的出现，即这种运营模式过分看重线上的交易，而完全忽略了线下交易，同时也不注重对线上交易和线下交易的融合。虽然线上交易具备节省成本、操作流程简单的优势，但是如果不能使其和线下交易相结合，将会使企业的经营效果大打折扣，所以不要人为地割

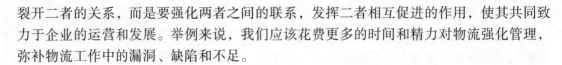

裂开二者的关系，而是要强化两者之间的联系，发挥二者相互促进的作用，使其共同致力于企业的运营和发展。举例来说，我们应该花费更多的时间和精力对物流强化管理，弥补物流工作中的漏洞、缺陷和不足。

（三）C2C 运营模式对策

C2C 运营模式的主要优点就是较为灵活，但这同时也是其软肋所在，C2C 运营模式加剧了质量控制的难度，在网店上买到假货的现象屡见不鲜并且屡禁不止。所以要想保证各大生产厂商的长远健康发展，首先要对商品的质量问题予以高度的重视，并出台质量控制措施，依靠超高的产品质量增强厂商的竞争力。为了保证电子商务平台上的产品具有较高的质量，应该提高产品准入门槛，对产品进行仔细审核，只有确保质量合格才能允许其进入电子商务平台。

（四）C2B 运营模式对策

无论是什么商业类型，要想谋求持续的发展必须最大可能满足消费者的需求，因为消费者目前是市场的主体，只有在分析消费者心理和实际需求的情况下才能设计出具有销售市场的产品，因此 C2B 运营模式要不断地深化以人为本的销售理念。但同时如果存在产能不足的问题将阻碍企业的发展，所以企业应该着力提高生产力，将先进的科学技术转化为生产力，满足消费者对产品质量和数量的需求。

电子商务具体运营方式的实现流程主要体现在基础平台建设、机构认证、营销推广和运营支持等方面。企业应从基础平台建设开始，层层搭建起整个运营方式。当基础架构准备好之后，要寻求电子商务的机构认证，也就是申办类似于网上开店的一系列手续。一旦企业的电子商务得到了合法的机构认证，便可以进行下一步，运营支持的合理策划。包括支付风险控制，即将用户网站浏览行为、购买及注册信息、支付网关反馈信息、欺诈黑名单和风险模式识别等多方面的数据进行分析。多语种客服支持，即集成实时语音实用软件 24 小时在线多种语言客服、呼叫服务等。境外物流仓储，即检验、称重、物流单据打印、拍照、跟单号采集、发货统计及在线反馈、船运货代代理服务、欧美仓储及当地物流分发中转物流统计以及跟踪系统等。涉外法律顾问、进行不定期法律培训、代理涉外诉讼、应诉、制定知识产权管理制度及战略方案等。外贸电子商务培训，即网络营销、外贸网上支付、E-mail 营销等。

四、中小企业电子商务运营管理模式选择

随着现代经济的快速增长，信息技术的进步，电子商务的不断发展，给中小企业带来了新的机遇，降低了成本，增强了企业竞争力。但中小企业基础设施差、技术人员缺乏等因素制约了其电子商务的发展。因此，中小企业要想在激烈的市场竞争中获得更好的发展，则必须选择适合的电子商务运营模式。

（一）电子商务代运营

1. 电子商务代运营及现状

电子商务代运营是指为企业提供全托式电子商务服务的一种服务模式，代运营帮助企业全程运营电子商务业务。电子商务代运营服务内容包括店铺运营、电子商务渠道规划、建站、产品上架、营销、客服、IT、仓储、物流、财务结算等运营衍生业务。作为传统企业与电子商务之间的桥梁，电子商务代运营服务企业不仅可以为传统企业解决人才问题，还能帮助传统企业快速建立网络营销渠道，树立企业在网上的品牌形象，降低运营风险和成本，满足企业初期对拓展电子商务战略的需求。

2. 电子商务代运营的优势

（1）提升企业品牌形象

①建立在目标消费者需求的基础上，迎合了消费者的利益，引发消费者的兴趣和关注。

②明确的目的性传播，给目标消费者留下深刻的印象。

③与目标消费者的双向沟通，增强了消费者对企业价值、品牌的认同。

④与目标消费者关系的建立，巩固了企业的品牌形象。

（2）节约经营成本

由于代运营的技术优势和整合营销能力，使企业的各种资源得到有效的整合和优化，从而减少了企业生产和流动的成本。特别是人力资源和执行效率上，更加有效地降低营销成本，最大限度地提升了见效的速度。

（3）提高企业利润能力

①企业经营成本的节约，提高了企业的利润能力。

②企业与消费者关系的建立和传播效果的增强，推动了企业产品销售、服务增进。

③消费者对产品、服务的重复消费，提高了企业的销售额，同时节约了传播和流通成本。

3. 如何实施电子商务代运营及要点分析

越来越多的传统企业试水电子商务，为电子商务外包提供高速发展的动力，但电子商务并非真如外界所传的那样"门槛低，投入小"，以中国代运营实践发展的经历，在做代运营之前企业需要准备一些事项。

（1）正确合理定位

现在做电子商务的很多人进入电子商务行业代运营之前，只听说这一行能赚钱，能收提成，又能收服务费，简直是"一本万利"的生意。但大多数人都没想清楚一个问题：我自己定位在哪？换一句话说，就是我要赚哪一部分钱。

电子商务代运营好比卖房子，有人直接卖精装房，有人卖毛坯，有人卖家具，有人卖卫浴产品。做代运营也一样，你要想好自己的定位，了解自己有哪种核心竞争力，你可以只做网络品牌规划，只做网络品牌装修，也可以只做客服外包，当然你有实力可能做全部的外包服务。但定位也不是一成不变的，在做的过程中可以不断调整。

（2）准备好成功的案例

没有一个公司希望"把钱丢到水里"，所以找合作的公司都是十分谨慎的。没有一个成功的案例，很难说服别人把钱交给你去运营。如果你有几个成功的案例，并加上客户对你公司的评价，那么传统企业会趋之若鹜的。如果你没有案例，也可以与一些有野心的中小企业合作，免费给他们做，与他们共同成长。

（3）足够的资金支持

代运营公司到底要多少起步资金？很多人看到报纸上的介绍，十万元就能开始运作。其实这完全取决于你自己的团队。一般一个小的运营团队，应该由一个美工、两个推广专员、一个文案、两个客服，再加上一个项目负责人，也就是一个7人组成的团队。你可以先了解一下自己生活圈的员工工资水平，就能够预算一下大致需要多少费用了。

（4）人才储备

事业都是人做出来的，所以人才最重要。在一个代运营公司内最重要的还是那个经理。他必须要了解整个公司服务项目，懂一点管理，会一点谈判，能沟通，善交际。除了这个经理外，对于创业初期的电子商务代运营公司，最重要的是美工。一个好的美工，工资是很高的。而电子商务最重要的是形象，你的文案可东拼西凑，促销活动可以照搬别人的，但没有一个好美工，你会在首页把顾客赶跑的。所以，找到优秀的人才，是代运营公司的重中之重。

（5）产品选择

产品选择上，做到以下四点就可以了。①高毛利润的产品；②使用率高的产品；③小行业或细分市场的产品；④品牌敏感度低的产品。

（6）服务合同保障

合同是一种责任，也是商业的基础。准备签订的合同，一定要经过法律人士的过目，不然会有不必要的纠纷。很多代运营公司，在合同里没有指明物流费用由谁承担，促销费用由谁承担，提成是哪一部分的提成，是支付宝的回款还是淘宝的实际交易额，等等。此外，一定要了解淘宝商城运营细则。

（7）标准化的执行

标准化是让客户信任的第二个途径。当你把制作精美的文案传给客户时，他看到了标准的格式，正规的页眉页脚时，会对你的公司印象加分的。

（8）适合的营销方法

营销是一个公司能否成功、能有多成功的关键。营销方法是不断尝试出来的。在没有营销能力、策划能力时，用心做服务，用心做好客户体验，一步一步，循序渐进，是一条最稳健的路。

（二）电子商务自运营

自运营就是对企业经营过程的计划、组织、实施和控制，是与产品生产和服务创造密切相关的各项管理工作的总称。运营的工作要求该岗位员工具备营销、产品、客服、供应链等比较全面全方位的知识体系。就具体的运营岗位来看，这是一个团队的核心人物，负责发展战略的制定和协调。

1. 做好运营的要素

一家企业要想做好运营，至少做好以下五点。

（1）准确的市场定位

运营模式中的首要要素就是准确的市场定位。简单说来就两个方面：第一，"是什么"，即每一个机构在社会上存在的价值和核心意义。核心价值就是能够提供"有特殊性的产品和服务"。第二，是"客户群"，定位和客户群是紧密联系在一起的。在目标细分越来越清晰的情况下，每一个企业都要有一个清晰的定位。

（2）优秀的运营团队

运营模式中的第二个要素，就是优秀的团队。任何一种定位和服务，都是靠团队实现的。优秀团队应该具备什么样的标志呢？第一，要有共同的目标。第二，要有使命和奉献精神。第三，要有不断学习的精神。第四，要有不断的创新精神。第五个是要有执行力。

（3）清晰的组织架构

运营模式中的第三个要素，就是要有很好的组织架构。人的组织如同建筑一样，是需要有一个清晰的组织架构，这个是物理结构和人类社会结构的共性。因为团队不是几个人，有可能是成百成千甚至上万人，这么多人怎么结合呢，一定是有一个结构。

（4）标准化的管理制度

标准化是运营模式体系中的又一个重要因素。那么怎么来建立机构的标准化呢？我的理解就是依照一个正确的业务流程和正确的组织结构，来界定标准化的每一个操作环节。

（5）良好的产品

最后一点就是良好的产品，这是实现社会责任的重要基础。除了前面提及的那些因素之外，好的产品是一个重要基础。好的产品要有一个好的设计，要根据客户的需求，根据客户的条件做设计。

2. 优秀运营的必备素质

成功的运营必能很好地满足大众需要。这和"好坏"无关，格局高的运营能看到市场，格局更高的运营可以看到未来的市场，没有格局的运营只能看到老板。对于一个优秀的运营来讲应该具备以下素质。

（1）用户数据分析

运营需要对数据具有敏感性。在互联网上，你的任何行为和方案最终都是以数据讲话。显示率、点击率、转换率，这三个数据是你必须要去了解的，每天要去看的。为什么你的显示高而点击少、为什么转换率不如别人。从数据上你可以了解自身和分析竞争对手。其实各个公司都有自身的数据平台。其中的各个环节相连程度一般人还看不太明白。其余的数据必须是运营自己来采集，如内部 ERP 的流转时间、客服每天的接单数据以及成功率、客户投诉率，等等。这些就需要运营自身采集之后做成 Excel 表格走势图以做内部分析。

当然财务报表也是最重要的数据体现。做运营管理的至少要懂得基本的财务知识，才能把控成本和节奏。一个好的运营老板，对数据是非常清楚的。

（2）产品和行业

无论是互联网产品还是天猫销售产品。运营人员对于产品不了解是根本做不好事情的。这个对产品的了解不是基本了解，而是非常深刻的了解。产品到底怎么生产的，在设计产品的时候注意什么，未来产品的走势到底是如何的，包括企业的文化，必须非常了解。

产品其实是做卖点。你在市场上同类产品那么多，你的卖点是什么、哪些竞争对手做的产品和你一样、原材料从哪里来的等。一个电子商务运营的负责人如果不了解这些，是根本无法持续实现好的业绩并取得好的效果。

（3）站内运营

所谓站内运营就是以活动为主，内容为辅。无论是天猫还是传统的互联网平台都是需要活动运营。最简单的就是跟着节日走，这根本不需要动脑筋。很多天猫店就是不断地组合产品，随后来促销。但是店铺真的只是卖产品吗？其实卖产品的运营是初级运营。好一些的运营其实在销售文化和知识理念。告诉你的客户如何选择，如何找到最适合他的产品。发挥出你的专业知识和理念，让客户成为你的粉丝。无论你的价格如何变动，这些客户都是你产品的死忠粉。

（4）站外运营

其实单纯的互联网公司，在产品开发之后第一个做的就是引流。怎么引流呢？就是商务合作，例如，支付宝的合作就是和各个行业进行合作：和便利店合作支付、和大卖场合作、和学校合作，等等。互联网公司的做法就是寻找有流量的合作对象，例如，格瓦拉当初就是不断地在各大平台分发优惠券，吸引客户，和站外的企业合作，把流量吸引到自身平台上来，这也是运营需要做的工作。

（5）管理把控

一个团队无论是3个人还是30个人或是300个人，都必须严密整合高效运作。运营就是整个体系的把控核心。无论从客服的FAQ到仓储库存ERP，还是到设计美工，必须制订出季度、月、周的目标和方案。运营制度要落实到每个人的头上，随后用数据统计分析进展。运营要做到目标明确，执行到位，协同作战，有大局意识。当然说起来简单，做起来还是难。毕竟很多的人连自己都管理不好，何谈管理团队，但是目前的结构就是体系作战。例如，天猫就是企业团队作战，小作坊的方式无法生存。

（6）战略眼光和市场敏锐度

一个天猫店在天猫上生存，必须有自身的策略，才能从成千上万家企业中突围。无论是跟着别人卖，还是和别人拼价格，还是做产品差异化，或者从外部做到内部。必须要制订出一套适合自身的运作方式。

说到战略眼光，就要提前想到产品的未来趋势，天猫小环境和电子商务大环境的竞争趋势走向。这些都是一个运营老板需要考虑的问题。市场是瞬息万变的。今天是大象，明天或许无影无踪；今天是小老鼠，后天可能发展成为军团。互联网只有快鱼吃慢鱼。你的切入点是什么？你的核心竞争力是什么？这些是运营的关键。运营就是经营之道。其实运营是很难以标准化衡量的，关键在于你的思想和各个环节的整合执行到位。

五、当前电子商务运营管理的现状及对策

（一）电子商务运营管理的现状

1. 管理方法不成熟

目前，电子商务运营中存在的主要问题是管理方法上的不成熟。一方面，是因为电子商务作为一种比较新兴的商务发展方式，还没有真正地深入各个商业领域中，因而管理的成熟也就无从谈起；另一方面，是因为很多企业的电子商务发展还处在起步阶段，因而很多规章制度还没有建立起来，特别是管理体制尚需要经过长期的实践才能形成。正是由于管理方法上的不成熟才使电子商务的运营难以实现高效，这是当前需要解决的重要问题。

2. 运营模式不合理

电子商务的运营模式是极具变化且异常丰富的。对于大多数企业来说，电子商务的运营模式主要有 B2B 和 B2C，这两种模式分别是指商业机构对商业机构的电子商务和商业机构对消费者的电子商务。很多企业往往以一种陈旧的观念看待电子商务的发展，认为商业机构之间和商业机构与消费者之间才需要使用电子商务，而没有意识到市场经济主体的多元化。政府部门和三大产业的经济主体都是电子商务可以渗透的对象，电子商务是要借助网络的力量将各经济利益主体以一种合理化的方式连接起来以达到共同发展的目的。所以，企业一定要看清形势，积极寻求更好的电子商务运营模式。

3. 缺乏运营管理创新

电子商务的运营范围非常广泛且具有相当的复杂性，这就加大了其运营管理的难度。很多人拘泥于现有的管理体制，没有创新。这主要体现在以下几个方面：首先，很多企业没有利用先进的计算机技术进行自动化管理方面的尝试，在一些基础业务中依旧是依靠低效率的人工管理模式；其次，电子商务依托于网络往往需要召开一些重要的电子会议或进行消息交流，可是相当多的企业在时效性和保密性方面做得不够好，这也是由于在技术和管理创新方面没有突破造成的；最后，电子商务应该融合到企业商务的各个方面以实现整体效能的发挥，可是很多企业在运用电子商务时却和很多业务割裂开了，这就使管理上存在诸多漏洞。

（二）如何提高电子商务运营管理水平

1. 加强管理方法研究

为了提高电子商务运营管理水平，要从加强管理方法研究方面着手。为此，应该从以下几个方面积极采取措施：首先，要在企业内部加快电子商务的推行并结合企业的特

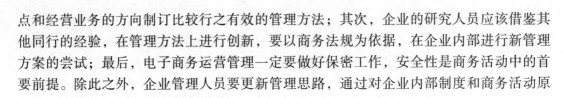

点和经营业务的方向制订比较行之有效的管理方法；其次，企业的研究人员应该借鉴其他同行的经验，在管理方法上进行创新，要以商务法规为依据，在企业内部进行新管理方案的尝试；最后，电子商务运营管理一定要做好保密工作，安全性是商务活动中的首要前提。除此之外，企业管理人员要更新管理思路，通过对企业内部制度和商务活动原则的适当调整以实现管理的合理化。

2. 改进运营模式

针对电子商务运营模式不合理的问题，有关部门要根据企业自身状况选择合理的运营模式。首先，对于大多数企业来说，要开拓市场肯定要使用 B2B 和 B2C 这两种比较常见的模式，集中精力发展这部分市场，可以明确企业发展战略赢得市场主动权。以旅游业为例，面向消费者，同时与商业机构的多样化服务结合起来就可以为企业的发展提供更广阔的空间。其次，电子商务具有高时效且不受地域空间的限制，这就为跨国企业间的商务贸易提供了极大的便利，通过网络企业间的联系可以更加频繁并增加对行业形势的了解，这也可以使企业立足于国内而走国外拓展的运营模式。最后，作为现代企业，发展商务贸易还应该在动态的市场中寻找稳定的资金和商品来源，还要解决信息资源收集和市场开发等问题，这就要求企业建立一种多方互动、资源信息共享的机制并在最短的时间内寻找解决问题的最佳方案。只有通过这些措施才能使得电子商务的运营模式更加符合企业的发展需要，更加能够推动现代商务贸易的发展。

3. 培养创新能力积极实践

由于电子商务管理缺乏创新使得电子商务的功能未能在商务贸易中取得较大的发展，所以有关部门应该要利用企业的各种优势进行管理方案的创新并积极实践以推动电子商务的快速发展。为此，应该从以下几个方面积极采取应对措施：首先，企业管理者应该认识到电子商务的管理在某些方面可以进行自动化，例如，在网络营销中可以实现商品的自动销售，特别是订单商品的销售，更是可以进行自动化管理方面的尝试，这就避免在一些基础业务中依靠低效率的人工管理模式，可以节约部分人力资源；其次，企业为了实现电子商务在区域贸易中的协调发展，可以依托网络召开一些重要的电子会议进行信息交流，在这个过程中企业应该充分利用网络技术创新，引进一些保密性、安全性较好的信息交流平台和资源数据库，为企业的发展提供安全可靠的服务；最后，企业管理者应该逐步将电子商务融合到企业商务的各个方面以实现整体效能的发挥，通过统一协调的商务活动以实现管理上的统一。当然在做好这些后还应该要在实践中不断检验，只有这样才能促进企业电子商务的完善和发展。

总之，积极研究电子商务运营管理是推动我国企业贸易发展的需要，这也是促进我国企业向现代企业过渡的一个必然选择。在现代商业贸易竞争日趋激烈的今天，只有充分把握当前时机进行电子商务运营管理改革才能为企业的进一步发展奠定坚实的基础。虽然这个过程充满挑战，但相信在有关人员的共同努力之下一定能取得巨大的进步。

第六章 "互联网+"时代的移动电子商务

第一节 移动电子商务概述

一、移动电子商务的定义

移动电子商务是人类创造和应用电子工具，与改造和发展商务活动相结合的产物。这产生的原动力是信息技术的进步和社会商业的发展。随着移动通信、数据通信和互联网的融合越来越紧密，整个世界正在快速地向移动信息化社会演变。在商务领域，移动电子商务大大扩展了电子商务的应用范围。

从宏观上讲，电子商务是计算机网络的第二次革命，是通过电子手段建立一个新的经济秩序。它不但涉及商业交易本身，而且涉及金融、税务、教育等社会其他层面，而移动电子商务是继电子商务之后计算机网络的又一次创新。通过互联网和移动通信技术的完美结合将电子商务推向更高的水平，利用移动通信的各种终端将电子商务带给用户。

从微观上讲，电子商务是各种具有商业活动能力的实体，利用网络和先进的数字化传媒技术进行的各项商业贸易活动。然而，完整的商业贸易过程是复杂的，包括了解商情、询价、报价、发送订单、应答订单、发送货物、通知送货、取货凭证、支付汇兑过程等，此外还涉及行政过程的认证等行为。因此，严格地讲，只有上述所有贸易过程都实现了无纸贸易，即全部是非人工介入，使用各种电子工具完成，才能称为完整的电子商务。

因此，一般而言，电子商务应包含以下五点含义：①采用多种电子通信方式，特别是互联网；②实现商品交易、服务交易；③包含企业间的商务活动，也包含企业内部的商务活动；④涵盖交易的各个环节，如询价、报价、订货、结算及售后服务等；⑤采用电子方式是形式，跨越时空、提高效率、节约成本是主要目的。

相比较而言，微观上移动电子商务是指各种具有商业活动能力的实体利用网络和先进的移动通信技术进行的各项商务贸易活动。通过移动电子商务，用户可随时随地获取所需的服务、应用、信息和娱乐，他们可以在自己需要的时候，使用智能电话或掌上电脑、笔记本式计算机等通信终端查找、选择及购买商品和服务。可见，电子商务将商务活动网络化与电子化，而移动电子商务是将固定通信网的商务活动提升到移动网。移动电子商务的主要特点是灵活、简单、方便。它能完全根据消费者的个性化需求和喜好定制，设备的选择、提供服务与信息的方式完全由用户自己控制。

综合以上分析，可以将移动电子商务定义为各种具有商业活动能力和需求的实体，本着跨越时空限制、提高商务活动效率及节约商务活动成本的目的，在电子商务的基础上利用计算机通信网络、移动通信技术和其他数字，通信技术等电子方式实现商品和服务交易的一种贸易形式。

二、移动电子商务的内涵

（一）移动电子商务是人类社会发展的需求

人类社会发展的总趋势是由技术经济的低级状态向高级状态转变的。从人类技术发展历史看，以往的各种技术已经把人类社会的物质文明提升到了一个相当高的程度。但是，以往的技术发明和创造主要是针对开发和利用自然界的物质、能源的，而自然界的物质、能源是有限的，许多是不可再生的。因此，以计算机为代表的电子信息技术的发明和利用，主要是针对人的知识获取、智力延伸，是对自然界信息、人类社会信息进行采集、储存、加工、处理、分发、传输等。在电子信息技术的帮助下，当代人类可以很好地集成经验和智慧，从而吸取前人的教训，大大扩充人类的知识。所以，当今社会技术的代表应当是电子信息技术，它是开发和利用信息资源的有效工具。

（二）移动电子商务的关键因素是人的知识和技能

首先，移动电子商务是一个社会性的系统，而社会系统的中心所组成的关系网是人；其次，移动电子商务系统实际上是围绕商品交易的各方面代表和各方面利益的人组成的关系网；最后，在移动电子商务活动中，虽然十分强调工具的作用，但是使用者仍然是人。

（三）移动电子商务的工具是系列化、系统化、高效稳定的电子工具

从广义来讲，移动电子商务重点强调主体的移动性，商务信息是客观存在的，并且具有很强的流动性，所有的商流、信息流、资金流、物流等贸易因素都在全球范围内流

动，因而商务活动主体也要具备流动性，只要人们能随时随地进行商务活动，就可以称为移动电子商务。这里的移动电子商务工具不但包括适用于互联网的手机、笔记本式计算机、掌上电脑等，也包括电子商务工具，如在外面人们可以使用手机上网，在家或公司仍可以用个人电脑上网。可以看出，广义的移动电子商务所应用的商务工具具有广泛性，它保证的是人的移动性，狭义的移动电子商务，即具有很强的时代烙印的高效率、低成本、高效益、高安全性的移动电子商务。因而，重点讨论的移动电子工具就不是泛泛而谈的一般性电子工具，而是能跟上信息时代发展步伐的系列化、系统化的移动电子工具。

从系列化来讲，移动电子工具应包括商品的需求咨询、商品订货、商品买卖、商品配送、货款结算、商品售后服务等，伴随着商品生产、流通、分配、交换、消费甚至再生产的全过程的移动通信工具，如移动电话、笔记本式计算机、掌上电脑、商务通等，这些移动电子商务工具可以完成电子商务的所有商务程序，而且具有高效率、低成本的特性。

从系统化来讲，商品的需求、生产、交换要构成一个有机的整体，形成一个庞大的系统，同时，为了防止"市场失灵"，还要将政府对商品生产、交换的调控引入该系统，而达到此种目的的移动电子工具主要有移动局域网、移动城市网和移动广域网。系统化的移动电子工具必然是将移动通信网、计算机网络和信息网相结合，且实现了纵横结合、宏微结合、反应灵敏、安全可靠、跨越空间的移动电子网络，其有利于大到国家间，小到零售商与顾客间的方便、可靠的移动电子商务活动。

三、移动电子商务的特点

移动电子商务的主要特点是灵活、简单、方便。移动电子商务不仅能在互联网上提供直接购物，还是一种全新的销售渠道，它全面支持移动互联网业务，可实现电信、信息、媒体和娱乐服务的电子支付。移动电子商务能完全根据消费者的个性化需求和喜好定制，设备的选择、提供服务与信息的方式完全由用户自己控制。通过移动电子商务，用户可随时随地获取所需的服务、应用、信息和娱乐，不受时间和空间的限制，这从本质上完善了商务活动。

用户还可以在自己方便时，使用智能电话或掌上电脑查找、选择及购买商品和各种服务；采购可以即时完成，商业决策也可以马上实施；服务付费可以通过多种方式进行，可直接转入银行、用户电话账单或者实时在专用预付账户上借记以满足不同需求。对于企业而言，这种方式更提高了工作效率，降低了成本，扩大了市场，必将产生更多的社会效益和经济效益。

与传统电子商务相比，移动电子商务具有明显优势，主要表现在以下几个方面。

（一）不受时空限制

同传统电子商务相比，移动电子商务的一个最大优势就是移动用户可随时随地获取所需的服务、应用、信息和娱乐。移动电话的特性就是便于人们携带，而且只要用户开机，一般都可以享受 24 小时的全天服务。移动电子商务这一特性使得用户更有效地利用空余时间从事商业活动。他们可以在自己方便时，使用智能电话或掌上电脑查找、选择及购买商品和服务，也可以在旅行途中利用可上网的移动设备从事商业交互活动，如商务洽谈、下订单等。

（二）更好的个性化服务

移动电子商务的提供者可以更好地发挥主动性，为不同顾客提供定制化的服务。例如，依赖于包含大量活跃客户和潜在客户信息的数据库，从而开展具有个性化的短信息服务活动。

此外，利用无线服务提供商提供的人口统计信息和基于移动用户当前位置的信息，商家还可以通过具有个性化的短信息进行有针对性的广告宣传，从而满足客户的需求。总之，移动电子商务为个性化服务的提供创造了很好的条件。

（三）可识别性

与 PC 的匿名接入不同，移动电话的内置 ID 支持安全交易。移动设备通常由单独的个体使用，这使得商家更易实现基于个体的目标营销，并且通过 GPS 技术，服务提供商可以十分准确地识别用户。随着时间和地理位置的变更而进行语言、视频的变换，移动电子商务提供了为不同的细分市场发送个性化信息的机会。

正是由于移动电子商务中用户的可识别性，移动电子商务比 Internet 上的电子商务更具有安全性。移动电话已经具备了非常强大的内置认证特征，因此它比 Internet 更适合电子商务。手机所用的 SIM 卡在移动电子商务中的作用就像身份证在社会生活中所起的作用一样，因为 SIM 卡上储存着用户的全部信息，可以确定一个唯一的用户身份，这对于电子商务来说就有了认证安全的基础。

（四）信息的获取更为及时

在固定网络的电子商务中，用户只有在向系统发出请求时，系统才会根据要求反馈一些数据信息。这无形中为用户获取信息附加了一些潜在的前提条件，如具备网络环境，要有时间、有意愿主动索取信息，这将导致信息不能完全及时地被获取。

而在移动电子商务中，移动用户可随时随地访问信息，这本身就实现了信息获取的及时性。更需要强调的是，同传统的电子商务系统相比，移动电子商务的用户终端更具有专用性。从运营商的角度看，用户终端本身就可以作为用户身份的代表。因此，商务信息可以直接发送给用户终端，这进一步增强了移动用户获取信息的及时性。

（五）基于位置的服务

移动通信网能获取和提供移动终端的位置信息，与位置相关的商务应用成为移动电子商务领域中的一个重要组成部分。无论移动电话在何处，GPS 都可以识别电话的所在地，从而为用户提供相应的个性化服务，这给移动电子商务带来了传统电子商务无可比拟的优势。利用定位技术，各提供商将能够更好地与某一特定地理位置上的用户进行信息的交互。

（六）支付更加方便、快捷

在移动电子商务中，用户可以通过移动终端访问网站、从事商务活动；服务付费可通过多种方式进行，可直接转入银行、用户电话账单或者实时在专用预付账户上借记，以满足不同需求。从移动电子商务的特点来看，移动电子商务非常适合大众化的应用。互联网与移动技术的结合为服务提供商创造了新的机会，使之能够根据客户的位置提供个性化服务，从而建立并加强和客户的关系。

四、移动电子商务的分类

移动电子商务可以从服务类型和商务形式等不同的角度进行以下分类。

（一）按服务类型划分

移动电子商务可提供的服务分为以下三个方面。

1. 推式服务

传统 Internet 的浏览是一种自助餐形式，容易造成资源浪费。移动电子商务的推式服务就是客房式服务，根据用户的爱好，把所需的各种服务（如新闻、天气预报、彩票、股市、旅游、招聘等信息）送到"客户房间"，这就避免了资源浪费，是一种个性化的信息服务。

2. 拉式服务

拉式服务类似于传统的信息服务，如查询电话号码、旅游信息、航班、影院时间安排、火车时刻表、产品信息等。

3. 交互式服务

交互式服务是移动电子商务提供的最常用的服务方式，包括使用"无线电子钱包"等具有安全支付功能的移动设备进行购物；在商店或自动售货机上进行预订机票、车票或入场券，并能在票价优惠或航班取消时立即得到通知，也可支付票费或在旅行途中临时更改航班或车次；随时随地在网上进行安全的个人财务管理，通过移动终端核查账户、支付账单、转账及接收付款通知等；游戏或娱乐；信息查询等。

（二）按商务形式分类

按商务形式来划分，移动电子商务可分为 B2C、B2B、C2C、G2G、G2B、G2C、A2A、P2P 等多种形式。

1.B2C

B2C 模式是企业对消费者的商务模式，又称直接通过移动通信终端对用户市场销售，相当于商业电子化的零售业务，主要包括有形商品的电子订货和付款、无形商品和服务产品的销售。其特点是能迅速吸引消费者的注意。

2. B2B

B2B 模式是企业与企业之间通过移动 Internet 进行数据交换、传递，开展丰富的商业贸易活动的商务模式。它主要包括企业与供应商之间的采购行为协调，物料计划人员与仓储、物流公司间的业务协调，销售机构与产品批发商、零售商之间的协调，为合作伙伴与大宗商品客户提供服务等。其特点是具有良好的稳定性，并能迅速为企业带来利润和回报。

3. C2C

C2C 的移动电子商务是个人对个人的商务模式。C2C 模式的特点是消费者与消费者之间的讨价还价。例如，移动手机拍卖、全球性竞价交易网站，每天可以通过 SMS 形式提供数种商品，供移动用户和网上用户竞价，拥有上万注册用户。C2C 模式的成功来源于它准确的市场定位。运营商根据市场行情，建起一个拍卖交易移动网络，让消费者通过 SMS 自由交易或在该网站上议价，以英式拍卖、集体竞价、标价求购等方式运营，通过提供交易平台和相关服务，收取交易金。

3. G2G

G2G 是上下级政府、不同地方政府、不同政府部门之间的电子政务应用模式。G2G 模式主要包括以下内容。

（1）电子法规政策系统

对所有政府部门和工作人员提供相关的、现行有效的各项法律、法规、规章、行政命令和政策规范，使所有政府机关和工作人员真正做到有法可依、有法必依。

（2）电子公文系统

在保证信息安全的前提下在政府上下级、部门之间传送有关的政府公文，如报告、请示、批复、公告、通知、通报等，使政务信息十分快捷地在政府间和政府内流转，提高政府公文处理速度。

（3）电子司法档案系统

在政府司法机关之间共享司法信息，如公安机关的刑事犯罪记录、审判机关的审判案例、检察机关检察案例等，通过共享信息，改善司法工作效率，提高司法人员综合能力。

（4）电子财政管理系统

向各级国家权力机关、审计部门和相关机构提供分级、分部门历年的政府财政预算及其执行情况，包括从明细到汇总的财政收入、开支、拨付款项数据及相关的文字说明和图表，便于有关领导和部门及时掌握和监控财政状况。

（5）电子办公系统

通过电子办公系统完成机关工作人员的许多事务性的工作，节约时间和费用，提高工作效率，如工作人员通过网络申请出差、请假、文件复制、使用办公设备、下载政府机关经常使用的各种表格、报销出差费用等。

（6）电子培训系统

为政府工作人员提供各种综合性和专业性的网络教育课程，特别是与信息技术有关的专业培训，工作人员可以通过网络随时随地注册、参加培训课程、参与考试等。

（7）业绩评价系统

按照设定的任务目标、工作标准和完成情况对政府各部门业绩进行科学测量和评估等。

5. G2B

G2B是政府与企业之间的政务模式，即政府通过电子网络系统进行电子采购与招标，精减管理业务流程，快捷迅速地为企业提供各种信息服务。G2B模式主要包括以下几点内容。

（1）电子采购与招标

通过政府网络上的采购与招标信息，为企业特别是中小企业参与政府采购提供必要的帮助，向它们提供政府采购的有关政策和程序，使政府采购成为阳光作业，减少徇私舞弊和"暗箱操作"，降低企业的交易成本，节约政府采购支出。

（2）电子税务

企业通过政府税务网络系统，在家或企业办公室就能完成税务登记、税务申报、税款划拨，查询税收公报，了解税收政策等，既方便了企业，又减少了政府的开支。

（3）电子证照办理

企业通过Internet申请办理各种证件和执照，如企业营业执照的申请、受理、审核、发放、年检、登记项目变更、核销，统计证、土地和房产证、建筑许可证、环境评估报告等证件、执照和审批事项的办理，缩短办证周期，减轻企业负担。

（4）信息咨询服务

政府将拥有的各种数据库信息对企业开放，方便企业利用，如法律法规及政策数据库、政府经济白皮书、国际贸易统计资料等信息。

（5）中小企业电子服务

政府利用宏观管理优势和集合优势，为提高中小企业国际竞争力和知名度提供各种帮助，其中包括为中小企业提供政府网站入口，帮助中小企业向电子商务供应商争取有利的、能够负担的电子商务应用方案。

6. P2P

随着P2P技术的发展，P2P也将慢慢发展成为一种成熟的商务形式。P2P形式主要利用了P2P技术、网络即时通信技术，实现基于宽带网络的声音、文字、视频、数据、邮件传输的即时通信及文件共享和计算机远程控制。这种技术支持断点续传、MPEG-4视频压缩，满足宽、窄带用户的使用要求，具有使网络更加安全的独特身份认证和数据加密技术，从而使P2P的商务形式越来越受到人们的欢迎，这种形势下的服务包括在Internet上实现面对面交流、远程监控、集群通信、远程教育、互动办公、互动商务等。

第二节　移动电子商务技术基础

一、移动通信技术

（一）移动通信的基本概念

在现在的信息时代，随着手机、掌上电脑等这些移动通信终端的发展，人们对通信的要求日益迫切，人们越来越希望在任何时候、任何地点与任何人都能够及时可靠地交换任何信息。显然，想要实现这种愿望，在大力发展固定通信的同时，更需要积极地发展移动通信。

移动通信是指通信双方至少有一方在移动中进行信息交换的通信方式。例如，移动体与固定点之间的通信，活动的人与固定点、人与人或人与移动体之间的通信等。

移动通信有多种方式，可以双向工作，如集群移动通信、无绳电话和蜂窝移动电话，但部分移动通信系统的工作是单向的，如无线寻呼系统。移动通信的类型很多，可按不同方法进行分类，具体如下：

按使用环境可分为陆地通信、海上通信和空中通信。

按使用对象可分为民用设备和军用设备。

按多址方式可分为频分多址、时分多址和码分多址。

按接入方式可分为频分双工和时分双工。

按工作方式可分为同频单工、异频单工、异频双工和半双工。

按业务类型可分为电话网、数据网和综合业务网。

按覆盖范围可分为广域网和局域网。

按服务范围可分为专用网和公用网。

按信号形式可分为模拟网和数字网。

（二）移动通信的特点

1. 必须利用无线电波进行信息传输

移动通信中基站与用户之间必须靠无线电波来传送消息。在固定通信中，传输信道可以是导线，也可以是无线电波，但是在移动通信中，由于至少有一方是运动着的，所以必须使用无线电波传输信息。

2. 有时处于复杂的干扰环境中

在移动通信系统中，使用无线电波传输信息，在传播过程中必不可少地会受到一些噪声和干扰的影响。除了一些外部干扰外，自身还会产生各种干扰。其主要的干扰有互调干扰、邻频干扰、同频干扰及多址干扰等。因此，在设计系统时，可以使用抗干扰、抗衰落技术来减少这些干扰问题的影响。

3. 可利用的频谱资源有限

国际电信联盟和各国都规定了用于移动通信的频段。为满足移动通信业务量增加的需要，只能开辟和启用新的频段，或者在有限的已有频段中采取有效利用频率措施，如压缩频带、频道重复利用等方法。

4. 移动性强

由于移动用户需要在任何时间、任何地点准确地接收到可靠的信息，移动台在通信区域内需要随时运动。移动通信必须具备很强的管理功能，进行频率和功率控制。

5. 对移动终端的要求高

移动台长期处于不固定位置，所以要求移动台具有很强的适应能力。首先，移动台需要体积小、重量轻、携带方便和操作方便；其次，移动终端必须适应新业务、新技术的发展，以满足不同人群的使用。

（三）几代移动通信技术简介

1. 第一代移动通信技术（简称 1G）

第一代移动通信系统最重要的特点体现在移动性上，这是其他任何通信方式和系统都不可替代的。

第一代移动通信技术是指最初的模拟、仅限语音的蜂窝电话标准，制定于 20 世纪 80 年代，主要采用的是模拟技术和频分多址技术。

2. 第二代移动通信技术（简称 2G）

为了满足人们对传输质量、系统容量和覆盖面的需求，第二代移动通信也随之产生。第二代移动通信系统主要有 GSM 移动通信系统、数字高级移动电话系统 DAMPS 或 TDMA、码分多址 CDMA 技术等，我国广泛应用的是 GSM 移动通信系统。1G 主要使用了模拟技术，而 2G 使用了数字技术，其主要特性是为移动用户提供数字化的语音业务以及高质低价服务。第二代移动通信具有保密性强、频谱利用率高、业务覆盖范围广、标准化程度高等特点，移动通信因此得到了空前发展。

3. 第三代移动通信技术（简称 3G）

第三代移动通信技术，即国际电信联盟定义的 IMT-2000。相对于第一代移动通信技术和 GSM、CDMA 等第二代移动通信技术（2G），3G 是指将无线通信与国际互联网等多媒体通信结合的新一代移动通信技术。2000 年 5 月，国际电信联盟确定了以 WCDMA、CDMA2000 和 TD-SCDMA 作为第三代移动通信的三大主流无线接口标准。

（1）WCDMA

WCDMA 是通用移动通信系统的空中接口技术，接入方式为 IMT-DS，核心网络基于 GSM/GPRS，所以许多 WCDMA 的高层协议和 GSM/GPRS、GPRS 基本相同或相似。

（2）CDMA2000

CDMA2000 是在 IS-95 基础上进一步发展而得来的，它对 IS-95 系统有向后兼容性。为了支持分组数据业务，核心网络在 ANSI41 网络的基础上，增加了支持分组交换的部分，并逐步向全 IP 的核心网过渡。

（3）TD-SCDMA

时分同步的码分多址技术作为中国提出的 3G 标准，自 1998 年正式向国际电联提交以来，完成了标准的专家评估、ITU 认可并发布。TD-SCDMA 标准是我国第一个具有完全自主知识产权的国际通信标准，并且在国际上被广泛接受和认可，是我国通信史上重要的里程碑，也是我国通信史上的重大突破，标志着中国在移动通信领域进入了世界领先之列。

4. 第四代移动通信技术（简称 4G）

虽然 3G 传输速率快，但还是存在很多不尽人意的地方。相比 3G，第四代移动通信技术能提供更大的频宽，满足现代社会对高速数据和高分辨率多媒体服务的需求。该技术能集 3G 与 WLAN 于一体，能进一步提高数据传输速度，满足几乎所有用户对于无线服务的要求。

4G 是 3G 技术的进一步演化，无线通信的网络效率在传统通信网络和技术的基础上不断地提高。通俗来说就是两句话：一是 4G 技术能够提供高速移动网络宽带服务；二是 4G 技术是基于全球移动通信 LTE 标准之上的。

4G 的核心技术有以下几种。

（1）接入方式和多址方案

这是一种无线环境下的高速传输技术，其主要思想就是在频域内将给定信道分成许多正交子信道，在每个子信道上使用一个 4G 子载波进行调制，各子载波并行传输。尽管总的信道是非平坦的，即具有频率选择性，但是每个子信道是相对平坦的，在每个子信道上进行的是窄带传输，信号带宽小于信道的相应带宽。正交频分复用技术的优点是可以消除或减小信号波形间的干扰，对多径衰落和多普勒频移不敏感，提高了频谱利用率，可实现低成本的单波段接收机。OFDM 的主要缺点是功率效率不高。

（2）调制与编码技术

4G 系统采用新的调制技术，如正交频分复用技术以及自适应均衡技术等调制方式，以保证频谱利用率和延长用户终端电池的寿命。4G 移动通信系统（4G 系统）采用更高级的信道编码方案（如 Turbo 码、级连码和 LDPC 等）、自动重发请求技术和分集接收技术等，从而在低 Eb/No 条件下保证系统足够的性能。

（3）高性能的接收机

4G 移动通信系统对接收机提出了很高的要求。Shannon 定理给出了在带宽为 BW 的信道中实现容量为 C 的可靠传输所需要的最小 SNR。按照 Shannon 定理，可以计算出，对于 3G 系统如果信道带宽为 5 MHz，数据速率为 2 Mb/s，所需的 SNR 为 1.2dB；而对于 4G 系统，要在 5 MHz 的带宽上传输 20 Mb/s 的数据，则所需要的 SNR 为 12 dB。可见对于 4G 系统，由于速率很高，对接收机的性能要求也要高得多。

（4）智能天线技术

智能天线具有抑制信号干扰、自动跟踪以及数字波束调节等智能功能，被认为是未来移动通信的关键技术。智能天线应用数字信号处理技术，产生空间定向波束，使天线主波束对准用户信号到达方向，旁瓣或零陷对准干扰信号到达方向，达到充分利用移动用户信号并消除或抑制干扰信号的目的,这种技术既能改善信号质量又能增加传输容量。

（5）MIMO 技术

MIMO（多输入、多输出）技术是指利用多发射、多接收天线进行空间分集的技术，它采用的是分立式多天线，能够有效地将通信链路分解成为许多并行的子信道，从而大大提高容量。信息论已经证明，当不同的接收天线和不同的发射天线之间互不相关时，MIMO 技术能够很好地提高系统的抗衰落和噪声性能，从而获得巨大的容量。

（6）软件无线电技术

软件无线电技术是将标准化、模块化的硬件功能单元经过一个通用硬件平台，利用软件加载方式来实现各种类型的无线电通信系统的一种具有开放式结构的新技术。软件无线电的核心思想是在尽可能靠近天线的地方使用宽带 A/D 和 D/A 转换器，并尽可能多地用软件来定义无线功能，各种功能和信号处理都尽可能用软件实现。其软件系统包括各类无线信令规则与处理软件、信号流变换软件、信源编码软件、信道纠错编码软件、调制解调算法软件等。

（7）基于 IP 的核心网

移动通信系统的核心网是一个基于全 IP 的网络，同已有的移动网络相比，其所具有的最突出优点为：可以实现不同网络间的无缝互联。核心网独立于各种具体的无线接入方案，能提供端到端的 IP 业务，能同已有的核心网和公用交换电话网兼容。核心网具有开放的结构，能允许各种空中接口接入核心网；同时核心网能把业务、控制和传输等分开。采用 IP 后，所采用的无线接入方式和协议与核心网络协议、链路层是分离独立的。IP 与多种无线接入协议相兼容，因此在设计核心网络时具有很大的灵活性，不需要考虑无线接入究竟采用何种方式和协议。

（8）多用户检测技术

多用户检测技术是宽带通信系统中抗干扰的关键技术。在实际的 CDMA 通信系统中，各个用户信号之间存在一定的相关性，这就是多址干扰存在的根源。由个别用户产生的多址干扰固然很小，可是随着用户数的增加或信号功率的增大，多址干扰就成为宽带 CDMA 通信系统的一个主要干扰。传统的检测技术完全按照经典直接序列扩频理论对每个用户的信号分别进行扩频码匹配处理，因而抗多址干扰能力较差。多用户检测技术在传统检测技术的基础上，充分利用造成多址干扰的所有用户信号信息对单个用户的信号进行检测，从而具有优良的抗干扰性能，解决了远近效应问题，降低了系统对功率控制精度的要求，因此可以更加有效地利用链路频谱资源，提高系统容量。随着多用户检测技术的不断发展，各种高性能又不是特别复杂的多用户检测器算法不断提出，在实际的 4G 系统中采用多用户检测技术是切实可行的。

4G 移动通信技术的信息传输级数要比 3G 移动通信技术的信息传输级数高一个等级。对无线频率的使用效率比 2G 和 3G 系统都高得多，且信号抗衰落性能更好，其最大的传输速度会是"i-mode"服务的 10000 倍。除了高速信息传输技术外，它还包括高速移动无线信息存取系统、移动平台技术、安全密码技术以及终端间通信技术等，具有极高的安全性。

5. 第五代移动通信技术（5G）

5G 是第五代无线移动通信技术，其速度是 4G 技术的 10 倍。

5G 的关键技术如下。

（1）超密集异构网络

5G 网络正朝着多元化、宽带化、综合化、智能化的方向发展。随着各种智能终端的普及，移动数据流量将呈现爆炸式增长。在未来 5G 网络中，减小小区半径，增加低功率节点数量，是保证未来 5G 网络支持 1000 倍流量增长的核心技术之一。因此，超密集异构网络成为未来 5G 网络提高数据流量的关键技术。

（2）自组织网络

传统移动通信网络中，主要依靠人工方式完成网络部署及运维，既耗费大量人力资源又增加运行成本，而且网络优化也不理想。在 5G 网络中，将面临网络的部署、运营及维护的挑战，这主要是由于网络存在各种无线接入技术，且网络节点覆盖能力各不相同，它们之间的关系错综复杂。因此，自组织网络的智能化将成为 5G 网络必不可少的一项关键技术。

（3）内容分发网络

面向大规模用户的音频、视频、图像等业务急剧增长，网络流量的爆炸式增长会极大地影响用户访问互联网的服务质量。如何有效地分发大流量的业务内容，降低用户获取信息的时延，成为网络运营商和内容提供商面临的一大难题。仅仅依靠增加带宽并不能解决问题，它还受到传输中路由阻塞和延迟、网站服务器的处理能力等因素的影响，这些问题的出现与用户服务器之间的距离有密切关系。内容分发网络会对 5G 网络的容量与用户访问具有重要的支撑作用。

（4）D2D 通信

在 5G 网络中，网络容量、频谱效率需要进一步提升，更丰富的通信模式以及更好的终端用户体验也是 5G 的演进方向。设备到设备（D2D）通信具有潜在的提升系统性能、增强用户体验、减轻基站压力、提高频谱利用率的前景。

（5）M2M 通信

M2M 通信作为物联网在现阶段最常见的应用形式，在智能电网、安全监测、城市信息化、环境监测等领域实现了商业化应用。

（6）信息中心网络

随着实时音频、高清视频等服务的日益激增，基于位置通信的传统 TCP/IP 网络无法满足海量数据流量分发的要求。网络呈现出以信息为中心的发展趋势。

（7）移动云计算

近年来，智能手机、平板电脑等移动设备的软硬件水平得到了极大的提高，支持大量的应用和服务，为用户带来了很大的方便。在 5G 时代，全球将会出现 500 亿连接的万物互联服务，人们对智能终端的计算能力以及服务质量的要求越来越高。移动云计算将成为 5G 网络创新服务的关键技术之一。

（8）软件定义网络和网络功能虚拟化

随着网络通信技术和计算机技术的发展，"互联网+"、三网融合、云计算服务等新兴产业对互联网在可扩展性、安全性、可控可管等方面提出了越来越高的要求。

（9）软件定义无线网络

无线网络面临着一系列的挑战。无线网络中存在大量的异构网络，异构无线网络并存的现象将持续相当长的一段时间。

（10）情境感知技术

随着海量设备的增长，5G 网络不仅承载人与人之间的通信，还要承载人与物之间以及物与物之间的通信，既可支撑大量终端，又使个性化、定制化的应用成为常态。情境感知技术能够让未来 5G 网络主动、智能、及时地向用户推送所需的信息。

5G 的标志性能力指标为"Gbps用户体验速率"，一组关键技术包括大规模天线阵列，超密集组网、新型多址、全频谱接入和新型网络架构。大规模天线阵列是提升系统频谱效率最重要的技术手段之一，对满足 5G 系统容量和速率需求将起到重要的支撑作用；超密集组网通过增加基站部署密度，可实现百倍量级的容量提升，是满足 5G 千倍容量增长需求的最主要手段之一；新型多址技术通过发送信号的叠加传输来提升系统的接入能力，可有效支撑 5G 网络千亿设备连接需求；全频谱接入技术通过有效利用各类频谱资源，可有效缓解 5G 网络对频谱资源的巨大需求；新型网络架构基于 SDN、NFV 和云计算等先进技术可实现以用户为中心的更灵活、智能、高效和开放的 5G 新型网络。

二、移动无线互联网

（一）无线通信系统

无线通信系统是指利用电磁波在空间传播完成信息传输的系统。最基本的无线通信系统由发射机、接收机和无线信道组成。

第一，发射机的主要任务是完成有用的低频信号对高频载波的调制，将其变为在某一中心频率上具有一定带宽，适合通过天线发射的电磁波。通常，发射机包括三个部分：高频部分、低频部分和电源部分。

第二，接收机的主要任务是从已调制的 AM 波中解调出原始有用信号，主要由输入电路、混频电路、中放电路、检波电路、低频放大器和低频功率放大电路组成。

第三，当无线用户之间可以直接进行通信时，就称为点对点通信。根据用户之间信息传送的方向，可以分为单工通信与双工通信。单工通信就是只有从发射机到接收机这一个方向，消息只能单方向传输。通常所说的通信都是双工通信，即消息可以在两个方向上进行传输，如手机通信。

（二）无线网络

无线网络既包括允许用户建立远距离无线连接的全球语音和数据网络，也包括为近距离无线连接进行优化的红外线技术及射频技术。当无线用户之间由于距离或其他原因，不能直接进行信息传输而必须通过中继方式进行时，称为无线网络通信方式。网络可以有多种形式，最经典的是星状网络，位于网络中央的中继器可以是移动网络的基站，它由发射机和接收机组成，可以将来自一个无线设备的信号中继到另一个无线设备，保证网络内的用户通信。

整个无线网络可以划分为四个范畴：无线广域网（WWAN）、无线城域网（WMAN）、无线局域网（WLAN）和无线个域网（WPAN）。

1. 无线局域网（WLAN）

无线局域网（WLAN）是指以无线电波作为传输媒介的局域网。无线局域网包括三个组件：无线工作站、无线 AP 和端口。WLAN 技术可以使用户在公司、校园、大楼或机场等公共场所创建无线连接，用于不便于铺设线缆的场所。无线局域网主要使用 Wi-Fi 技术。随着以太网的广泛应用，WLAN 能在一定程度上满足人们对移动设备接入网络的需求。

Wi-Fi 是 IEEE 定义的一个无线网络通信的工业标准，在无线局域网的范畴是指"无线相容性认证"，同时也是一种无线联网的技术。通过无线电波来连接网络，可以将个人电脑、手持设备等终端以无线方式互相连接。

2. 无线个域网（WPAN）

无线个域网（WPAN)是通过无线电波连接个人邻近区域内的计算机和其他设备的通信网络。主要的 WPAN 技术就是蓝牙和红外通信技术。

（1）蓝牙

蓝牙是由爱立信、国际商用机器、英特尔、诺基亚和东芝五家公司于 1998 年 5 月共同提出开发的一种全球通用的无线技术标准。蓝牙是一种替代线缆的短距离无线传输技术，使特定的移动电话、笔记本电脑，以及各种便携式通信设备能够相互在十米左右的距离内共享资源。

蓝牙有很多优点：蓝牙的成本比较低，保证了蓝牙的广泛实施；任何一个蓝牙设备在传输信息时都要有密码，保证了通信的安全性；蓝牙的通信距离为 10 米，可以在办公室内任意传输；蓝牙具有自动发现能力，使用户能够通过很简便的操作界面访问设备；联频技术使蓝牙系统具有足够高的抗干扰能力。

（2）红外通信技术（IrDA）

红外线是指波长超过红色可见光的电磁波，红外通信技术（IrDA）顾名思义就是通过红外线进行数据传输的无线技术，是利用红外线技术在电脑或其他相关设备间进行无线数据交换。

目前，无线电波和微波已被广泛地应用在长距离的无线通信中，但由于红外线的波长较短，对障碍物的衍射能力差，所以更适合应用在需要短距离无线通信的场合，进行点对点的直线数据传输。随着移动计算和移动通信设备的日益普及，红外通信技术已经进入了一个发展的黄金时期。目前，红外通信技术在小型的移动设备中获得了广泛的应用，包括笔记本电脑、掌上电脑、游戏机、移动电话、仪器和仪表、MP3、数码相机以及打印机之类的计算机外围设备等。

3. 无线城域网（WPAN）

无线城域网（WMAN）采用无线电波使用户在主要城市区域的多个场所之间创建无线连接，而不必花费高昂的费用铺设光缆、电缆和租赁线路。

4. 无线广域网（WPAN）

无线广域网（WWAN）是指覆盖全国或全球范围内的无线网络，提供更大范围内的无线接入。

三、移动通信终端

移动通信终端就是指能接受移动通信服务的机器，是移动通信系统的重要组成部分，移动用户可以通过移动通信终端接入移动通信系统，使用所有移动通信服务业务，由此可见移动通信终端十分重要。

（一）移动通信终端设备

移动通信终端设备现在非常多，个人移动通信终端设备主要包括手机、掌上电脑、笔记本电脑、GPS定位设备等。按照网络的不同，有GSM、CDMA、WCDMA、TD-SCDMA等；按照结构的不同，有直板机、折叠机和滑盖机的区分；各种移动通信终端设备对使用者来说没有太大的区别，主要是运营商不同，包括中国移动、中国联通、中国电信；功能上大同小异，但是外观上千差万别。

1. 手机

手机通常被视为集合了个人信息管理和移动电话功能的手持设备。携带电话，早期又有"大哥大"的俗称，是可以在较广范围内使用的便携式电话终端。手机按性能分为智能手机和非智能手机。目前，手机已发展至5G时代。

2. 掌上电脑

掌上电脑属于个人数字助理的一种。正如"掌上电脑"这个名字一样它在许多方面和我们的台式电脑相像。比如，它同样有CPU存储器、显示芯片以及操作系统等。掌上电脑和台式电脑的区别就是一个可以在移动中进行个人数据处理，一个是在固定点进行个人数据处理。这种手持设备集合了办公、电话、传真和网络等多种功能，人们不仅可以用它来管理个人信息，还可以上网浏览、收发 E-mail、发传真，甚至可以当作手机来用，并且这些功能都可以通过无线方式实现。

3. 笔记本电脑

笔记本电脑是台式个人电脑的微缩与延伸产品，也是用户对电脑产品更高需求的必然产物。其发展趋势是体积越来越小，重量越来越轻，而功能却越来越强大。其便携性和备用电源使移动办公成为可能，因此其市场容量扩展迅速。

4. GPS 定位设备

全球定位系统（GPS）是在全球范围内实时进行定位、导航的系统。GPS 功能必须具备 GPS 终端、传输网络和监控平台三个要素，缺一不可。GPS 定位设备功能包括全球卫星定位、电子导航、语音提示、偏航纠正等，GPS 导航系统现在已经被广泛使用。

（二）移动通信终端设备的技术特征

移动通信终端设备不同于传统的固定办公设备，它有许多特殊的技术特征。典型的移动通信终端设备一般包括：输入工具、一个以上的显示屏幕、一定的计算和存储能力以及独立的电源。移动设备的主要特性如下。

（1）移动设备的显示屏幕小，而大多数设备使用多义键盘，通过按键来确定具体语义，操作起来比较麻烦，可操作性差。

（2）移动设备都是依靠电池来维持的，而电池的使用期限很短。电池技术尽管一直在不停地发展，但容量仍是限制因素之一。

（3）移动设备内存、磁盘的容量比传统的固定设备要小很多。

（4）移动设备的安全性较差。移动设备正逐渐向智能化方向发展，其不仅是通信的工具，更是技术发展、市场策略和用户需求的体现。因此，受到移动互联网和物联网等战略发展方向的影响，移动设备正在向通信终端融合化和各类物品通信化发展。

第三节　移动电子商务的业务形式及产业链

一、移动电子商务的主要业务形式

（一）移动金融

移动智能终端的普及，特别是苹果公司的 iPad、iPhone 等产品的普及和 Android 开放系统的崛起，颠覆了传统的移动终端市场格局。技术的进步带来了更智能化的操作和更优秀的用户体验，降低了移动渠道产品价值的传递成本，从而激发出大量的市场需求。

提升内部效率，降低沟通成本，同时提供更多的渠道服务于金融客户是金融信息化的根本出发点，移动金融正是移动互联网时代金融信息化发展的必然趋势。

1. 移动金融的含义与特点

移动金融是指使用移动终端及无线互联技术处理金融企业内部管理及对外产品服务的解决方案。在这里，移动终端泛指以智能手机为代表的各类移动设备，其中智能手机、平板电脑和无线 POS 机目前应用较广。

移动金融有以下特点：①要使用移动终端来操作。这里的移动终端包括智能手机、平板电脑等各类移动设备。②要有金融解决方案。例如，用余额宝购买理财产品，就是一种金融解决方案；将余额宝里面的钱转出来购物，也是一种金融解决方案。

2. 移动金融的应用

（1）银行应用

银行业是金融行业的基石，银行业的移动金融建设按照服务的用户群，可以分为服务于内部员工的企业应用和服务于外部客户的产品应用。

（2）服务于内部员工的企业应用

常见的移动办公就属于典型的服务于内部员工的企业应用，这类应用的核心价值在于提高企业内部的工作效率，降低企业的运营成本，提供更方便的业务流程，帮助企业员工带来更高的效益。目前，常见的服务于内部员工的企业应用包括移动营销、移动客户关系管理、移动办公、移动数据报表、移动信贷。

（3）服务于外部客户的产品应用

移动银行是最常见的银行提供的对外服务的移动产品，这类应用的核心价值在于增加银行的服务渠道，在为用户提供更方便的服务的同时，不但可大大降低传统渠道的成本，还可带来新的收益。另外，通过外部渠道还可以整合其他行业的资源，利用移动终端用户的随身性、便捷性可以极大地增加边际效益。目前，常见的服务于外部客户的产品应用包括移动银行、移动掌上生活、移动理财投资、移动支付。

（二）移动购物

移动购物是指移动用户通过手机终端，登录购物网站客户端或者 WAP 页面购买商品的交易行为。交易行为包括实物类交易和虚拟交易，买卖双方通过线上应用实现交易信息查询、交易和交付等行为。它是移动电子商务发展到一定阶段所衍生出来的一个分支，从属于移动电子商务，又是移动电子商务更高的发展层次。

1. 移动购物的特点

尽管移动购物是移动电子商务的一部分，但它还具有自己的特点。

（1）移动性

移动购物并不受互联网光缆的限制，也不受接入点的限制，用户可以通过随身携带的手机、PDA 等移动设备随时随地进行购物。

（2）无处不在性

移动技术可以让用户在任何具有移动通信信号及无线网络覆盖的地方获取信息。

（3）个性化

移动硬件有存储容量上的限制，内存软件可以更好地帮助进行信息存储和分类，以满足用户的需求。

（4）灵活性与便捷性

移动设备的便捷性表现为用户可以不受时间、地点的限制进行购物。不论用户忙于旅行、工作还是其他活动，他都可以通过手机或PDA互相交流，也可以单向接收信息。

（5）传播性和本地化

零售商或其他信息编写者都可以通过无线网络向部分或者全部进入这个区域的移动服务用户发送特定信息。

2. 移动购物的优势

（1）随时随地性

传统电子商务已经使人们感受到了网络所带来的便利和乐趣，但它的局限性在于台式计算机携带不便，而移动电子商务弥补了传统电子商务的这种缺陷，让人们可以随时随地利用手机分享商品、炒股或者购物，感受独特的手机购物体验。

（2）便捷性

移动购物具有很好的便捷性，因为手机体积小，可以随身携带，这样人们在公交车上或在旅途中，只要用手机登录购物网站，就可以实现随时随地无线购物了。

（3）有较好的信用认证基础

相较于传统电子商务，移动购物在用户消费信用方面拥有一定的优势。这是因为手机号码具有唯一性，手机SIM卡上存储的用户信息可以确定用户的身份，这样就有了信用认证基础。

（4）节省了社会资源和成本

移动购物使传统的商品交易信息化、数据化和自动化，大大节省了社会资源。而且用户可以通过手机获得及时、有用的服务信息，了解商家并参与互动，享受折扣和积分回报等实惠。与此同时，网络商家还积极进行市场营销、产品推广和形象展示，为移动手机用户提供商业服务，并可实现手机移动交易和支付，从而大大节省了用户和商家的成本。

3. 移动购物的主要形式

（1）比价购物方式

比价购物就是用户可通过搜索，进行商品的比价选择。随着智能手机技术的不断成熟，以及网上购物环境的不断改善，比价购物模式悄然兴起。

（2）移动支付方式

移动支付方式是将移动网络与金融系统结合，为用户提供更为便利的手段进行商品交易、缴费等金融业务。从电子识别的角度，手机号码的"唯一性"与信用卡没什么两

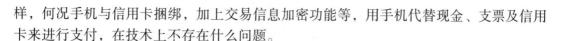

样，何况手机与信用卡捆绑，加上交易信息加密功能等，用手机代替现金、支票及信用卡来进行支付，在技术上不存在什么问题。

4. 百货行业的移动购物

对于百货行业而言，移动购物是全系统的改造，主要应考虑以下两个方面。

（1）导购方式背后的全渠道经营思维

在传统的百货商场，人们看到的是鳞次栉比的品牌店铺或摊位，导购员要么是主动迎上去接待消费者，要么是被动让消费者挑选。但在移动购物场景中，很多消费者是在线上就把商品选定，把商场当作试衣间，再决定是否购买。因此，传统的百货商场已经将线上电商视为移动购物体验的重要一环。

重视移动购物的背后，是全渠道经营思维。商场吸纳的是品牌商户，但用户在移动端看重的是某个品牌，而不是该品牌在线下不同区域的不同店铺。因此全渠道经营思维，是百货行业需要获得品牌商的关键点。

（2）商品交易

以往在商场购物的交易结算环节，要么是集中在柜台结算，要么是在单个店铺结算；结算方式要么是收现金，要么是刷卡或现金购物卡。但在移动购物中，支付入口是碎片化的，支付方式都在移动终端完成。无论资金结算流程还是安全度，移动支付的技术与资源支持度都相对成熟。交易结算环节较以往更为平滑、无缝。相对于前端导购而言，这反而成了不需要担心的环节。

然而，百货行业在接受移动购物之前，还是有一些困惑。

其一，不知道是该开发原生 App 好，还是借助微信或支付宝平台好。由于传统百货行业的 IT 系统与经营思维相对陈旧，初次碰到 O2O 这种模式，其第一反应是开发原生 App，做自己的品牌。但开发原生 App，不仅需要资金、人力与技术上的投入，更重要的是要有用户群与流量，而这些是百货行业的软肋。

微信或支付宝平台首先解决了百货行业的流量问题，其次解决了 IT 系统重建问题。虽然传统百货行业同样要投入资金、人力与技术，但其力度要远低于自己开发一个原生App。

其二，体验式消费更多元化。加大餐饮、休闲等软硬件投入比例。百货商场现在已经不单单是精品店扎堆的概念，休闲娱乐、生活服务、餐饮也占了很大比例。因此对百货商场来说，扩充经营品类、投入软硬件的资源也在加大。这不仅需要资金的支持，也需要人力与资源的支持。对于这一大笔投入，百货经营者也需要多方位评估。

（三）O2O 电子商务

O2O 模式是指将线上互联网与线下实体商务相结合，商家通过免费开网店将商家信息、商品信息等展现给消费者，消费者在线上筛选服务，并进行支付，在线下进行消费验证和消费体验。这样既能极大地满足消费者个性化的需求，也能节省消费者在线支付而没有去消费的费用。商家通过网店将信息传播得更快、更远、更广，可以瞬间聚集强大的消费能力。O2O 电子商务的主要特点是商家和消费者都通过该模式得到了满足。

1. O2O 电子商务的商业价值

企业数量庞大，地域性强，很难在电视、门户网站做广告，而O2O电子商务覆盖面广，完全可以满足这个市场的需要。

对于本地商家来说，通过网店将信息传播得更快、更远、更广，可以瞬间聚集强大的消费能力，也解决了团购商品在线营销不能常态化、实时化的问题。商家可以根据店面运营情况，实时发布最新的团购、打折、免费等优惠活动信息，提高销售量。

对于消费者来说，通过线上筛选服务，在线下比较、体验后有选择地进行消费。O2O电子商务提供丰富、全面、及时的商家团购、折扣、免费信息，消费者能够快捷筛选并体验商品或服务。这不仅满足了消费者个性化的需求，也节省了消费者在线支付而没有去消费的费用，还避免了定制类实体商品与消费者预期不符，一旦质量低于预期，甚至极为低劣，消费者就会处于非常被动的境地。

对服务提供商来说，O2O电子商务模式可带来大规模高黏度的消费者，进而争取到更多的商家资源。

2. O2O 电子商务的商机

O2O电子商务的机会很多，但是商家不一定非得自己直接做一个平台。直接做一个平台，如果能成功固然会暴富，但这对线下拓展能力、资金、资源、技术等的要求非常高，加上要直接面对很多电商巨头的"火拼"，风险自然不小，所以不如换个角度去琢磨比较稳妥的实际可行的途径。

（四）OTT 业务

1. OTT 的含义

OTT是指通过互联网向用户提供各种应用服务。这种应用和目前移动运营商所提供的通信业务不同，它仅利用移动运营商的网络，而服务由移动运营商以外的第三方提供。

2. OTT 存在的问题

OTT业务越来越多地深入日常应用中，但是目前还没有真正意义上的OTT，因为大家都在单打独斗，没有联合，没有统一。机顶盒和IPTV其实是一个道理，都提供基于网络的直播和点播业务，但是仅仅能在电视上显示。而互联网企业的内容大多在服务器上，通过互联网传送，所以可以实现在笔记本电脑、PAD、台式计算机上显示。这些应该都是OTT业务的雏形，未来的OTT业务应该是能够进行视频同步，视频、图片、文字同步，相当于所有的操作都可以在PAD上完成，也可以在台式计算机上完成，还可以在电视上完成，这就像协同工具，每个人都可以进行更改。

OTT业务发展起来各家的利弊也是兼而有之的。互联网公司有很多的视频源都是非合法渠道的，未来一旦被监管，其面临的问题将是致命性的，不但无法将众多的资源用于电视等，如果引进节目源，政策上先不说，成本也是不低的。但是互联网公司也有优势，因为它最靠近用户，用户的所有行为，其都有LOG记录。

企业抓住了用户的计费、认证，也有节目源合法引进的渠道，只是渠道太少，而且面临众多格式的媒体源，需要加大终端能力支撑各种格式的媒体源。由于电信企业不是直接面对用户，用户的很多与业务有关的行为电信企业不知道，其知道的只有网络情况。

3. OTT 业务的应用

应用商店是典型的 OTT 业务的应用，苹果开通 App Store 后，谷歌开通了 Google Play，诺基亚、微软等运营商均开通了自己的应用商店，应用商店得到迅速普及，成为移动互联网最重要的发展趋势。应用商店的最大特点是开放性，一些原来由基础运营商、增值运营商提供的业务开始在应用商店提供，从而对原有的电信行业的商业模式造成了重大影响，也给行业监管带来了挑战和竞争。

转屏功能是 OTT 业务的重要功能之一，如今的转屏技术包括 DLNA、AirPlay、Miracast 和一些私有转屏协议，转屏功能在家庭娱乐、商务办公等领域有着极其广泛的应用前景。DLNA 由索尼、英特尔、微软、谷歌等公司发起成立，旨在解决智能设备的互联互通，使数字媒体文档可以随意地在不同设备间传输、共享。AirPlay 是由苹果公司开发的无线共享协议，通过 AirPlay 技术文档可以方便地在不同的 iOS 设备间无线传输。Miracast 是由 Wi-FiAlliance 发起的无线传输协议，Miracast 用户可以尽情地在大屏电视上浏览智能手机拍下的照片，通过会议室投影仪实时共享笔记本屏幕，或者在平板电脑上收看家庭网络电视机顶盒的直播节目。

许多公司都在进行 OTT 转屏功能的研发，良好的转屏体验不仅需要硬件的支持，同时需要手机端、OTT 和智能电视端应用软件的支持。ShowKey 是转屏器行业的建立者及第一品牌。它像一把开启智能电视功能的神奇钥匙，插到任何一台拥有 HDMI 接口的电视机或投影仪等大屏幕终端上，三步简单直连，把家里的普通高清电视轻松变成高清智能电视；也像一把开启屏幕的万能钥匙，可以把手机上的视频、照片、音乐播放的屏幕通过 Wi-Fi 或者 AP 模式转屏到电视屏幕上。在转屏的同时，手机可正常接听电话、发送短信，娱乐功能也不受影响。使用上也可以通过遥控器或 MINI USB 鼠标遥控，使用户在家看电视时能充分享受"无线控"。ShowKey 同时拥有"丰富内涵"，影视内容、资源网络开放抓取，内容丰富，更新最快，与时下网络或影院咨询基本同步。

OTT 业务同时也是国际互联网运营商对互联网电视机顶盒业务的"昵称"，其本质是利用统一的内容管理与分发平台，通过开放的互联网，向智能机顶盒提供高清的视频、游戏和应用，是全球性的"云电视"技术系统架构。例如，将通过互联网传输的视频节目传输到电视机上，终端可以是电视机、计算机、机顶盒、PAD、智能手机等。

OTT 的典型产品举例：互联网上的各种视频可以被推到电视上显示出来。在这种情况下，用户即可自己通过手机来控制电视屏幕上播放的内容。

（五）位置服务

位置服务（LBS）又称为定位服务，是由移动通信网络和卫星定位系统相结合提供的一种增值业务，指通过一组定位技术获得移动终端的位置信息，提供给移动用户本人或他人以及通信系统，实现各种与位置相关的业务。这实质上是一种概念较为宽泛的与空间位置有关的新型服务业务。

1. 位置服务的定义

（1）提出三大目标

位置服务的三大目标：你在哪里（空间信息）、你和谁在一起（社会信息）、附近有什么资源（信息查询）。

（2）多种技术融合

从技术的角度看，位置服务实际上是多种技术融合的产物。

位置服务的组成部分：移动设备、定位、通信网络、服务与内容提供商。

（3）GPS的概念

关于位置服务的应用已经有几百种，凡是与位置相关的，都可以称为LBS。2001年，AGPS概念被提出，它是指将GPS与移动通信在芯片级进行结合。

第一款支持AGPS的手机叫作Benefon Esc，它是在2002年初上市的。该手机支持双GSM，同时带一个GPS接收器，可以实现高精度定位、个人导航、移动地图、找朋友等功能，并可以通过无线方式下载地图。另外，Benefon Esc同时提供一个专业版的AGPS终端：Benefon Track，主要为专业人员提供导航定位和通信服务，并且在该终端上首次设置了一个急救按钮，只要按这个按钮，就可以将持有者的位置信息通过短信发送到一个预先设定的电话号码上，且可以自动呼叫该号码，这也成了以后位置服务产品的一个基本功能。

2. 位置服务的应用情况

位置服务可以被应用于不同的领域，如健康、工作、个人生活等。位置服务可以用来辨认一个人或一件物的位置，例如，发现最近的取款机或朋友、同事当前的位置，也能通过用户所在的位置提供直接的手机广告，包括提供个性化的天气信息，甚至提供本地化的游戏。

基于个人消费者需求的智能化，位置服务将伴随着GPS和无线通信技术的发展，需求呈大幅增长趋势。位置服务不但可以提升企业的运营与服务水平，也能为车载GPS用户提供更多样化的便捷服务。GPS用户从地址点导航到兴趣点服务，再到实时路况技术的应用，不仅可引导用户找到附近的产品或服务，还可获得更大的便捷性和更高的安全性。

已有企业将位置服务应用到车载GPS产品上。通过对GPS市场的了解，车载导航在深化GPS位置服务应用的过程中，已将"互动"的理念融入其中，"照片导航""主题地图"等独有功能模块的增加和延展，不但让用户可以享受全新的个性化导航服务，而且可以通过导航仪查询到全国各地的著名景点、酒店、饭店、加油站等，一键导航。同时，用户还可以基于网络进行数据下载、上传，与其他用户实现互动交流，而这将成为未来的发展方向之一。定位系统也可以为个人用户或集团用户提供特殊信息报警服务。

3. 位置云的概念

位置云是一种基于3S技术、IT技术、网络与通信技术的综合性位置服务体系，包含基础设施、服务与开发平台、产品解决方案等部分，吸纳了所有与位置相关的资讯，能够为社会各领域提供基于位置的多需求解决方案。

该技术体系由我国北斗系统应用开发的主要参与者和卫星导航业领军企业——北京合众思壮科技股份有限公司推出。目前，该公司已成立北京、上海、西安三大研发中心，搭建了覆盖全国的民用、专业两大位置服务体系，并与IBM建立了数据处理云计算合作。此外，还建成了1000座呼叫中心，与国内三大移动运营商、四维等地图内容提供商、互联网内容服务商建立了合作关系。

位置云如同空气一般，它将基于卫星导航定位技术的多层平台整合到一个开放的、共享的中心，架构起"中国位置"服务网络，用户可通过手中的终端产品提交不同的服务需求，服务中心随时处理并进行反馈，以满足不同用户的需求。"中国位置"的服务可以无限扩展，并且可以随时获取，如同空气一般，存在于每一个人身边。

"中国位置"门户网站的愿景：提供更美好的位置解决方案。对于政府用户来说，"中国位置"可以提供在交通、医疗、教育、公共安全与城市管理方面的服务。对于企业用户来说，"中国位置"可以提供基于位置的资源管理、辅助企业决策的商业服务。对于个人用户来说，"中国位置"可以提供旅游、驾驶，老人、儿童与特殊人群的看护，以及智慧的居住、餐饮、购物、娱乐等生活服务。每一类用户，都可以从"中国位置"服务中找到符合自身需要的解决方案。

4. 移动位置服务

在移动互联网大发展的趋势下，各类应用蓬勃发展，特别是嵌入了位置服务功能的应用，更实现了爆发式增长，微信、微博、移动阅读、移动游戏等的应用，为人们的生活提供了极大的便利。移动位置服务成为移动互联网应用的重要突破口。

从移动位置服务的整体来看，移动位置服务的内容主要包括三大类应用。

第一类是位置交友，微博、微信都属于这类应用。近年来，通过位置与人聊天互动的位置交友类应用非常热门，一旦植入位置信息，社交网站就活了，它可以将虚拟的网络关系转换为线下的真实关系，这也为商家提供了商机。

第二类是工具类应用，如地图、导航，以及生活服务之类的各种应用。围绕这些应用，生活的各个方面互联起来，人们的生活更加方便、更加快捷。

第三类是传统的位置服务，如车辆管理、位置信息查询等。

移动位置服务应用开发需要产业合作，需要整个产业不断整合，需要整个基于位置服务的生态链的众多合作伙伴的努力来实现。在开放的环境下，大家共享数据成果，在良好的体制下实现共赢。

中国移动提供的位置服务平台，可以方便地将车源、货源智能匹配，短信通信平台、车辆与货物跟踪平台、网络支付平台集于一体，为用户提供最为快捷、准确、合理的"寻车配货"服务。满意、放心的运输安全保障，规范化、透明化的运费结算与支付系统，不但大大减少了物流行业的中间环节，而且降低了交易成本，提高了物流企业与货主之间的信任度，实现了从供应者到消费者供应链的综合运作，使物流达到最优化，为用户提供超过本身期望的增值服务。

二、移动电子商务产业链

（一）移动电子商务产业链迎来新机遇

智能手机和移动互联网的发展，正在推动着我国移动电子商务市场迅速成长，而市场的成长，也给移动电子商务产业链带来了新的机遇。

移动电子商务产业链由多个环节构成，其中有三个不可缺少的环节：一是移动电子商务厂商，这当中包括老牌计算机电子商务厂商、转型的 IT 厂商，以及一些刚刚起步的"新秀"；二是移动运营商，包括中国移动、中国电信和中国联通；三是以银联为代表的金融机构。移动电子商务的发展，正在给这三大产业链环节注入新的活力。

移动互联网的发展正在超出人们的预期，我国移动互联网用户保持较高增速，已经超过互联网用户。这些数据表明，移动互联网不但将成为下一个互联网，而且将超越互联网。

移动电子商务的发展，也给我国的移动运营商带来了新的机遇。对于正在转型的我国移动运营商而言，移动电子商务为新的利润增长点的出现提供了可能。凭借在移动通信上的传统优势，以及庞大的用户资源，移动运营商在移动电子商务，尤其是在移动支付市场将大有可为。

此外，移动电子商务市场的发展还将给其他产业链环节带来机会。比如，移动电子商务的发展离不开平台软件的开发，因此，平台软件开发企业也将获得更大的发展空间；而智能手机作为移动电子商务的重要载体，与其相关的终端服务业也将得到发展。总而言之，移动电子商务作为一个新兴的市场，其庞大的市场容量，必将带动产业链的整体发展，给企业以及全社会注入新的活力。

（二）移动电子商务提供的主要服务

1. 银行业务

移动电子商务使用户能随时随地在网上安全地进行个人财务管理，进一步完善了互联网银行体系。用户可以使用移动终端核查账户、支付账单、进行转账和接收付款通知等。

2. 交易

移动电子商务具有即时性，因此非常适合于股票等交易应用。移动设备可用于接收实时财务新闻和信息，也可确认订单并安全地在线管理股票交易。

3. 订票

通过互联网预订机票、车票或入场券已经成为移动电子商务提供的一项主要服务，其规模还在继续扩大。互联网有助于票证的核查，并进行购票和确认。移动电子商务使用户能在票价优惠或航班取消时立即得到通知，也便于用户支付票款或在旅途中临时更改航班或车次。借助移动设备，用户可以浏览电影剪辑、阅读评论、订购邻近电影院的电影票。

4. 购物

借助移动电子商务，用户能够进行网上购物。即兴购物将是一大增长点，如订购鲜花、礼物、食品或快餐等。随着智能手机的普及，用户可通过移动设备进行购物，让购物更随意、更方便。

5. 娱乐

移动电子商务将带来一系列娱乐服务。用户不仅可以在移动设备上收听音乐，订购、下载特定的曲目，还可以在网上与朋友玩交互式游戏。

6. 无线医疗

医疗产业的显著特点是每一秒钟对患者都非常关键，这一行业十分适合于移动电子商务的开展。在紧急情况下，救护车可以作为进行治疗的场所，而借助无线通信技术，医护人员可以在移动的情况下同医疗中心和患者家属进行快速、动态、实时的数据交换。在无线医疗的商业模式下，患者、医生、保险公司都可以获益，也会愿意为这项服务付费。这项服务是在时间紧迫的情形下，向专业医护人员提供关键的医疗信息。

7. 移动应用服务提供商

MASP 指移动应用服务提供商，一些行业需要经常派遣工程师或工人到现场作业。在这些行业中，MASP 将会有巨大的应用空间。MASP 结合定位服务技术、短信服务、WAP 技术和呼叫中心技术，为用户提供及时的服务，从而提高用户的工作效率。

（三）我国移动电子商务产业链分析

1. 移动运营商处于核心地位

在传统电子商务中，由于底层的提供通信技术和设备的利益相关者是在互联网发展相对成熟的背景下提供基础网络，标准的技术使得基础服务提供商的锁定效应失效，从而淡化了基础提供商参与产业链分成的能力。在整个产业链上，几大利益主体的不可分割性决定了它们必须走合作的道路。但是发展初期的情况还是移动运营商处于核心地位，尽管中国通信产业的重组，缓解了移动运营商一枝独大的现状，加大了内部竞争，出现了三足鼎立的局面，但是应看到，距离整个产业链平衡发展与成熟还有相当长的一段路要走。

2. 基础服务提供商地位微弱

基础服务提供商在产业链的地位很微弱，因为技术的成熟和各种通信标准的统一，基础服务更多的是在传统电子商务产业链中作为环境因素来考虑的。基础服务提供商在移动电子商务中的参与度很低，真正参与到产业增值链中的是支付、物流、认证机构。在移动电子商务产业链结构中，各主体的地位存在显著差异，出现这种差异主要是由以下两个方面造成的。

（1）互联网的成熟

在固网时代，各种通信技术都比较成熟，所有的设备基本上用的是统一的接口，在整个国际范围内，使用的是统一的标准。也就是说，在移动电子商务到来之前，互联网通信技术已经相当成熟。因此在考虑移动电子商务的应用时，更多的是考虑如何运行商业模式，把与技术相关的因素排除在外。在对传统电子商务参与者的介绍中，应用服务提供商、方案解决提供商、设备提供商全部归纳为中介机构。统一的技术、标准，成熟的基础设施给这些中介机构参与移动电子商务设置了壁垒。因为对于应用移动电子商务的企业来说，它们只需购买这些遵循标准的硬件，对提供接入服务的移动运营商支付费用，自己决定采用什么模式，并不考虑与这些集团合作。换句话说，它们考虑的是如何应用移动电子商务进行安全认证和市场营销等移动电子商务发展成熟阶段的问题。

（2）移动语音、短信服务

无论移动网络发展到什么程度，移动语音、短信服务始终是手机应用的最为重要的方面，这也就保证了移动运营商在产业链上的地位，使其不会出现固网时代的尴尬。所以从用户角度来看，移动运营商在绑定用户方面有自己的优势。这种特殊性还会带来的结果是，移动运营商不仅提供接入服务，还提供向内容服务靠近的综合性服务。出现这种可能性的原因在于，对用户来说，通话费用是不可避免的，如果享受一定的内容服务能带来话费的实惠，用户没有理由拒绝自身利益的最大化，这实际上也是一种锁定效应。

总之，整个移动电子商务产业链还是处于移动运营商一枝独大的不平衡状态。由于存在技术合作、利润来源控制等方面的问题，服务提供商绕不过运营商，而在移动电子商务中设备制造商也不能直接面对最终用户，从而导致目前运营商处于直接面对最终用户的状况。运营商控制了利润的来源和技术合作的话语权，通过分成与产业链上其他主体共享移动电子商务带来的收益，而其他主体始终处于从属地位。

第七章　"互联网＋"时代的跨境电子商务

第一节　跨境电子商务基础

一、初识跨境电商

（一）了解跨境电商的特征和发展

1. 跨境电商概念及相关知识

（1）跨境电商的概念

跨境电子商务，简称跨境电商，是指分属不同关境的交易主体，通过电子商务平台达成交易、进行支付结算，并通过跨境物流送达商品、完成交易的一种国际商业活动。

（2）跨境电商的模式

①进口与出口

跨境电商分为进口跨境电商和出口跨境电商。

进口跨境电商：是海外卖家将商品直销给国内的买家。一是国内消费者访问境外商家的购物网站选择商品，然后下单，由境外卖家通过国际物流发货给国内买家。

出口跨境电商：是国内卖家将商品直销给境外的买家。一般是国外买家访问国内商家的网店，然后下单购买，并完成支付，由国内的商家通过国际物流发货给国外买家。

②按交易主体类型的不同分类

根据跨境电商交易主体的类型不同，跨境电商分为 B2B、B2C 和 C2C。

2. 跨境电商的特征

跨境电商的 6 个特征。

（1）全球性

全球各个国家的个体通过互联网实现跨地域销售、购买。

（2）无形性

数字化传输是无形的。

（3）匿名性

不显示自己的真实身份和自己的地理位置。

（4）即时性

信息发送和信息接收几乎同时。

（5）无纸性

商务中实现了无纸化操作。

（6）快速演进具有很大的不确定性

3. 我国跨境电商的发展历程

我国跨境电商经历了起步期、成长期、发展期、成熟期 4 个阶段。

（1）起步期（1999—2003 年）

1999 年随着阿里巴巴的成立，我国首次实现用互联网连接中国供应商与海外买家后，互联网化的中国对外贸易就此出现。在此之后，一共经历了 4 个阶段，实现了从信息服务，到在线交易、全产业链服务的跨境电商产业转型。

（2）成长期（2004—2012 年）

2004 年，跨境电商进入了快速成长期。这个时期线上交易、支付、物流等流程的电子化逐步实现。B2B 平台模式成为这一阶段的主流模式。

（3）发展期（2013—2017 年）

2013 年成为跨境电商重要转型年，跨境电商全产业链都出现了商业模式的变化。随着跨境电商的转型，跨境电商进入了发展期，大型平台不断涌现，B2C 平台占比提升，移动端发展迅猛。

（4）成熟期（2018 年至今）

2018 年至今，跨境电商进入了成熟期，大型跨境电商企业开始整合供应链，同时跨境电商供应链各环节趋向融合。精细化运营成为主流，新零售、直播营销等创新模式持续渗透。

（二）分析跨境电商与传统外贸及国内电商的区别

1. 跨境电商与传统外贸的不同

传统外贸多通过海运和空运运输商品，运输方式因素对交易主体影响不明显，交易环节复杂；跨境电商借助第三方物流企业，中间环节少，一般以航空小包的形式完成，物流因素对交易主体影响明显，呈现出良好的发展势头。

跨境电商与传统外贸的不同，见表7-1。

表 7-1 跨境电商与传统外贸的不同

区别	跨境电商	传统外贸
运作模式	借助互联网电商平台	基于商务合同的运作模式
订单类型	小批量、多批次、订单分散	大批量、少批次、订单集中
交易环节	简单	复杂
运输方式	借助第三方物流企业，一般以航空小包的形式完成，物流因素对交易主体影响明显	多通过海运和空运，运输方式因素对交易主体影响不明显
通关和结汇	通关缓慢或有一定限制，易受政策变动影响，无法享受退税和结汇政策	海关监管规范，可以享受正常的通关、结汇和退税政策
争议处理	争议处理不畅，效率低	健全的争议处理机制

2. 跨境电商与国内电商的区别

跨境电商与国内电商的区别，见表7-2。

表 7-2 跨境电商与国内电商的区别

区别	跨境电商	国内电商
交易环境不同	不同国家或地区	在国内进行交易
交易人群语言不同	以英语为主	中文
交易货币不同	以美元为主	人民币
物流方式及费用不同	采用海运、快递、小包类物流，成本高	多采用快递，成本低廉

跨境电商相比于国内电商，还是有很大区别的，除了上面提到的，各国法律法规也有不同，所以在做跨境电商前，了解这些信息是很有必要的。

（三）知晓跨境电商的前景

1. 国内跨境电商市场现状

2020年我国GDP首次突破100万亿元大关，我国跨境电商市场交易总额逐年平稳增长；2020年我国跨境电商以出口占主导，出口的占比接近七成，其中，跨境出口B2C电商在北美市场的成交额达4573亿元，同比增速超过35%。

2. 跨境电商面临的挑战

（1）资金安全

跨境电商资金往来，一般需要借助第三方机构，这就大大增加了信息泄露的风险，一些违法交易很难甄别、禁止，给了违法分子可乘之机。

（2）信息安全

跨境电商凭借互联网来进行交易，买家和卖家的身份信息通过网络登记，双方没有直接接触，双方的真实身份没有直接而有力的证据来判断。

（3）跨境物流

跨境电商业务经营的商品，一般要跨越至少两个国家或地区，要协调相关企业，跨境物流的对接成了一个大问题。

（4）人才短缺

跨境电商发展急需大量专业跨境人才，怎样培养人才、留住人才成了制约跨境电商发展的重要因素。

3. 跨境电商的发展趋势

跨境电商的发展趋势，见表7-3。

表7-3　跨境电商的发展趋势

发展趋势	具体内容
宏观环境利好	随着物流配送便捷度和速度提升、信息获取和交流更加方便、人们消费观念转变和各项利好政策的出台，目前中国整体宏观环境均在推动着跨境电商行业正向发展
竞争激烈	跨境电商良好的发展前景一直是企业关注的重点，未来进入市场的优秀玩家仍将继续争夺，头部平台的整合带来的竞争优势为其他企业带来巨大竞争压力，也使各平台开始加速在该领域的布局，行业竞争的激烈程度仍将进一步提升

二、认识主流跨境电商平台

（一）认识亚马逊平台

亚马逊公司成立于1995年7月，总部位于美国西雅图，是美国最大的一家网络电子商务公司，一开始只经营书籍销售业务，目前已成为全球商品种类最多的网上零售商。

目前，亚马逊平台主要有以下基础规则，见表7-4。

表 7-4　亚马逊基础规则

亚马逊基础规则	内容
Listing 页面规则	亚马逊是一个重产品、轻店铺的平台，产品的展示非常重要，Listing 展现页面要尽可能完善，给客户呈现的商品信息要完整，这样客户下单的概率会上升很多
账号管理规则	注册难度比较大，需要准备：营业执照、法人身份证、双币信用卡等资料，并且亚马逊平台注册有一定的失败概率，一旦注册失败，这一整套资料都不能再次用来注册
知识产权保护制度	亚马逊平台对品牌侵权的保护工作比较完善，品牌商品提交给品牌审核，如果出现被侵权现象，系统会很快地处理，以保证卖家的权益
收款支付制度	注重卖家的资金安全，提升资金的运转周期，亚马逊平台大概在 14 个自然日做一次资金流转，极大地保护了卖家资金的安全
物流服务制度	亚马逊在全世界有着超过 120 个的运营中心，卖家可以提前将商品存放在亚马逊的仓库中，当客户下单的时候亚马逊仓库会自动发货，这就是我们说的 FBA 模式

（二）认识全球速卖通平台

全球速卖通是阿里系的平台之一，整个页面布局与淘宝类似，国内卖家较易上手，因此成为国内电商卖家转型的首选。

1. 全球速卖通适销产品

适宜在全球速卖通销售的商品主要包括服装服饰、美容健康、珠宝手表、灯具、消费电子、电脑网络、手机通信、家居、汽车摩托车配件、首饰、工艺品、体育与户外用品等。

2. 平台规则

全球速卖通的基础规则，见表 7-5。

表 7-5　全球速卖通基础规则

全球速卖通基础规则	内容
平台交易规则	平台交易规则是全球速卖通极为看重的一个部分，全球速卖通严格禁止卖家获得任何违反规定的利润，这意味着它不允许侵犯其他卖家的财产权和合法权利
知识产权保护规则	知识产权规则保护的是所有卖家知识产权，限制卖家销售任何未经授权的产品，因此全球速卖通将惩罚侵犯了任何第三方知识产权的卖家
虚假销售和商店信用规则	全球速卖通严格禁止销售人员通过不正当的操作增加商店的信用和销售
没有具体的联系方式	根据全球速卖通的条款和规则，不能在描述或图片上留下任何联系方式，卖家也不能在全球速卖通的网页上留下包括网址在内的任何链接。卖家可以在信息中心或阿里旺旺留下联系方式，以便与买家沟通

（三）认识 Wish 平台

Wish 作为一个主要针对年轻群体设计的 App 移动端购物平台，买家在 Wish 端浏览和购物，平台会推送给消费者之前购买过、浏览过的相关商品，这种智能推荐是互联网人工智能的应用。

1. Wish 平台主要销售类目

Wish 是全品类的平台，目前，平台上大部分都是中国卖家，热销类目有：时尚服饰、家居产品、配饰、美妆个护、鞋包、手表、3C 电子产品、户外运动、母婴和汽配等。整体上以轻、小件的商品居多一些，大部分以国内直发为主。

2. Wish 平台基础规则

Wish 平台基础规则，见表 7-6。

表 7-6 Wish 平台基础规则

Wish 基础规则	内容
注册	Wish 注册时需要提供真实无误的信息，虚假信息会导致账户冻结； 每个企业只允许注册一个 Wish 账户，关联账户会面临封店的风险
产品	不能在 Wish 上销售的商品有： 销售者无版权或未被授权的产品； 服务类项目：任何不能生产新的、有形的、实际物品的服务项目； 虚拟商品及数码产品：无形产品或虚拟电子产品； 实体或电子的礼品卡、仿品、酒精、烟草及包括电子烟在内的可抽吸产品、打火机、危险化学品、带有毒成分的产品等
产品促销	Wish 产品促销是不定时的，有可能会随时地促销某款黄钻产品； Wish 会对商品的库存、定价进行核查，如果不准确就可能有违规行为； Wish 规定卖家不能在进行促销前对商品价格、运费进行提价
推送	商品的标题、图片、标签以及价格都严谨审核； 标题描述一定要简洁，商品图片需要清晰、美观
客户服务	需要卖家严格把控产品质量，避免交货延迟等情况的发生； 做好售后服务工作，定时与买家进行沟通，以增加客户的回购率

第二节 跨境电商运营基础

一、跨境电商物流与配送

（一）跨境电商物流与配送概述

1. 物流与配送在跨境电商业务中的地位

物流与配送是在贸易活动中被交易的实物标的从生产企业或者商家仓储位置转移到买家手中的过程及其有关活动的总称。物流一般是指物品的搬运和运输集成过程，可能还包括与此相联系的包装、装卸、储存、保管，而配送更加强调物品送达买家手中的过程。

电商的发展带动了物流的变革和发展，物流的发展又支撑了电商的发展。在跨境电商领域也是如此。跨境电商的发展必将带来跨境电商物流的变革和发展，跨境电商物流的发展将成为支撑跨境电商发展的关键因素。

（1）跨境电商物流与配送是跨境电商的组成部分

贸易活动通常由信息流、物流、资金流三部分构成。首先，跨境电商网站是跨境电商信息流的表现形式。在跨境电商的发展过程中，跨境电商的信息流实现了由传统的线下展会形式对接向线上网站形式对接的转变，又进一步发展形成了 B2B 网站形式的对接和 B2C 网站形式的对接等不同模式。其次，商务资金支付形式反映了资金流的形态，当前贸易的资金流也由传统的银行支付发展到了电子银行支付，随着跨境电商的发展，又进一步发展形成了当前的网上在线支付等资金流形式。最后，物流在跨境电商业务中承载着货物转移和交付的功能，是跨境电商不可或缺的组成部分，离开了物流，跨境电商交易将无法实现。由此可见，跨境物流是跨境贸易信息流、物流、资金流三部分中不可缺少的一部分。

（2）跨境电商物流与配送是跨境电商的核心环节之一

在贸易活动中，信息流促成了交易双方信息的对接，从而使双方达成交易意向；物流和资金流则使这种交易意向得以执行和实现，分别反映了交易标的的流动和交易资金的流动。因此，物流自然成为贸易活动的核心环节，跨境电商物流自然也是跨境电商的核心环节。在跨境电商业务中，交易双方分别处于不同国家，交易商品趋向具有个性化、定制化特征，如何实现将交易商品安全、高效地从商家仓储位置交付至买家手中，是跨境电商买家重点关注的问题，也是当前跨境电商商家致力解决的核心问题之一。安全、高效的跨境电商物流将大大改善跨境电商买家的消费体验，也是诸多跨境电商企业所追求的目标。

（3）跨境电商物流与配送亟待进一步发展和提升

在当前阶段，跨境电商物流是阻碍跨境电商发展的一个主要瓶颈，这一点在零售模式的跨境电商业务中尤为突出。首先，跨境电商物流成本普遍偏高。其次，跨境电商物流的运输时间普遍偏长。最后，物流过程的可追溯性有待提升。

2. 跨境电商物流与配送的特征

跨境电商物流是为跨境电商服务的，是跨境电商的一部分。跨境电商物流自然具有了与跨境电商相对应的某些特征，具体来讲，包括以下几个方面。

（1）国际性

跨境电商是国际贸易和互联网技术融合发展的结果，是国际贸易的表现形式之一，跨境电商物流自然也就是国际物流的一种表现形式。

跨境电商物流的国际性表现在两个方面。首先，每一笔跨境电商物流流程均需要经过两次通关，即一次出口通关和一次进口通关。由于各国（或地区）不同通关政策要求不同的通关手续，所以办理手续成为跨境电商物流企业的核心业务环节之一。其次，跨境电商物流的运营通常是由不同的业务主体在不同的国境之内开展业务的，即便是这些不同的业务主体属于同一家跨国公司，也有可能会因为处于不同国家而产生业务流程操作规范的差异。

（2）分散化

虽然跨境电商包括了批发模式（B2B）和零售模式（B2C/C2C）两种主要的交易模式，但是不可否认，零售模式才是当前跨境电商发展的热点，而且也是未来跨境电商发展的重点，所以一般的跨境电商概念指向零售模式。

零售模式下的跨境电商使得跨境电商订单呈现扁平化、碎片化的特征，即来自不同地区、不同国家的买家直接向跨境电商商家下订单，越过了传统的批发渠道，而且订单也更具有不同的个性特征。扁平化、碎片化的订单使跨境电商物流呈现分散化的特征。由于订单量小而且需要运输至不同的买家手中，跨境电商物流中大部分是用快递形式实现的，这与传统国际贸易的集装箱运输模式产生了明显差异。

跨境电商领域目前已经提出了海外仓的概念。在使用海外仓的跨境电商物流业务中，虽然前程运输可能会采用传统的大批量运输方式，但是后程运输通常也要采用快递形式来完成。

（3）信息化

跨境电商本身就是信息技术革命产生的结果，跨境电商物流自然充斥着信息化的特征。在跨境电商物流的仓储环节，订单分拣会消耗大量人力，先进的跨境电商仓库正在实现自动化分拣；在出运环节，运单信息的填制较为烦琐，ERP软件已经较好地解决了这个问题，使网络订单地址与快递运单可实现自动匹配；在运输环节，客户希望随时能够看到自己购买的商品的运输进程，所以跨境电商物流供应商正在为实现运输过程的可追溯化而努力。

3. 跨境电商物流与配送的发展现状

随着跨境电商的迅速发展，跨境电商物流的发展也日新月异。当前跨境电商物流的发展可以总结为以下几点。

（1）新的跨境电商物流模式不断涌现

跨境电商是随着世界经济全球化、扁平化、信息化而产生的新的贸易形态。昂贵的快递费用和漫长的运输时间一直是阻碍跨境电商业务以更高速度发展的"瓶颈"，这也促使跨境电商企业和跨境电商物流企业更加积极地探索更经济、更高效、更透明的新型跨境电商物流方案和模式。

海外仓是目前跨境电商出口领域普遍比较认可的一种模式。所谓海外仓，即由跨境电商企业或者跨境电商物流企业在海外建设转运仓库，利用大数据分析市场需求从而做出需求预测，将跨境电商物流的前程运输转为运输时效差但成本低廉的海运模式，而后程运输则转为消费者所在国家的国内快递模式，从而降低成本、提高时效。

在跨境电商进口领域，则形成了保税和集运两种新型模式。保税模式与出口的海外仓模式类似，即跨境电商进口业务经营者在国内的保税区建设仓库，依据大数据预测消费者需求，安排先将交易货物用海运运至保税区仓库存储，待消费者下单后再以国内快递形式发出。集运模式则是在消费者下单后由物流供应商在海外的仓库集中起来，然后通过海运运至国内，在国内再转为普通快递运输。

（2）更加经济、高效、透明的跨境电商物流体系正在形成

为了进一步降低跨境电商物流成本、提高跨境电商物流时效、增强跨境电商物流的透明度，目前部分跨境电商企业正在配建自己的物流仓储系统，专业跨境电商物流企业也在完善自己的转运体系，专业的海外仓公司也纷纷涌现，专门的跨境电商交易平台也纷纷建设自己的物流仓库。在新系统和新体系的建设过程中可以预见，未来一个更加经济、高效、透明的跨境电商物流体系将会形成。

4. 跨境电商物流与配送未来的发展方向

跨境电商诞生于世界经济全球化、扁平化、信息化加速发展的进程中，国际化、分散化、信息化的跨境电商物流既体现了跨境电商交易的需求，也是未来跨境电商物流持续与健康发展需要关注的问题。在促进跨境电商物流顺应时代潮流发展的过程中，可以预见，跨境电商物流将会呈现以下发展趋势。

（1）跨境电商物流便利化将持续推进

为了促进跨境电商的持续发展，各主要贸易国将采取措施对跨境电商物流通关提供多方位的支持，促进跨境电商通关便利化。

（2）跨境电商物流的标准化将会逐步形成

随着跨境电商的发展，跨境物流供应商将通过优化仓储布局来提升跨境电商物流的时效性、降低跨境电商物流成本，在各国的共同努力下和跨境物流逐步规范化的过程中，跨境电商物流的服务标准将会逐步形成，这不仅将大大提升物流的速度、降低物流成本，还有利于跨境电商从业者根据自己的产品特征选择不同的物流服务模式。

（3）跨境电商物流网络将会触及全球的每一个角落

跨境电商是将不同国家或地区的市场运用互联网手段实现相互连接，跨境电商物流则是通过整合不同国家或地区的物流供应商实现货物在全球范围内递送。随着跨境电商的高速发展，将会有越来越多的物流供应商涉足跨境电商物流业务，形成兼顾时效和成本的跨境电商全球物流网络，并将触及全球的每一个角落。

（二）跨境电商物流与配送模式

当前跨境电商模式主要是根据物流流动的方向来划分的，因此跨境电商物流模式可以分为出口跨境电商物流模式和进口跨境电商物流模式两大类。出口跨境电商物流模式又可以分为邮政与快递物流模式、海外仓物流模式两种主要形式；进口跨境电商物流模式又可以分为一般进口物流模式、集运进口物流模式和保税进口物流模式三个主要形式。

1. 出口跨境电商物流模式

在跨境电商出口业务中，有些卖家是通过邮政、快递等物流渠道直接将商品寄送给买家，这种模式可以称作邮政与快递物流模式；有些卖家是先将货物以 B2B 模式通过海运或者空运运送至海外仓库，然后等买家下单后直接将货物从海外仓库发送至买家手中，这种模式叫作海外仓物流模式。

（1）邮政与快递物流模式

当前中小企业开展的跨境电商 B2C 出口业务中，绝大多数都是通过亚马逊、全球速卖通等跨境电商平台或者自建平台向境外的消费者开展销售活动。消费者下订单之后，卖家则是通过邮政或者快递等物流方式将商品寄送给境外的消费者。

（2）海外仓物流模式

所谓海外仓物流模式，即在跨境电商买家所在国内建设存储仓库，利用跨境电商销售平台的大数据，分析未来一段时间可能的销售量，然后用传统国际贸易所用的海运或空运物流形式将所售货物运至存储仓库，待客户下单后直接将所售货物从本国存储仓库寄送至买家手中的模式。一方面这种模式大大减少了从买家下单到货物递送至买家手中的时间，提升了客户体验；另一方面还利用传统国际贸易的海运或空运物流通道，大大降低了跨境电商物流的成本和费用。

当前的海外仓物流模式，包括跨境电商平台自建的海外仓、专业物流公司建设的海外仓、跨境电商卖家探索建立的海外仓三种类型。跨境电商平台自建的海外仓中，最著名的当数亚马逊的 FBA 仓，另外，ebay 和全球速卖通也有自己的或合作的海外仓。专业物流公司的海外仓通常会与跨境电商平台合作，为平台商家提供物流仓储服务。部分跨境电商卖家也尝试自行在目的国市场建立海外仓。这些企业在目的国市场租赁或者购买一个仓库甚至只是一栋房屋，然后注册一个公司，将货物由国内发往这家境外公司，接到客户订单后，从上述仓库或者房屋分拣、包装、快递货物给客户。

建设海外仓的专业物流公司的国内操作中心多数集中在深圳，这些公司借助深圳和香港的便捷物流通道，将货物以较快的速度运至海外仓库。

2. 进口跨境电商物流模式

进口跨境电商物流模式通常分为三种：一是一般进口物流模式，即最传统的邮运、快递，甚至随身携带进口等模式，也称为海淘、代购模式；二是专业物流公司组织的集运进口物流模式，即买家在进口跨境电商网站下订单后，由专业物流公司将货物在海外集运，然后再以国际贸易所用的海运或者空运物流形式进口至境内；三是保税进口物流模式，即进口跨境电商先将货物以国际贸易所用的海运或者空运方式运至国内的保税区仓库，然后按照买家订单从保税区向买家寄送发货。

（1）一般进口物流模式

一般进口物流模式即传统的邮运、快递物流进口模式，与邮运、快递出口模式是对应的。在跨境电商受到普遍重视之前，多数跨境电商领域售卖的商品都是通过此种途径进境的，然后再由国内快递递送至消费者手中。

（2）集运进口物流模式

由于传统的邮运和快递等物流方式成本较高，为了降低物流成本，专业物流公司在海外货源地建立仓库，将分散采购的跨境电商商品集中采用集装箱运输至国内，这种模式叫作集运进口物流模式，又被称作海淘转运模式。

（3）保税进口物流模式

集运进口物流模式虽然降低了运输成本，但是运输时间依然较长。转运通常需要10 ~ 15天，较长的运输时间大大降低了客户的购物体验。因此，部分跨境电商进口商将商品预先运至保税区仓库，待到客户下单后再从保税区发货，这样就与国内运输时间一致，大大提高了客户的购物体验，这种模式就是保税进口物流模式。

二、跨境电商支付

（一）跨境电商支付与传统国际贸易支付的区别

传统国际贸易的支付方式主要有三种：汇付、托收和信用证。这三种支付方式均需通过银行操作，适合金额比较大的交易。跨境电商是通过网络平台进行交易的一种新型国际贸易业态，根据交易对象的不同，可以分为B2B和B2C两种。其中，B2B是企业对企业之间的跨境批发业务，金额大小介于大宗贸易和网络零售之间，可以选择传统的国际贸易支付方式，也可以选择网银、信用卡及第三方支付工具。B2C是企业对个人消费者的跨境网络零售业务，具有单笔金额小、下单频次高、对支付的便捷性要求高的特点，因此不适合传统的国际贸易支付方式；同时，银行支付程序较复杂，时效性较差，也不愿意为零散的跨境B2C交易提供支付服务。在这种跨境支付需求与供给不匹配的情况下，新型的跨境电商支付手段应运而生。

跨境电商支付是与跨境电商交易平台紧密联系的，消费者可以在购物时通过平台链接的网银、信用卡、第三方支付工具直接进行支付。跨境电商支付可以满足货物贸易及服务贸易的支付需求，前者如跨境网络零售业务，后者如境外住宿、餐饮、留学缴费等服务。

与传统的跨境支付方式相比较，跨境电商支付具有以下几个特点。

1. 小额化、多频化

随着跨境网络零售的高速发展，国际贸易走向微型化，随时随地可能产生订单，但是订单金额很小。在跨境电子商务尤其是跨境网络零售的背景下，再让买方通过银行托收或是向开证行申请开立信用证就显得不太合适了，不但速度很慢，而且成本很高。汇付对跨境小额 B2B 继续适用，但是对于跨境 B2C 来说，消费者更喜欢使用国际信用卡、第三方支付等足不出户就可以付款的网络支付工具，所以跨境电商支付的一大特点是支付金额较小、支付频次较高。

2. 支付方式信息化、电子化

跨境电商的支付方式与传统贸易的支付方式和国内电子商务的支付方式都有相关性，然而与后者的相关性似乎更大一些。跨境电商的支付方式与国内电商一样，都要借助网络支付手段，国内电商常用的网银、信用卡、支付宝在跨境电商支付中都可以找到网络支付的身影。跨境电商的支付方式与国内电商相比，实际上就多了一个外汇的问题，需要一些中间机构完成两种货币的转换；另外，还需要解决外汇管制问题，因为国家通常对外汇兑换数额有限制。从总体上看，跨境电商支付区别于传统国际贸易支付的另一特点是支付方式的信息化与电子化。

3. 担保方由银行向第三方支付机构转变

与传统国际贸易一样，跨境电商也涉及买卖双方的信任问题，即先发货还是先交钱的问题。在传统国际贸易中，银行通过信用证方式起到了支付担保的作用，而在跨境电商中，第三方支付公司承担了类似的支付担保作用。以 PayPal 为例，买方下单后使用 PayPal 进行付款，PayPal 会即时把货款打入卖方账户。但是如果买方在 45 天之内对商品不满意，向 PayPal 提出争议，PayPal 会做退款处理，严重时会冻结卖方的账户。第三方支付机构的出现，较好地解决了跨境电商买卖双方的支付信任问题。

（二）跨境电商支付的种类与主要流程

1. 跨境电商支付的种类

若按跨境支付机构所属的地域及承担的业务不同，目前我国跨境支付市场可以分为三大类：第一类，主要是涉足跨境网购（进口电商）、出口电商市场的境内第三方支付机构，如支付宝；第二类，即凭借强大的银行网络，不仅支持跨境网购（进口电商）、出口电商，还覆盖了境外 ATM 取款和刷卡消费等国际卡业务市场的境内传统金融机构，如银联；第三类，以 PayPal 为代表的提供全球在线收付款业务的成熟境外支付企业。跨境电商也正是通过这三类企业的支付业务完成其支付环节。

若按进出口方向不同划分，跨境电商支付可分为跨境电商出口支付和跨境电商进口支付。

（1）跨境电商出口支付

①信用卡方式

由于大部分外国消费者都有使用信用卡支付的习惯，而且大多银行都是 Visa 和 MasterCard 组织成员，因此中国的跨境电商网站都提供 Visa 和 MasterCard 的信用卡支付通道。

②汇款方式

汇款是小额 B2B 的常用支付方式，买家收款的银行会收取手续费，有的时候卖家付款的银行也会收取手续费。汇款方式的优点是：收款迅速，几分钟之内就可到账；先付款后发货，保证商家利益不受损失。其缺点是：先付款后发货，买方的利益得不到保障；客户群体较小会限制商家的交易量。

③第三方支付方式

第三方支付是指具备实力和信誉保障的第三方企业和国内外各大银行签约，为买方和卖方提供信用担保的支付方式。通过第三方支付平台交易时，买方选购商品后将款项不直接打给卖方而是打给第三方支付平台，第三方支付平台通知卖家发货；买方收到商品后通知付款，第三方支付平台再将款项转至卖家账户。

（2）跨境电商进口支付

①境外网站购物支付

跨境电商进口支付主要用于本国人在境外电商网站购物并通过境外网站提供的支付工具进行支付。一般来说，境外电商网站提供信用卡、PayPal 以及其他具有地方特色的支付方式。国内银行发行的双币种 Visa 或 MasterCard 信用卡都可以直接用于进口支付，还款时银行会自动转换成人民币金额。PayPal 有中国公司，国内买家也可以很方便地注册账号，完成本币与外币的兑换，使用人民币付款。如果要使用其他第三方支付工具，就要看它是否与本国银行或第三方支付公司有合作并方便结汇。

②境内进口电商网站支付

为了方便国人购买进口商品，政府和境内电商网站也在积极搭建进口商品平台，吸引外国品牌入驻商城。在这种情况下，国内消费者都可以使用境内常用的支付工具支付，由支付机构负责换汇，把货款打给境外商家。

2. 跨境电商支付的主要流程

我国跨境电商支付主要有两个方面的需求：一是中国消费者在跨境电商平台上购买国外的商品或服务，需要把人民币兑换成外币，打入外国卖家的账户，也就是跨境电商进口的付汇业务；二是中国卖家在跨境电商平台上出售货物或服务，需要把外国消费者通过信用卡或第三方支付工具支付的外币兑换成人民币，再打入中国卖家账户，即跨境电商出口的收汇业务。

（1）跨境电商进口的付汇业务

①中国消费者付款

中国消费者在跨境电商交易平台上购买货物或者服务的时候，需要进入平台链接的支付页面进行支付。交易平台通常会提供丰富的支付方式，如网银支付、App 支付、快捷支付和扫码支付等。各种支付方式都连接着消费者在某家银行的账户，银行会根据消费者的支付指令把相应的款项打给交易平台，而第三方支付机构如易宝支付就在交易平台的后台接收这些款项。

②支付单推送

由于这些款项需要出境支付给国外的卖家，因此需要接受我国海关及外汇管理局的监管。中国消费者在支付后，交易平台会形成支付单，并且向海关推送。

③购汇

海关批准支付单后，第三方支付机构通过在银行开立的外汇备付金账户进行购汇操作。

④付款

第三方支付机构将每笔交易支付购得的外汇通过 SWIFT 通道转入境外卖家，在境外银行的外币账户完成付汇。

（2）跨境电商出口的收汇业务

①境外买家付款

中国卖家可以选择在国内或者国际的跨境电商平台上开店铺等。外国消费者在平台上下单支付，中国卖家需要方便、安全地收汇。外国消费者通常习惯用信用卡或者第三方支付工具进行网络支付，国内第三方支付机构需要做的业务就是外卡收单。

②汇款

第三方支付机构与跨境电商交易平台对接，把外国消费者支付的款项划入第三方支付机构在境外的外币账户，再从境外账户汇入其在国内的外汇备付金账户。

③售汇

第三方支付机构按照当日外汇牌价出售外汇货款，兑换成相应数量的人民币。

④收款

第三方支付机构将兑换后的人民币打入中国卖家的人民币账户，完成收款。

（三）跨境电商支付存在的问题

1. 对第三方支付机构监管存在漏洞

虽然国家对第三方支付机构颁发牌照，制定了监管政策，但是不可能对公司运营做到完全监控。由于外汇监管部门不能完全掌握交易双方的各项信息和资金流向，第三方支付平台存在资金安全问题以及用户存在多样性和分散性，导致外汇监管部门不能进行有效监管也不能统计真实的收支状况，同时由于第三方支付机构不需要立即还原每笔用款，而是经过一段时间再统一申报，因此难免出现误差和统计错误。

2. 可能存在资金沉淀的风险

一般而言，在第三方支付平台的账户中都有一定的资金储备，一部分来源于买家，在完成交易支付后货款被划入第三方支付平台的账户中，而这些钱款一般是买家在系统中确认收货以后才从第三方支付平台账户划入卖家账户，这中间因时间差而导致的资金停留是一种资金沉淀；此外，如果卖方从这种虚拟账户中提取现金，则需要缴纳一笔按提取比例或提取次数计算的额外手续费，一般卖方为了降低提现成本，也会将钱滞留在账户里一次性支取，这也增加了资金沉淀量；要求卖家在支付平台预留备付金的规定也增加了资金沉淀量。但是，在第三方支付平台的资金量越大，则资金沉淀的风险相应也会越大；或是由于资金调度不及时等原因而引致管理失误并继而产生流动性风险。

3. 存在交易双方的信用风险问题

在现实生活中，存在诸如买家已经完成付款，但卖家却迟迟不发货；或者卖家由于各种原因已事先发出货物，但买家却不付款的行为。银行或第三方支付平台一般并不能完全掌握交易双方的信用状况以及实际的支付纠纷，跨境的支付信用体系目前尚未建立起来。特别是在拥有不同信用等级的国家之间，第三方支付平台由于归属国的不同，并不能对所有国家／地区的主体采取一视同仁的态度。

三、外贸综合服务

（一）外贸综合服务的定义

外贸综合服务是指以中小企业为服务对象，以电子商务为工具，以进出口业务流程服务外包为内容，以供应链服务平台为依托，采用流程化、标准化服务，为中小微外贸企业提供一站式通关、物流、退税、外汇、保险、融资等政府性服务或商业性服务。

其主要特征如下。

1. 主要服务对象为国内的中小微外贸企业

外贸综合服务企业的服务对象主要是国内的中小微出口型企业。由于该类企业外贸业务量不是很大，对外贸流程处理不是很多，但出口业务的外贸流程处理专业性很强，中小微外贸企业没有必要为此设岗，通常把外贸流程业务外包给外贸综合服务企业。

2. 提供一站式服务

外贸综合服务企业深入企业交易流程，根据流程环节建立服务模型，通过互联网为中小微企业提供通关、物流、退税、外汇、融资等标准化、规模化、集约化的一站式服务。

3. 创新盈利的方式

外贸综合服务企业打破了传统企业降低成本以赚取差价的盈利方式，立足于整个产业链，与各环节相关的企业组成一个个利益共同体，主要提供资金、信息、物流等增值服务，凭借信息、专业知识和人力资源来赚取增值利益，区别于以往赚取差价的模式，创造了新的盈利方式。

（二）外贸综合服务企业的运行机制

外贸综合服务企业，就是利用信息化手段整合传统外贸供应链中各环节资源，在符合规定的前提下，进行标准化作业，缩短供应链，为广大中小微外贸企业提供信息、物流、通关、外汇、退税、金融等一体化全流程管控的外贸综合服务的企业。

（三）外贸综合服务企业的本质及价值创造

1. 外贸综合服务企业的本质

传统的贸易商是贸易与服务的混合体，商品的交易价值由商品价值和流通成本构成，其流通成本又包括物流、资金、商检、外汇、关务、其他中间贸易商的沟通成本，以及由于业务操作不规范或操作错误而导致的其他成本。在传统外贸业务中，贸易流程复杂，贸易商需要和贸易涉及的海关、税务、商检、银行、物流等政府部门和企业多头对接，由于外贸企业良莠不齐，这种分散的、多窗口的对接给政府和企业带来了低效率和高成本。

电子商务背景下，出现了新的贸易业态 —— 基于单一窗口／外贸综合服务平台的外贸综合服务，将贸易和服务分开，对接商检、税务、海关、法律、外汇等政府性服务和银行、保险、运输等商业性服务，重新组合与贸易相关的各个环节服务，运用互联网IT技术打通与各环节窗口、数据的对接，从而实现集约化、标准化、规模化、规范化的外贸综合服务，重构全球贸易价值链，并据此进行新的价值创造。标准化是指可以根据不同行业、品类的产品贸易流程，单独设置。

从本质上看，外贸综合服务企业并没有改变传统的贸易流程，而只是运用互联网IT技术，将外贸和服务分开，使分工更加专业、有效。

2. 外贸综合服务平台的价值创造

（1）为中小微企业降低流通成本，提高竞争力

据统计，非制造成本占到我国企业经营成本的45%，外贸出口中综合物流开支占比高达30%，是国外的一倍以上，严重影响了我国企业的市场竞争力。集约化、标准化、规模化的外贸综合服务平台以电子商务平台为载体，为中小微企业提供进出口贸易过程中的通关、物流、金融等具有共性的交易流程外包服务。平台通过标准化、规模化、信息化的操作模式提升服务效率，降低企业运营成本。具体来看，实施供应链管理外包可以将运输成本降低5%～15%，将整个供应链的管理运作费用减少10%～25%；最高资质的通关速度能规避交期延误的风险，可使企业的准时交货率提高15%，订单处理周期缩短25%～35%。

（2）基于服务交易数据建立企业信用保障体系，创造金融服务价值

外贸综合服务平台运用自身系统处理能力，将在其平台上沉淀下来的交易数据作为企业信用保障额度的确定依据，为中小微企业提供集监管、申请、投放、还款、放贷等贷前、贷中和贷后一体化的综合资金管理体系。在一定条件下，此信用保障额度累积数据，还将作为平台帮助供应商向买家提供跨境贸易安全保障的依据，形成中小微企业的商业信用基础。另外，还可以为金融机构进行信息采集提供有效的存贷依据，降低贷款风险，并且跟进贷后资金运营监控，保证资金应用方向。这些措施能够全面激活中小微企业的融资系统，有效缓解中小微企业的生产运营资金压力，帮助银行改变传统以"存贷差"为主的盈利模式，扩大银行业务对象和范围。

（四）外贸综合服务企业的作用及战略意义

1. 外贸综合服务企业的作用

（1）支持外贸转型升级，扩大贸易参与群体

当前中国外贸的核心问题不是产品制造的问题，也不是西方市场需求的问题，而是配套外贸服务的问题，尤其是金融服务问题。中国外贸发展几十年，生产能力、产品配套都已经得到了长足发展，然而交易方式依然维持30年前现款现货的模式，金融服务不足导致的落后的交易方式极大地阻碍了中国外贸的健康发展。

（2）有利于中小微企业商业信用的建立

企业商业信用，尤其是中小微企业商业信用缺失一直是中国社会经济的一个难题，也是中小微企业融资难的根源所在。外贸综合服务平台深入中小微企业对外贸易各个关键环节中，采集最为真实、全面的交易信息，并将这些宝贵的信息传递给银行等金融机构，用于融资分析和执行。随着企业交易的重复进行，这些信息得到不断累积和完善，从而有助于建立起一套动态可监控的企业商业信息系统，形成中小微企业商业信用基础，全面激活中小微企业的融资系统。

（3）帮助中小微企业降低成本，做精做细

外贸综合服务企业大多拥有专业的通关、物流、税务、金融、法务人员，为企业处理通关、物流、外汇结算等全套业务流程，极大地提高了中小微企业进出口业务处理能力，提升了外贸效果。依托平台整体规模优势，通过对物流、金融、保险等各方资源的整合，改变中小微企业因个体规模小、需求分散而在金融、物流、通关、渠道等服务环节严重缺少议价能力的现状，降低中小微企业外贸交易成本。外贸综合服务企业通过将服务引入企业经营中的方式，帮助企业返回核心业务，专注于本职，做精做细。

（4）协助优化政府监管服务资源，扩大进口

外贸综合服务平台对国内外中小微企业业务进行批量化处理，统一向海关、税务、商检等监管部门进行业务申请，对各中小微企业业务根据监管部门标准采取预审方式进行梳理，有利于扩大进出口。对出口：有助于降低社会成本，起到协助优化外贸监管部门工作的作用；对进口：有助于海外中小微企业解决不熟悉中国进口手续问题，使海外供应商出口中国与出口其他国家一样方便，扩大进口范围和提高进出口效率。

2. 外贸综合服务的战略意义

我国已进入经济转型和产业升级的关键期，外贸综合服务企业有很大的发展空间，此类企业可以通过整合资源、创新交易模式、提供外贸服务外包，帮助制造业特别是中小微企业实现业务管理流程升级，重塑核心竞争力，带动第三方服务业，提升中国产业国际竞争力和定价话语权，发挥助推产业转型升级的引擎作用，从而拓展出巨大的市场发展空间。

（1）助推中国制造的转型升级

经过30多年的发展，中国的制造能力已非常强大，产品性价比无法比拟，信息化建设取得显著成效，海内外信息不对称的问题基本上得以解决。当前影响外贸发展的最

大障碍是金融服务和物流服务的缺失，尤其是对中小微企业，突出表现为"不是没有订单，而是做不了"。打通中小微企业和金融、物流机构之间的障碍，让中小微企业也能够得到优质的专业化金融服务和物流服务，必须通过一大批以电子商务为先导的全球整合型供应链服务平台来整合资源、化零为整，才可能最终实现。

（2）推进区域经济布局的优化

我国外贸企业主要集中在沿海发达地区，"珠三角＋长三角"占比达70%，土地及人工成本增长将必然使得生产企业向内地转移，而内地服务业落后是制约其外贸发展的重要因素，以外贸综合服务企业支持外贸发展，可大范围辐射内地市场，优化区域经济布局，缓解其服务业落后的瓶颈制约。

（3）助推第三方服务业发展升级

外贸综合服务平台通过其搭建的类公共平台（进出口服务管理系统），将其服务流程环节通过互联网接驳到各监管部门，涉及银行、海关、商检、国税等；通过计算机与网络，可以完成进出口服务的电子化操作；整合外贸、金融、物流等服务资源，用信息化工具吸引信用认证、法律支持、外贸咨询、供应链管理等更多的贸易配套服务资源；通过服务接包和转包，助推我国第三方专业化服务业的发展壮大；通过打造"平台化国际贸易服务中心"，掌握物流、结算话语权，助推国际物流中心和金融中心建设。

（4）为宏观调控和制定政策提供参考

外贸综合服务平台不仅是商业性的平台，因掌握大量中小微企业进出口真实数据和信息的服务平台而兼具了公共平台的属性和价值。平台可以通过统计、分析和研究大量的、真实的动态数据，监控中小微企业在对外贸易活动中的状况，掌握中小企业的外贸景气状况和资金压力状况，为政府宏观调控和制定政策提供参考。

第三节　跨境物流

一、国际物流认知

做业务开始有订单时，我们要考虑的问题就是怎么选择快递物流把货发到国外去，国际物流在整个跨境电商业务的过程当中非常重要，直接关系到订单的实际成本和客户的购物体验，甚至影响店铺的生死存亡。既然国际物流这么重要，那么接下来我们将详细地介绍各种国际物流渠道。

目前，跨境电商国际物流模式主要有：邮政包裹模式、国际快递模式、国内快递模式、专线物流模式、平台集运模式和海外仓储模式。

（一）邮政包裹

1. 中国邮政物流

中国邮政物流根据运营主体不同分为两大业务种类：一是中国邮政邮局的中国邮政小包和大包；二是中国邮政速递物流分公司的 EMS 和 e 邮宝、e 特快、e 速宝等业务方式，两者运营的主体不同，包裹的收寄地点也不同。

2. 其他国家或地区邮政小包

邮政物流是使用较多的一种国际物流方式，作为万国邮政联盟的一员，有网点覆盖全球的优势，其对于重量、体积、禁限寄物品要求等方面均存在很多的共同点，然而不同国家和地区的邮政所提供的邮政服务却或多或少地存在一些差别，主要体现在不同区域会有不同的价格和时效标准，对于承运物品的限制也不同，主要体现在对于带电、带磁、粉末、液体等产品的限制。

（二）国际商业快递

1. DHL

DHL 成立于 1969 年，总部在比利时，是目前世界上最大的航空速递货运公司之一，是全球快递、洲际运输和航空货运的领导者，也是全球第一的海运和合同物流提供商。它的优势在于网点多、覆盖广，可达全球 220 个国家和地区，同时价格、服务和清关能力都比较放心。无论是文件或包裹，无论是即日、限时或限日送达，DHL 皆可提供满足需求的服务。DHL 作为急速的金牌产品之一，全球欧美交易 TOP10 国家 2～3 个工作日即可到达。

2. TNT

TNT 成立于 1946 年，差不多坐拥 50 架飞机和 2 万部车，总部在荷兰。在欧洲和亚洲可提供高效的递送网络，且通过在全球范围内扩大运营分布来优化网络域名注册查询效能，提供世界范围内的包裹、文件以及货运项目的安全准时运送服务。

3. FedEx

联邦快递，是一家国际性速递集团，总部设于美国田纳西州。联邦快递是全球最具规模的快递运输公司，为全球超过 235 个国家及地区提供快捷、可靠的快递服务。联邦快递设有环球航空及陆运网络，通常只需一至两个工作日，就能迅速运送时限紧迫的货件，而且确保准时送达。

4. UPS

UPS 即联合包裹服务公司，于 1907 年作为一家信使公司成立于美国，通过明确地致力于支持全球商业的目标，其商标是世界上最知名、最值得景仰的商标之一。作为世界上最大的快递承运商与包裹递送公司，其同时也是专业的运输、物流、资本与电子商务服务的领导性提供者。

（三）专线物流

跨境专线物流一般通过航空包舱方式将货物运输到国外，再通过合作公司进行目的地国国内的派送，是比较受欢迎的一种物流方式，也是针对某个指定国家的一种专线递送方式。它的特点是货物送达时间基本固定，如到欧洲英法德 5～6 个工作日，到俄罗斯 15～20 个工作日，运输费用较传统国际快递便宜，同时保证清关便利。

平台上的专线物流运费比普通邮政包裹还要便宜，清关能力比普通邮政包裹强，运达速度快。不同物流服务商也提供了各自的专线物流，这样可以综合对比价格和时效性选择最优的线路。专线物流优势明显，主要是在价格和时效方面，不过缺点也有，那就是专线物流一般是物流服务商自己提供的服务，而这些物流服务商大小良莠不齐，需要店铺经营者自己花时间筛选。

（四）平台集运

平台集运是一个针对买家的服务方式。目前速卖通平台已经提供这种服务了。平台会自动筛选符合要求的商品。在买家购买时会出现选择集运的选项，如果买家选择集运，那么买家从不同店铺购买的多个商品，在各自店铺发货后会逐个进入中转仓库，等到齐后，统一打包成一个包裹再发给买家。买卖双方都有可能因此而减少分开发货的物流成本，这对于买卖双方都是一个有利的方式，并且能吸引到更多买家。

二、认识海外仓

（一）什么是海外仓

海外仓是指建立在海外的仓储设施。海外仓储服务指卖家在销售目的地进行货物仓储、分拣、包装和派送的一站式控制与管理服务。确切来说，海外仓储应该包括头程运输、仓储管理和本地配送三个部分。

在跨境贸易电子商务中，国内企业将商品通过大宗运输的形式运往目标市场国家，在当地建立仓库、储存商品，然后再根据当地的销售订单，第一时间做出响应，及时从当地仓库直接进行分拣、包装和配送。

不少电商平台和出口企业正通过建设海外仓布局境外物流体系。海外仓的建设可以让出口企业将货物批量发送至国外仓库，实现该国本地销售、本地配送。自诞生开始，海外仓就不单单是在海外建仓库，它更是一种对现有跨境物流运输方案的优化与整合。

（二）海外仓的兴起原因

随着跨境电商业务的发展，大家在物流发货时经常会遇到直发跨境包裹时效长、破损率高、旺季拥堵等诸多弊端。于是，大家迫切需要一种能解决这些问题的方式。

海外仓是顺应跨境电商发展趋势出现的一种仓储模式。对于跨境电商而言，想要获取较高利润，让买家认可自己的服务，就必须缩短配送时间，海外仓直接在当地发货，可以有效缩短时间；经营者想要降低物流成本，解决破损率高、丢包率高等问题，就需要直接把控物流，而海外仓统一用传统外贸方式集中货运到仓库。海外仓可以说是顺应跨境电商发展趋势出现的一种仓储模式。

（三）海外仓的优缺点

1. 海外仓的优点

（1）降低物流成本

跨境电商以一般贸易的方式将货物输送至海外仓，以批量发货的形式完成头程运输，比零散地用国际快递走货可节省成本，并且有效降低丢包、破损损失等问题。

（2）可以退换货，改善海外买家的购物体验

每个买家都十分看重售后服务，如果使用海外仓，买家可以退换货到海外仓就方便了许多。海外仓能给买家提供退换货的服务，也能改善买家的购物体验，从而提高买家的重复购买率。

（3）能有效地避开跨境物流高峰

节假日，卖家会集中在节后大量发货，这势必会严重影响物流的运转速度，从而影响买家的收货时间。而使用海外仓，卖家是需要提前备货批量发到海外仓的，有订单只需下达指令进行配送就可以了，这就减少了高峰期物流慢的困扰。

2. 海外仓的缺点

（1）卖家无法像管理自己的仓库一样管理海外仓，货物发到海外仓，卖家就无法接触到货物了。

（2）库存压力大，仓储成本高，资金周转不便。

（四）海外仓操作

1. 卖家自己将商品运至海外仓储中心

这段国际货运可采取海运、空运或者快递方式到达仓库。也可以委托承运商将货发至承运商海外的仓库。

2. 卖家在线远程管理海外仓储

卖家使用物流商的物流信息系统，远程操作海外仓储的货物，并且保持实时更新。

3. 根据卖家指令进行货物操作

利用物流商海外仓储中心的自动化操作设备，严格按照卖家指令对货物进行存储、分拣、包装、配送等操作。

4. 系统信息实时更新

发货完成后系统会及时更新，以显示库存状况，让卖家实时掌握。

三、计算国际物流运费

（一）实重和体积重

实重就是指产品打包包裹好后称重的实际重量。

体积重是指按照公式计算产品的包裹的体积除以系数得到的一个数值，物流公司如果运费是计包的话就会对比包裹的实重与体积重，取其中较大的值用来计算运费。这个系数不同的物流公司有所不同，一般是5000、6000，个别是8000。

体积重量（kg）计算公式为：长（cm）×宽（cm）×高（cm）/系数

商业快递通常会计算体积重。

（二）常用运费计算方法与公式

通常会找物流服务商要运费报价，也可以找他们要报价表，方便自己估算运费定价。

邮政小包的运算比较复杂，要考虑首重、续重，还要考虑国家，不同克重范围的计算系数也不一样，真实费用和计费方式都可以和邮局协商，比如可以和邮局协商买断价。

四、国际物流的选择

前面介绍了这么多的物流渠道，那么怎么选择最适合的渠道呢？

这要结合自己的实际需求，如果产品定位比较高端，价值也比较高，可以走商业快递，提升品牌形象的同时也可以避免损失。如果产品价值相对不高，而运输成本可能占比较大，那么可以尽量选择相对低廉的邮政小包作为主要运输方式。

因此，我们在发货之前，可以充分地综合比较，从价格、时效、运输安全等角度去合理安排运输渠道。

（一）一般货代服务流程

跨境电商经营者在实际经营过程中，物流运输通常是和货代合作，由货代作为承接商再去与邮局或者商业快递运作。当然也有直接和邮局或者商业快递合作的。这之间的区别主要在于你可以选择一个好的货代而不用再去和不同的邮局或者商业快递一一联系了。实际经营中，你可能需要不同的运输渠道，如果全部都自己操作，既费时间，信息掌握也不全面。而货代通常拥有更多的运输渠道可以满足需求。

（二）不同国际物流对比

表7-7综合对比以下各个渠道。

表7-7 不同国际物流对比

物流渠道	费用	时效	操作难度	积压风险
邮政小包	低	慢	简单	无
商业快递	高	快	简单	无
海外仓	中等	快	难	有

五、物流运费模板设置

物流运费模板是平台提供的设置方式，可以一次设置，在产品编辑时直接选用，方便快捷。

平台为不熟悉跨境物流的新人提供了新手模板，里面包含了简易类物流、标准类物流、e邮宝、中国邮政挂号小包、快速类物流、EMS这些物流方案。

提供了标准运费计算，没有设置任何折扣、减免，新手就可以利用此模板快速输入产品信息，产品页面会自动计算运费，相当方便，不过由于没有设置任何折扣、减免，运费显示可能相对较高，这对于新手是好事，可以保证运费不会亏损，但是在有经验之后，应该尽快更改并且自定义，以便提高产品运费的竞争力。

六、国际物流单号查询

（一）常用查询工具

邮政官网、快递官网、全球物流查询平台、速卖通平台集成的菜鸟网络全球物流跟踪等都可以查询。

（二）国际物流状态解析

物流订单在运输过程中，到了什么地方，现在是什么状态，这是客户最关心的问题，可是那些奇怪的物流术语却看不懂。下面为大家列举了常见的术语解释供参考。

包裹状态是指当前包裹运输阶段的一个表示。一般分为这几种：查询不到/运输途中/到达待取/投递失败/成功签收/可能异常/运输过久。

1. 查询不到

包裹查询不到跟踪信息。一般为以下几种情况。

①运输商还未接收到您的包裹。

②运输商还未对您的包裹进行跟踪信息的录入。

③提交的单号错误或者无效。

④提交的单号已经过期。

一般来说，包裹发货后，运输商需要时间进行包裹处理及跟踪信息的录入。因此包裹发货后并不一定可以马上就查询到跟踪信息。在未上网或查询不到的状态下，可以与运输商联系确认，或稍后再进行查询。

2. 运输途中

包裹正在运输途中。一般为以下几种情况。

①包裹已经交给了运输商。

②包裹已经封发或离港。

③包裹已经到达目的地国家，正经海关检验。

④包裹正在目的地国家进行国内转运。

⑤其他的一些运输过程，例如，中转至其他目的地国家以外的国家等。

包裹在运输途中时，一般要留意查看详细跟踪信息。如包裹已经到达目的地国家，可以隔一两天查询一次，以确保收件人顺利及时收取到包裹。

3. 到达待取

包裹已经可以收取。一般为以下几种情况。

①包裹已经到达目的地的投递点。

②包裹正在投递过程中。

包裹到达待取的情况下，我们建议收件人联系目的地国家运输商了解投递事宜。请注意，一般运输商对取件有一定的保留期，所以当前状态下，要尽快联系取件，以免包裹被退回。

4. 投递失败

包裹尝试派送但未能成功交付。一般为以下两种情况。

第一，正常情况下，包裹未能派送成功的原因通常是：派送时收件人不在家、投递延误重新安排派送、收件人要求延迟派送、地址不详无法派送或不提供派送服务的农村或偏远地区等。

第二，投递失败的情况下，建议收件人联系目的地国家运输商安排再次投递或者自取包裹。请注意：一般运输商对未投妥件有一定的保留期，所以在当前状态下，请尽快联系取件，以免包裹被退回。

5. 成功签收

包裹已经成功签收。一般为以下情况。

正常情况下，成功签收表示收件人已经成功收取包裹。如果收件人并未接收到包裹，建议收件人咨询目的地国家运输商或发件人在发件国家开档查询投递情况。

6. 可能异常

包裹运输途中可能出现异常。一般为以下几种情况。

①包裹可能被退回，常见退件原因是：收件人地址错误或不详、收件人拒收、包裹无人认领超过保留期等。

②包裹可能被海关扣留，常见扣关原因是：包含敏感违禁、限制进出口的物品，未交税款等。

③包裹可能在运输途中遭受损坏、丢失、延误投递等特殊情况。

7. 运输过久

包裹已经运输了很长时间而仍未投递成功。一般为以下几种情况。

①运输商在到达某个运输阶段后，不再进行跟踪信息的录入。

②运输商遗漏了跟踪信息的录入。

③包裹在运输中可能丢失或者延误。

这些是物流运输中的大概状态，查询时显示的文本不一定是这些字样，具体显示内容各个渠道都有不同。

（三）查询常见问题

物流运输中，客户经常会问一些问题，这些问题都是从业者可能需要解答的，这里列举了一些常见原因。

1. 我的包裹在哪里？我一个月前购买的！

以下是通常情况下，全球邮政挂号小包 /e 邮宝的处理及运输状态。

第 1 ~ 2 天接收 / 原发货地

第 2 ~ 3 天转运 / 出口互换中心

第 2 ~ 4 天待海关检验 / 出口互换中心

包裹封发离港后，大部分将不再更新包裹状态，直至到达目的地国家。

第 4 ~ 10 天抵达目的地国家港口或机场 / 目的地

第 10 ~ 15 天待海关检验 / 进口互换中心

第 15 ~ 30 天国内转运以及最后 1 英里交货

如果超过 60 天仍未顺利投递，包裹可能会退回给发件人。

当您的包裹到达目的地国家后，如果您急于收货，可以尝试联系您当地的运输商加快交货。

2. 我的包裹的确切位置是什么？

对于大多数国际挂号小包、大包以及快递服务，国际件一般没有预计到达日期，所以运输时间可能要比你预期的慢。由于进出口海关程序和航空公司的安排不同，所以国际航运与国内快递有很大的差异。

3. 为什么我的包裹"查询不到"？

"查询不到"表示我们找不到该单号的任何信息。可以仔细检查跟踪号是否正确，或联系发货人验证一下单号。

如果跟踪号是正确的，请在包裹发出至少 1 ~ 2 天后再查询跟踪详细信息。因为通常情况下，运输商还需要一些时间来进行包裹的收取及处理。

4. 如何修改包裹收件地址？

一般情况下，如果包裹已发货，则无法更改地址。只能等包裹到达目的地国家后，联系当地的运输公司来反馈想要更改地址的请求。

5. 包裹被卡在某地时，会更新信息吗？

如果包裹已经有很长一段时间没有更新物流信息，这可能意味着该包裹仍在运输途中或运输商省略了这一部分的跟踪信息。也有一些运送方式不支持全流程的物流跟踪，在这种情况下，可以直接联系收件国本地的运输公司来正式调查包裹下落。

第八章 "互联网+"时代的电子商务应用实务

第一节 网络零售

一、网络零售概述

（一）网络零售的概念

零售是将商品及相关服务提供给消费者作为最终消费的一种活动。零售业是一个国家最古老的行业，也是一个国家最重要的行业。零售业的每一次进步和改变，都将带来人们生活质量的不断提高，甚至还会带给人们一种新的生活方式。它是反映一个国家和地区经济运行状况的标志。国民经济发展是否协调，社会经济结构是否合理，首先在流通领域，特别是在消费品市场上表现出来。由于零售业对劳动就业的突出贡献，很多国家甚至把扶持、发展零售业作为解决就业问题的一项经济政策。现代零售业是高投资与高科技相结合的产业，零售商运用最先进的计算机技术和各种通信技术可以对变化中的消费需求迅速做出反应。

中国电子商务研究中心给出的网络零售的定义是：网络零售是指交易双方以互联网为媒介进行的商品交易活动，即通过互联网进行信息的组织和传递，实现了有形商品和无形商品所有权的转移或服务的消费。

（二）网络零售业

网络商店是建立在网络世界的虚拟商店，与传统超市和百货商店不同的是：到网络商店购物的消费者不必出门，而是在家中通过计算机网络连线选购；商家也不用将众多的商品搬到店铺等待消费者上门，而是将商品的信息及影像以多媒体的方式通过网络呈现在消费者的计算机屏幕上，让消费者自行选购。

企业信息网络，以电子数据信息流通的方式实现与企业或商业机构、消费者之间的各种商务活动、交易活动、金融活动和综合服务活动，是消费者运用互联网直接参与经济活动的形式。这种形式的电子商务一般以网络零售业为主，主要借助互联网从事服装、化妆品、书籍、日常生活用品等方面的经营。对消费者来说，网络零售业的出现让人们的购物行为从传统的实体商店延伸到新形态的网络商店。对商家来说，网络时代为零售市场带来了一种全新的销售渠道。

1. 网络技术打破了零售市场时空界限

店面的选择在传统零售商经营中曾占据极其重要的地位，有人甚至将传统零售商经营成功的首要因素归结为选址，因为没有客流就没有商流，客流量的多少，成了传统零售商能否经营成功的至关重要的因素。连锁商店之所以迅速崛起，正是打破了单体商店的空间限制，从而赢得了更大的商圈范围。在信息时代，网络技术突破了地理限制，任何零售商只要通过一定的努力，都可以将目标市场扩展到全国乃至全世界，市场真正实现了国际化，因此零售竞争也日趋激烈。对于传统零售商店来说，地理位置的重要性将大大降低，要立足市场，必须更多地依靠经营管理的创新。

2. 销售方式发生变化，新型业态崛起

信息时代下，人们的购物方式发生了巨大变化，消费者从过去的"进店购物"演变为现在的"坐家购物"，足不出户，便能轻松在网上完成过去要花费大量时间和精力的购物过程。购物方式的变化必然导致商店销售方式的变化，一种崭新的零售组织形式——网络商店应运而生，其具有的不可比拟的优越性将使其成为全球商业的主流模式，并与传统的商店销售展开全方位的竞争，而传统零售商为适应新的形势，也将引入新型经营模式和新型组织形式来改造以往传统的经营模式，尝试在网上开展电子商务，结合网络商店的商流长处和传统零售商店的物流长处综合发挥出最大功效。零售业的变革不再是一种小打小闹的局部创新，而成为一场真正意义上的革命。

3. 零售商内部组织面临重组

信息时代下，零售业不仅会出现一种新型零售组织形式——网络商店，同时，传统零售商组织也将面临重组。无论企业内部还是企业与外界，网络技术都将代替传统零售商原有的一部分渠道和信息源，并对传统零售商的内部组织造成重大影响。这些影响包括业务人员与销售人员的减少、企业组织层次减少、企业管理幅度增大、零售门店数量减少、虚拟门市和虚拟部门等企业内外部的虚拟组织盛行。这些影响与变化，促使传统零售商意识到组织再造的迫切性。尤其是网络的兴起，改变了企业内部作业方式和员

工学习成长的方式，个人工作者的独立性与专业性进一步提升。这些现象的出现都迫使传统零售商对内部组织进行重组。

4. 经营费用大大下降，零售利润进一步降低

信息时代下，零售商的网络化经营，实际上是新的交易工具和新的交易方式的形成过程。零售商在网络化经营中，内外交易费用都会下降，就一家零售商而言，如果完全实现了网络化经营，可以节省的费用包括：企业内部的联系与沟通费用；企业人力成本费用；避免大量进货的资金占用成本、保管费用和场地费用；通过虚拟商店或虚拟商店街销售的店面租金费用；通过互联网进行宣传的营销费用和获取消费者信息的调查费用等。另外，由于网络技术大大克服了信息沟通的障碍，人们可以在网络上漫游、搜寻，直到最期望的价格出现，因而使市场竞争更趋激烈，零售利润一降再降。

二、网络零售业对传统零售业的影响

（一）传统零售商开展网络零售的优势

与传统零售相比，网络零售在订货方式、产品展示形式、营销手段、物流形式等方面均有所不同，但从根本上说还是一种零售方式，离不开传统零售的一些基本环节和传统因素，如采购、物流、售后服务等，这些基本环节决定了企业的生存和发展。传统零售商开展网络零售的优势主要体现在以下几个方面。

1. 内部管理层面

（1）稳定的进货渠道

进货渠道的建设不完全是签合同、下订单那样简单，它需要时间的磨合。传统零售商大多经过多年的经营，已经建立起相对稳定的进货渠道，这意味着货源有持续供应能力、质量有明确的保障、价格与市场同类商品相近，这些对消费者意义重大。特别是已经有较大销售规模的传统零售商，在进货渠道方面更具优势，从而可以获得更低的价格。

（2）较为完善的物流体系

具有一定销售规模的传统零售商，大多建立了较为完善的物流体系，一般都有自己较大规模的配送中心和物流车辆，有分布在各处的门店，有合作密切的厂家物流。这些优势是网络零售商所不具备的。

（3）强大的品牌影响

从已开展网络零售的传统零售商来看，其大多是全国或区域内的领先企业，在所经营的区域内有较高的品牌知名度和美誉度，其品牌影响力自然可以过渡到网络零售业务中。

2. 消费者层面

（1）丰富的购物体验

我国的消费者是一个不成熟的消费群体，对这个群体来说，体验式消费仍然是最重要的。实体店能够向消费者提供消费体验带来的购物乐趣，网络商店则缺乏一种面对面交流的亲切感，以及触摸商品的机会。

（2）健全的售后服务

商品售出并不是交易的完结，售后服务是零售的重要环节，特别是家电产品，其具有一定的技术含量并且使用时间长，消费者在购买后，一般都会有安装、咨询、检测、保养、维修、延保、以旧换新等需求。传统零售商由于自有的网点资源、厂家网络和服务网络，在提供售后服务、退换货等方面，同样有着纯粹的网络商店短期内达不到的优势。

3. 监管层面

传统零售经过近二十年的发展，法律规范相对健全，企业管理也比较规范，因此，政策性风险低。而网络零售，由于近年来发展迅速，其在纳税问题、财务管理、消费者权益保障等方面引起了监管层面的重视。

传统零售商相对规范的管理为其开展网络零售业务奠定了较好的基础，其在经营中会对税收、商品质量、消费者权益保障等更加重视。

（二）传统零售商开展网络零售的劣势

与传统零售相比，尽管 B2C 有很多共性之处，但其仍然是一项展业性很强的业务。即使是具有良好资源、良好基础的传统零售商，也不一定就可以理所当然地做好 B2C。在 B2C 中，传统零售商的劣势主要表现在以下几个方面。

1. 技术水平不足

与传统零售相比，网络零售对技术的要求更高，要求系统更加强大、稳定、安全，在网络建设、营销手段、消费者分析和数据挖掘技术等方面都有着与传统零售的信息系统不同的做法。传统零售商一般都建立了较为健全的企业信息化系统，但这和网上零售系统所要求的技术条件有很大不同。

2. 专业团队欠缺

传统零售商一般把最优秀的人才投入店铺营运和商品管理中，对网络零售人员的投入和配备则明显不足，有的仅仅是把网络零售业务交给信息部门来做，但企业赋予信息部门的商品配置、物流规划等方面的权限远远不够。

3. 营销经验不足

传统零售与网络零售最大的区别在于营销方式不同，同时，二者在网站推广、商品展示和促销、消费者服务细节等方面均有明显的不同。传统零售商在实体店的营销方面已经有非常多的经验，而对于网络零售的认识大多还处于起步阶段。网络零售在满足消费者个性化"长尾"的需求上，其思维方式早已脱离了传统零售有限的货架空间，这是传统零售商短期内难以调整过来的。

4. 业务方向和定位不清

对于为什么做网络零售业务、要做到什么样的规模，以及网络零售在企业业务中处于什么样的地位，大多数传统零售的决策者并没有清晰的认识。有的是看竞争对手在做，有的认为做网络零售会增加企业的时尚感，总体上缺乏清楚的方向和定位。

（三）零售业变革助推网络零售快速发展

随着电子商务的不断发展，网络零售被很多企业所应用。网络零售的发展对于我国企业的发展无疑有很大的影响，这场正在进行的深入且广泛的零售业变革的原因主要有以下三个方面。

1. 零售业的变革源于技术进步力量的推动

近代零售业的多次变革中，每一次都能找到技术进步力量推动的影子，它是伴随着同期技术革命所引发的产业革命而诞生的孪生兄弟。尤其是信息时代，网络技术在社会经济各个领域的广泛运用，电子商务的兴起，迫使传统零售商从管理观念、管理模式、组织结构和作业流程等方面进行相应的变革。在我国，引发前三次零售业变革的技术条件均已成熟，网络技术也已逐渐渗透到社会经济生活的各个层面，因而我国零售业变革是大势所趋。与西方发达国家不同的是，我国零售业是多项变革同时进行的，而不是呈阶段性发展，从而导致了这场变革的复杂性和急剧性。

2. 零售业外部市场环境变化导致零售业内部做出相应调整

经过多年的经济体制改革，我国的市场环境已经发生了根本性的变化，在从卖方市场向买方市场转变的过程中，消费者逐渐成为市场控制的主导力量，信息技术的发展使得消费者的个性化和多样化需求得到充分满足，如果零售商不相应地调整经营方式，制造商极有可能越过中间商直接向消费者提供商品或服务；同时，由于跨国零售集团以更先进的管理方式向消费者提供更优质的服务，使我国零售业的竞争在更高平台上展开，这些都迫使我国传统零售商为赢得生存空间而进行全方位的变革与创新。

3. 在经济发展过程中，零售业根据自身发展规律进行内部结构调整

零售业有自身的发展规律，商品流通系统通过自身的发展变革，能够在大量生产与多样化消费之间，通过创造新的组织形式，充分发挥协调生产与消费的功能。

在开展网络零售业务中，传统零售商具有很多优势，同时也有很多需要向纯粹网络零售企业学习和借鉴的地方。从西方发达国家的零售业发展和电子商务发展的经验看，线下在向线上扩张，线上也在向线下发展，二者的相互融合是必然趋势。并且从实际的结果看，传统零售商尽管起步较晚，但仍然凭借后发优势取得了较高的市场份额。

传统零售与网络零售同是零售的方式，其目的都是通过一定的渠道将商品卖出并送到消费者的手中。传统零售能够提供固定的店面，有利于充分利用区域优势，把握消费者心理，且能提供良好的售后服务；而网络零售则在虚拟空间里，面向广阔的消费群体，希望通过一定的信息技术来有效地节约库存成本、搜寻成本等，为消费者提供截然不同的购物平台和购物体验。

网络零售和传统零售在商务上是完全一致的，都是通过信息技术手段建立一个和消费者沟通的渠道关系模式。传统商业活动中的各种规律和定理，甚至可以说所有的规律和定理都可以用于电子商务，至少可以被电子商务借鉴。从这个意义上说，传统零售商一旦掌握了新的技术与手段，将会迸发出强大的战斗力。

另外，如果传统零售商进军网络渠道，还需要注意以下两个方面。

（1）线上与线下的协调

商品本身不会有差异，但是需要线上与线下两个渠道互相协调。例如，在价格问题上，有的供应商不愿意有两个价格体系出现在市场上，这就要求处理好线上与线下的关系，且线上和线下是互动的关系，而不是竞争关系。

（2）持续投入的问题

这主要有：①前期硬件上的投入。②宣传上的投入。网店的口碑不像实体店那样容易建立，在宣传上需要进行一定的策划。③运营费用。网店是完全独立的业务，需要专业人才进行维护与整合。这些投入在短时间内是看不到回报的。

（四）传统零售商开展网络零售业务的对策

传统零售商的未来发展，应该注意要有明确的功能定位、有清楚的成本认识，还要周密研究，循序渐进，培养能力，及时行动。

1. 优化企业基础能力建设

传统零售商首先需要加强自身商品管理、库存管理等基础能力的建设，以便更好地支持网络零售业务的健康发展。以百货业为例，传统百货商店大多采取联营模式，对商品的管理权限限于品类和品牌，一般不涉及商品乃至单品的深度，对店内商品库存变化掌握不够，因此急需加强商品经营管理能力。

2. 加强企业的信息化建设

传统零售商进行信息化建设可以获得更大的成长空间，将实体店零售的产品数据与网络零售的数据进行同步管理，提高运营效率。

3. 掌握网络零售的营销方法

网络零售和传统零售的营销方法有很大差异。传统零售商对网上消费者的消费特点和行为习惯等分析不够，在网络营销方面经验明显不足，营销手段缺乏创新。传统零售商应该向电商学习，掌握网络零售的营销方法，进行广告宣传及口碑营销，注意对微博、微信等新媒体的利用，挖掘并积累消费者数据，实现精准营销。

4. 充分发挥传统零售商的优势

传统零售商开展网络零售具有品牌及顾客优势。经过多年经营，传统零售商已在一定程度上拥有品牌信誉、顾客信赖度、社会知名度等优势，其开展线上业务时，会更容易获得既有品牌的支持，长期运营积累的大量消费者数据有助于拓展网络零售优质用户。相较于纯电商企业，传统零售商开展网络零售具有门店规模优势和顾客体验优势，有利于开展O2O电子商务。大、中型零售企业连锁门店众多，可以作为线上业务的支撑，成为线下体验中心、售后服务中心、物流站点等，为消费者提供高效、便捷、优质的服务。

5. 线上线下有机整合

传统零售商开展网络零售业务时在线上线下的商品分配、流量分配等方面容易产生

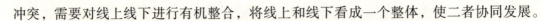

冲突，需要对线上线下进行有机整合，将线上和线下看成一个整体，使二者协同发展。

6. 抢占布局移动平台

传统零售商纷纷强化移动战略，积极培养消费者移动端使用习惯，寻找更多渠道为移动端引流。传统零售商也应顺应潮流，加强在移动端的布局与推广。另外，在大数据时代，传统零售商应借助移动互联网，通过智能终端收集消费者购物行为数据，对数据进行分析和挖掘，了解消费者的消费观、行为偏好和态度，以便实现精准营销。

7. 积极探索全渠道销售

能够与消费者真正实现对接的全渠道销售是传统零售商重要的发展方向。实现了全渠道销售，传统零售商就可以在实体店和网络商店之间无缝转换。虽然很多大型传统零售商已经意识到全渠道销售才是零售企业需要的创新，但知易行难，目前基本没有零售商实现完完全全的"全渠道销售"，在库存、预算、赔偿、销售和采购流程各方面没有实现完全的整合。传统零售商全渠道销售之路还需进一步探索。

三、网络零售的产品类别

（一）适合网络零售的产品的特征

如果泛泛而言，在互联网上进行市场营销的产品可以是任何产品或者任何服务。但是，就像不同的产品适合采用不同的销售渠道一样，网络零售也有其适用范围。产品能否适合网络销售一般取决于产品的性质、科技含量以及产品的目标市场与交易方式等因素。一般来说，目前适合网络零售的产品主要表现为以下几个特征。

1. 产品质量容易把握

因为在网上直接销售，买家与卖家不见面，且买家又看不到产品的实物，只能根据卖家提供的图片和文字信息来了解，如果卖家提供的信息不准确、不详细，就有可能使买家对产品不满意，而发生退货行为。所以质量容易把握的产品，如书籍、音像制品、电子产品及标准化的产品，更适合在网上销售。

2. 新产品

新产品由于刚推出，缺乏大规模推广，不易在传统店铺里销售，而网上低廉的销售模式更容易产生良好的效果。

3. 纯手工产品

纯手工产品受限于生产能力，且量都不大，如果通过传统渠道销售会产生比较大的销售成本，而通过网络销售成本可以降到最低，并且可以接触到最广泛的消费群体。网上手工店比较适合个人或家庭纯手工产品的销售。

4. 附加值高的产品

现在商业已经很发达，一般的日用品批零之间的差价很小，显然不合适在网上直接销售。开网店应当尽量选择利润比较高、能够给消费者较大折扣的产品。

5. 针对特别人群的产品

针对某一特别人群细分市场的产品，更适合在网上销售。如某一特别人群在全部消费群体中占比很小，但对于城市来说其数量也是不小的，传统店铺受地理位置的限制，城市中一个小区域可能消费者很少，而如果放到网上，就可以不受地理位置的限制，能面对更广阔的消费群体。开传统店铺不划算的，开网店就可能有利可图。

6. 消费者有购置障碍的产品

有些物品是消费者不愿意与销售员面对面交易的。

7. 服务性产品

作为服务性企业进行宣传推广是很重要的，很多服务性企业经常用广告的形式来招徕消费者，但成本比较高，而且受限于媒体的篇幅，对于服务的种类和价格往往难以详细介绍。而通过注册成为购物网的特约服务商户，就能以低廉的成本宣传企业提供的服务，这特别适合物流、家政、中介、餐饮、宾馆酒店、旅行社、咨询、印刷、设计、广告代理等行业。

（二）适合网络零售的产品的分类

在互联网上进行销售的产品可以是任何产品或者任何服务。但是，就像不同的产品适合采用不同的销售渠道一样，网络销售也有其适用范围。产品能否利用网络销售一般取决于产品的性质、科技含量以及产品的目标市场与交易方式等因素。一般来说，目前适合网络零售的产品主要有以下几种。

1. 一般日常消费品

日常的衣食住行中所用到的一些产品，如服饰、小型家电、家用工具、小食品、文化用品等产品。

2. 服务等无形产品

这主要包括宾馆预订、鲜花预订、演出门票的订购、旅游线路的挑选、储蓄业务、电子机票预订和各类咨询服务等。借助网络，这类产品显得更加方便、快捷、有效，也更加人性化。

3. 计算机软硬件产品

相关数据表明，计算机软硬件产品在网上的销售一直很活跃，主要原因是：首先，网络用户大多数对这类产品信息较为热衷，而且由于产品的升级、更新换代使得这一市场有着永不衰退的增长点；其次，计算机软件通过网络传输非常便利。可以先采用试用或免费赠送等形式引起消费者的兴趣，消费者在使用过软件网上试用版后，就可以决定是否购买了。

4. 创意独特的新产品

利用网络沟通的广泛性、便利性，使创意独特的新产品可以更主动地向更多的人展示，充分满足那些品位独特、需求特殊的消费者，如创意性产品。而且很多地方都会举办创意产业博览会，如杭州每年都会举办创意展，其产品更多地追求创意性，而不是实用性。

当然，创意性产品也要分具体情况，某些创意性产品就不太适合在网上展示，因为图片一放到网上，马上就有可能被模仿。

5. 有收藏价值的产品

如珠宝类，与奥运会相关的收藏品，等等。

6. 能引起女性购买欲的产品

当前网上购物人群中，无论从购买频率、消费额，还是从其他方面分析，女性都是商家要特别重视的一个消费群体。能引起女性购买欲的产品有女性产品、家居用品、女装、女鞋等。

四、网络零售存在的问题及应采取的对策

（一）电商如何避开恶性竞争

1. 电商行业最普遍采用的战略是价格战

电商行业最普遍采用的战略是价格战。很多商家整天想着如何给消费者提供尽可能物美价廉的产品。当然商家的良苦用心，其实是希望先亏损后盈利，但这种策略其实很危险，消费者会发现永远有价格更低的产品！就算商家有办法把成本降到比竞争对手低，最终赢得这场胜利，但自己一定会元气大伤。

2. 实施差异化战略

避开恶性竞争的最好方法其实就是实施差异化战略，因为这样会让你的产品或者服务与众不同，甚至没有竞争对手，没有对手，生意自然就好做了，就更不用担心恶性竞争了。差异化战略，就是利用各种方法让自己的产品或服务与众不同，并据此形成竞争优势。

（二）实施差异化战略的常见误区

1. 出现大量复制且普遍存在的属性

有些商家确实避开了纯价格的恶性竞争，比如，很多卖真皮钱包的商家打出"100%纯牛皮""头层皮"的广告语；很多卖药的商家打出"正品保证，假一罚十"的广告语。但同样的广告语实在太多了，并且很容易复制，结果各个品牌产品都是一样的。如何做到让消费者优先选择？除非有其他因素辅助，如价格更便宜、销量更大或者评分更高，否则很难做到让消费者优先选择。

2. 虚假宣传

有的商家在促销活动中，所标示的原价是虚假的、捏造的，并不存在或者从未有过交易记录。"原价"是指商家在促销活动前七日内在本交易场所成交，有交易票据的最

低交易价格。如果促销前七日内没有交易，则以促销活动前最后一次交易价格作为原价。未销售过的商品不得使用"原价""原售价""成交价"等类似概念。

3. 宣传口号空洞

一些产品宣传口号空洞，没有实际意义。比如，"某凉茶更懂你！"有什么意义呢？能引起消费者购买兴趣吗？不太可能。又如"以人为本""用心服务"，个个都这样说，根本不能吸引消费者优先选择你的产品或者服务。

（三）有效的差异化战略

1. 价格差异化战略

价格差异化战略，主要是产品及其价格的有机组合，这一战略的基础是产品，价格差异是手段。能否运用好这一战略，对企业的经营至关重要。产品价格的差异化战略，不代表仅仅依靠价格取胜，同样需要进行必要的营销整合。比如，企业必须考虑渠道、促销甚至包装、服务等因素。

当然，价格差异化战略也存在弊端，企业往往为了取得价格差异的优势，在成本上进行削减，从而引起产品的必要成本降低，导致产品质量、寿命等问题出现。价格差异化战略实施的前提，就是产品相同而价格不同。这对企业内部的管理带来更高的要求，需要企业全员有一个清楚的认识。

对于价格差异化战略，企业所要考虑的是产品的消费群体，针对不同消费群体的消费水平来设计产品，以满足消费者的不同需求。

2. 产品差异化战略

产品差异化所指的"产品"不单单是产品本身，还包括工作质量、产品特色、产品设计等。

（1）工作质量差异化

企业应始终坚持以消费者的需求为起点、以消费者的100%满意为终点的理念，全身心投入为消费者提供产品的工作中。

（2）产品特色差异化

产品特色就是对产品基本功的某些增补，是产品具有竞争优势的具体表现。企业应在产品特色上突出结构优化、性能优化等功能。

（3）产品设计差异化

产品设计其实是综合性的因素，企业在产品设计的起始阶段，就应该充分考虑消费者的需求，考虑消费者运用产品的环境特点和消费者整体的特点，通过对这些问题的分析，设计出不同的产品类型，以满足消费者的不同需求。

3. 服务差异化战略

服务差异化是指企业在订货、交货、安装、客户培训、客户咨询、维修保养等方面与竞争者有所区别，从而给企业带来别具一格的良好形象。

（1）订货便利

企业在客户订货方面采用多种方式进行，如邮件订货、网上订货等，为客户提供订货方面的便利。

（2）交货准确

如何及时、准确、文明地将产品或服务送达也是客户关注的一个方面。在产品交货上，企业应站在客户的角度来考虑如何选择最佳的送货方式，以满足客户的需求。譬如与物流公司、航空公司等取得合作，用多种方式将产品或服务送达客户指定地点。

（3）安装到位

除为确保产品能正常使用而必须做的工作外，企业还应为客户提供安装、调试、指导服务，以便更好地满足客户在安装方面的需求。

（4）客户培训、咨询周到

某些家电品牌商针对客户公司的雇员进行培训，以便在后期设备维护和保养上进行专业的指导服务，使产品运行时间更长、可靠性更高。若不能及时培训，某些家电品牌商还将采取客户问题咨询服务，为客户提供解决问题的方法。

（5）维修保养及时

客户在购买了本企业的产品后，企业应在约定的期限内提供维修保养服务。若产品异常、损坏，无法正常运行，企业应在 48 小时内派人进行处理，以消除客户的后顾之忧。

第二节　网络营销与广告

一、网络营销概述

（一）网络营销的概念

网络营销就是以互联网为基础，利用数字化的信息和网络媒体的交互性来辅助营销目标实现的一种新型的市场营销方式。网络营销是以企业实际经营为背景，以网络营销实践应用为基础，从而达到一定营销目的的营销活动。其中可以利用多种手段，如 E-mail 营销、博客与微博营销、网络广告营销、视频营销、媒体营销、竞价推广营销、SEO 优化排名营销等。总体来讲，凡是以互联网或移动互联网为主要平台开展的各种营销活动，都可称为整合网络营销。简单来说，网络营销就是以互联网为主要平台进行的，为达到一定营销目的的营销活动。

（二）我国网络营销面临的主要问题

1. 网络营销理论研究薄弱

在现有的学术期刊、商业杂志、著作等出版物和网络媒体中，与网络营销相关的话题虽然不少，但真正对网络营销进行系统的理论研究，或者在某些方面有独到见解的非常少，并且往往脱离网络营销的实践应用。造成这种现状的原因是作者的知识结构和实践经验的影响，编写网络营销教材的作者有多种专业背景，如管理信息系统、市场营销学、管理学、经济学、计算机类等，而真正对网络营销有系统研究且有实践经验者较少，这在一定程度上影响了网络营销研究和教学与实践应用的结合。一方面，理论研究不能及时应用于实践；另一方面，一些新出现的网络营销实践不能被提升到理论的高度，表现为某些方面的理论远远落后于实践。网络营销理论与实践就处于这种矛盾之中，这种状况制约着网络营销理论研究和实际应用水平的提高。因此，充分认识网络营销现阶段所面临的问题对于理论研究与实践应用均具有重要意义。

2. 网络营销专业服务水平有待提升

企业网络营销人员获取有关知识的渠道比较少，通常只是片面的、不系统的，有些网上转载的文章可能是不负责任的空谈，有些可能是过时的、不合规范的，或者介绍的是并不适合企业采用的方法，因此对网络营销实践应用产生了一定的误导。网络营销专业服务水平对企业网络营销的整体应用水平的发挥起着至关重要的作用，因此，企业网络营销水平的整体提升，有赖于网络营销服务商专业水平的提升，这个过程可能会比较缓慢。

3. 网络营销环境不规范的现象仍然比较突出

尽管上网人数、网络带宽和人们对网络营销的认识等环境因素在不断改善，同时新的网络营销产品或服务也不断出现，但是网络营销环境不规范的现象仍然比较突出。在网络营销环境不够规范的情况下，再加上企业自身的网络营销专业知识有限，企业的网络营销学习成本必将加大，同时也不可避免地影响网络营销的发展。

（三）企业在网络营销中需要注意的方面

1. 做好网络营销计划

网络营销好比一个系统工程，涉及很多方面，需要企业结合自身的实际情况，对市场进行需求分析，做好网络营销计划，才能实现网络营销对企业的宣传推广。网络营销计划包括企业网站建设、企业信息发布、营销预算、网络营销方式的选择、产品推广、网络营销专业销售人员的安排、客户服务等，网络营销计划要把所有的工作都安排到位，周密的计划能使企业的网络营销过程平稳地进行，从而达到理想的网络营销效果。

2. 构建企业网站

构建企业网站是网络营销过程中非常重要的环节。但事实上，大多数企业网站并没有发挥宣传推广的作用，起不到网络营销最初设定的作用。这是因为，企业在建设网站时忽略了其实用性，而是一味地看重网站的外观设计。企业认为网站是企业在互联网上的形象，因此希望网站做得更好、更漂亮，创意设计和 Flash 动画，成为企业关注的重点，至于网站是否符合网络营销的需要、是否有利于企业未来的宣传推广则并不考虑。企业要明白建设网站主要是为了配合网络营销的进行，网站设计主要应以方便用户、满足用户需求为原则，虽然外观华丽的网站可以吸引用户，但是对于没有实用性、满足不了需求的网站，用户只会在"欣赏"完之后匆匆离去。在网站设计时，除了要清晰地显示企业图像外，还应完善网站营销的服务功能，注重产品或客户服务、用户交流、信息检索、用户体验等功能的显示，使网站更实用，更能满足用户的需求。

3. 网络只是一个渠道

网络营销就是借助互联网使企业品牌在网络中迅速、有效地传播，提高企业的知名度，提升企业品牌效应。在市场经济大环境下，越来越多的企业将发展触角伸向网络，觉得只要产品能在网络上展示，就一定会被消费者认可和购买。我们不能否认网络的作用，但并不是所有的产品在网络上都是畅通无阻的，网络只是一个渠道，市场已经过了"渠道为王"的时代，因此要想打开市场局面，占领市场的前沿阵地，没有精心的策划、缜密的规划是行不通的。

4. 产品质量是企业的生命线

产品质量是最重要的一点。产品质量决定企业信誉，从而决定企业的长远利益。产品质量如果不过硬，就会丢失顾客，输掉市场，导致企业难以盈利，无法立足。从这个意义上来说，产品质量是企业的生命线。没有产品质量做保证，再好的营销也难以保证企业的持久发展。

二、网络广告

（一）网络广告的概念

网络广告是指利用互联网这个载体，通过图文或多媒体方式发布的营利性商业广告，是在网络上进行的有偿信息传递。它是广告主为了推销自己的产品或服务而在互联网上向目标群体进行有偿的信息传递，从而引起目标群体和广告主之间信息交流的活动。简单地说，网络广告就是在网络平台上投放的广告，利用网站上的横幅广告、文本链接、多媒体等，在互联网上刊登或发布广告，通过网络传递给互联网用户。

与传统的四大传播媒体（报纸、杂志、电视、广播）广告和备受青睐的户外广告相比，网络广告具有得天独厚的优势，是实施现代营销媒体战略的重要部分。互联网是一个全新的广告媒体，其传播速度最快，效果很理想，是中小企业发展壮大的最好途径，而对于广泛开展国际业务的公司更是如此。

与传统的广告媒体相比，网络广告的特征主要体现在以下几个方面：广泛性和开放性；实时性和可控性；直接性和针对性；双向性和交互性；易统计性和可评估性；传播信息的非强迫性；广告受众数量的可统计性；网络信息传播的感官性。

（二）网络广告的优点与缺点

1. 网络广告的优点

网络营销的出现必然带来网络广告的不断发展，在广告业迅速发展的时代，网络广告也有着自身的优势，主要表现在以下几个方面。

①制作简单，成本低，投资回报诱人；

②广告跨越地域和时空，宣传范围广，广告效果持久；

③表现形式灵活，受众基数大，交互界面深得用户喜爱；

④便于检索，方式灵活，互动性强，反馈直接；

⑤可以分类检索，也可以准确地统计受众数量，针对性强。

2. 网络广告的缺点

网络广告的缺点主要表现在以下几个方面。

①效果评估困难；

②网页上可供选择的广告位有限；

③创意的局限性。

（三）网络广告的任务与价值

1. 网络广告的任务

（1）准确传递广告信息

广告设计是一门实用性很强的学科，有明确的目的性，因此准确传递广告信息是网络广告设计的首要任务。现代商业社会中，产品或服务信息绝大多数都是通过广告传递的，平面广告可以通过文字、色彩、图形将信息准确地传递出来，而网络广告则通过声音、动态效果传递信息，产品或服务通过以上方式被消费者接受和认识。

（2）树立品牌形象

企业的品牌和形象决定了企业的产品在消费者心中的地位，这一地位通常靠企业的实力和广告战略来塑造和维护。在平面广告中，报纸广告、杂志广告由于受众广、发行量大、可信度高而具有很强的品牌塑造力。而结合网络广告，则可以使品牌塑造力大大增强。

（3）引导消费

平面广告一般可以直接送到消费者手中，而且信息详细具体，因此，如购物指南、房产广告等都可以引导消费者去购买产品。网络广告则可以通过动态效果的影响，促使消费者购买。

（4）满足消费者的审美要求

一幅色彩绚丽、形象生动的广告作品，能以非同凡响的美感增强作品的感染力，使消费者沉浸在作品给予的愉悦中，自觉接受广告的引导。因此广告设计时对物质文化和生活方式的审美再创造，可以通过夸张、联想、象征、比喻、诙谐、幽默等手法对画面进行美化处理，使其符合人们的审美需求，激发消费者的审美情趣，可有效地引导消费者在物质文化和生活方式上的消费观念。

2. 网络广告的价值

（1）品牌推广

网络广告最主要的价值就体现在对企业品牌价值的提升方面，这也说明了用户仅浏览而没有点击网络广告同样会在一定时期内产生效果，在所有的网络营销方法中，网络广告的品牌推广价值最为显著。

（2）信息发布

网络广告是向用户传递信息的一种手段，因此可以理解为信息发布的一种方式。通过网络广告投放，广告主不仅可以将信息发布在自己的网站上，也可以发布在用户数量更多、用户定位程度更高的网站上，或者直接通过电子邮件发送给目标群体，从而获得更多用户的关注，大大增强了网络营销的信息发布功能。

（3）销售促进

用户由于受各种形式的网络广告的吸引而获取产品信息，这已成为影响用户购买行为的因素之一。尤其当网络广告与企业网站、网上商店等网络营销手段相结合时，这种促销活动的效果更为显著。网络广告对于销售的促进作用不仅表现在直接的在线销售方面，也表现在用户通过互联网获取产品信息后对线下销售的促进方面。

（4）在线调研

网络广告对在线调研的价值表现在多个方面，如对用户行为的研究、对在线调查问卷的推广、对各种网络广告形式和广告效果的测试用户对新产品的看法等。通过专业服务商的邮件列表开展在线调查，可以迅速获得特定群体的反馈信息，从而大大提高市场调查的效率。

（5）用户关系的改善

网络广告所具有的对用户行为的跟踪分析功能为深入了解用户的需求和购买特点提供了必要的信息，这种信息不仅成为在线调研内容的组成部分，也为建立和改善用户关系提供了必要条件。网络广告对用户关系的改善也促进了品牌忠诚度的提高。

三、网络营销策略

（一）网络营销产品策略

与传统营销一样，网络营销的目标是为消费者提供满意的产品或服务，同时实现企业的利益。产品作为连接企业利益与消费者利益的桥梁，包括有形物体、服务、人员、地点、组织和构思。在网络营销中，产品发挥着同样的作用，它是指能提供给市场以引起人们的注意、获取、使用或消费，从而满足某种欲望或需要的东西。由于网络营销是在网上虚拟市场开展营销活动以实现企业营销目标，在面对与传统市场有差异的网上虚拟市场时，必须满足网上消费者的一些特有的需求，因此网络营销产品的内涵与传统营销产品的内涵有一定的差异，主要是网络营销产品的层次比传统营销产品的层次大大拓

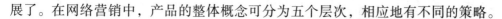

展了。在网络营销中，产品的整体概念可分为五个层次，相应地有不同的策略。

1. 核心利益或服务层次

企业在设计和开发产品的核心利益或服务时要从消费者的角度出发，要根据上次营销效果来制定本次产品的设计开发。值得注意的是网络营销的全球性，企业在提供核心利益或服务时要针对全球性市场提供，如医疗服务可以借助网络实现远程医疗。

2. 有形产品层次

对于有形产品来说，企业必须保障产品的品质、注重产品的品牌和包装。在式样和特征方面，企业要根据不同地区的文化进行有针对性的加工。

3. 期望产品层次

在网络营销中，消费者处于主导地位，消费呈现出个性化的特征，不同的消费者可能对产品的要求不一样，因此，产品的设计和开发必须满足消费者这种个性化的需求。

4. 延伸产品层次

在网络营销中，对于物质产品来说，延伸产品层次要求企业注意提供满意的送货、售后服务、质量保证等。

5. 潜在产品层次

在延伸产品层次之外，企业还应提供能满足消费者潜在需求的产品。

（二）网络营销品牌策略

网上品牌与传统品牌有着很大不同，传统优势品牌不一定是网上优势品牌，网上优势品牌的创立需要企业重新规划和投资。

1. 商标的界定与域名商标

商标是名字、术语、标志、符号、设计或者它们的组合体，用来识别某一销售者或组织所营销的产品或服务，以区别于其他竞争者。一方面，商标从本质上说是用来识别销售者或生产者的，依据商标法，商标拥有者享有独占权，单独承担使用商标的权利和义务；另一方面，商标还带有一些附加属性，它可以给消费者传递使用该商标的产品所具有的品质，是企业形象在消费者心里定位的具体依据，可以说，商标是企业形象的化身，是企业品质的保证和承诺。

域名作为企业在网上市场进行商业活动的唯一标识，具有独占性，同样对域名地址所存放的内容和在此进行咨询、交换或交易提供相同的承诺、品质和服务。如果对比商标的定义，可以将域名描述为：由个人、企业或组织申请的独自使用的互联网上的标识，并对所提供的服务或产品的品质进行承诺和提供信息交换或交易的虚拟地址。由上述可知，域名不但具有商标识别企业的功能，还具有传递企业提供产品或服务的品质和属性功能。因此，域名从本质上也是一种商标，它不但具有商标的一般功能，还提供一些在互联网上进行信息交换和交易的虚拟地址。

2. 域名商标的商业价值

由于域名和公司名称的一致性，公司的形象在用户中的定位和知名度就水到渠成，胜过公司专门的形象策略和计划。因此，域名的知名度和访问率就是公司形象在互联网商业环境中的具体体现，公司商标的知名度和域名的知名度在互联网上是统一的，域名从作为计算机网上通信的识别提升为从商业角度考虑企业的商标资源，与企业商标一样，它的商业价值是不言而喻的。

3. 域名抢注

域名作为互联网上一种人性化的符号标识，简化了人与计算机进行交互的复杂性，同时简化了互联网上不同使用者之间的识别和信息交换。随着互联网上商业应用的增加和国际化，域名不仅是一种为计算机交换信息时必需的个人或组织符号识别的设计，还是互联网上查找和识别组织或个人的一种重要标识，它使交易双方的直接沟通和信息交换成为可能，同时减少了信息交换成本。在互联网日益深化的商业化过程中，域名作为企业标识的作用日益突出。

由于互联网域名管理机构没有赋予域名法律上的意义，因此域名与任何公司名、商标名都没有直接关系，但由于域名的唯一性，一家公司注册在先，其他公司就无法再注册同样的域名，因此域名已具有同商标、名称类似的意义。由于世界上著名的公司大部分直接以其著名的产品名进行域名，因此，域名在网上市场营销中同样具有商标特性。加之大多数使用者对专业知识知之甚少，很容易被一些有名的域名所吸引，所以，一些显眼的域名很容易博得用户的青睐。正因为域名的潜在商业价值，许多不法之徒抢先注册一些著名域名，用一些著名公司的商标或名称作为自己的域名进行注册，并向这些公司索取高额转让费，由此引起法律纠纷。

4. 网上域名品牌发展策略

企业在提高站点内容丰富性和服务性的同时，还须注重对域名及站点的发展，以便尽快发挥域名的商标特性和站点的商业价值，避免出现影响有关企业形象的域名、站点问题。创建网上域名品牌其实与建立传统品牌的方法大同小异。

（1）多方位宣传

域名是一种符号标识，企业在开始进入互联网时域名还鲜为人知，这时企业应善于运用传统的平面媒体与电子媒体，并舍得耗费巨资打品牌广告，让网址利用大小机会多方曝光。

（2）高度重视消费者的网站使用体验

广告在消费者内心激发出的感觉，固然有建立品牌的功效，但比不上网民上网站体会到的整体浏览或购买经验。如戴尔计算机让消费者在线根据个人需求定制计算机；雅虎和美国在线都提供一系列的个性化工具；亚马逊则更坚定地指出，亚马逊的品牌基石不是任何形式的广告或赞助活动，而是网站本身。

（3）利用公关造势

这对新兴网站非常重要。利用公关造势时，必须注意树立企业的良好形象。互联网传播的国际性和广泛性，使企业必须审慎对待谣言和有损自身形象的信息。

（4）遵守约定规则

互联网最初是非商用的，使其形成了使用低廉、信息共享和相互尊重的原则。商用后，企业提供服务的收费最好是免费或者非常低廉的，注意发布信息的道德规范，未经允许不能随意向消费者发布消息，否则可能会引起消费者的反感。

（5）持续不断地塑造网上品牌形象

创建品牌其实就是一种"收买人心"的活动，消费者信念的形成与改变可能在一夕之间，也可能旷日持久，但市场的扩张是永无止境的。因此，创建品牌必将是企业的终身事业。一些年轻的网上企业也许可以快速建立起品牌，但没有一家公司能够违背传统营销的金科玉律：永垂不朽的品牌不是一天造成的。要想成为网上的可口可乐或迪士尼，企业需要长期努力与投资。在瞬息万变的网上世界，只有掌握这个不变的定律，才能建立起永续经营的基石。

（三）网络营销定价策略

1. 网络营销定价的特点

信息时代以及计算机控制的机器工具的出现，让消费者可以定制其所需要的产品或服务。这种消费者驱动经济的非工业化称为大规模定制。随着 CNN 和点播公司的新闻服务、雅虎的个性化搜索以及亚马逊高度定制化的消费者互动网页的出现，互联网已经成为杰出的大规模定制的工具。由于同样的产品或服务可能给不同的消费者带来不同的价值，网络可使营销定价差异化，即利用定制与消费者的互动关系，不同的消费者对于同样的产品或服务支付不同的价钱。

开放、快捷的互联网，使企业、消费者和中间商对产品的价格信息都有比较充分的了解，因此网络营销定价与传统营销定价有很大不同。网络营销定价的特点如下。

（1）低价位化

首先，互联网成为企业和消费者交换信息的渠道。一方面，可以减少印刷费用与邮递成本，免交店面租金，节约水、电费与人工成本；另一方面，可以减少由于多次迂回交换所造成的损耗。其次，网络营销能使企业绕过许多中间环节和消费者直接接触，进而使企业的产品开发成本和营销成本大大降低。最后，消费者可以通过开放互动的互联网掌握产品的各种价格信息，并对其进行充分的比较和选择，迫使开展网络营销的企业以尽可能低的价格出售产品，从而增加了消费者的让渡价值。

（2）全球定价化

网络营销面对的是开放的和全球化的市场，世界各地的消费者可以直接通过网站进行交易，而不用考虑网站所属的国家或地区。企业的目标市场从过去受地理位置限制的局部市场，迅速拓展到范围广泛的全球性市场，这使网络营销定价时必须考虑目标市场范围的变化所带来的影响。企业不能以统一的市场策略来面对差异性极大的全球性市场，而必须采用全球化和本地化相结合的原则。

（3）价格趋于一致化

互联网市场是一个开放的、透明的市场。在这个市场中，消费者可以及时获得同类产品或相关产品的价格信息，并对价格和产品进行充分的比较，迫使企业努力减少因国家或地区等的不同而产生的价格差异，进而使价格趋于一致。

（4）弹性化

开放、快捷的互联网能够使消费者及时获取各种产品的多个甚至全部厂家的价格信息，真正做到货比多家，这就决定了网络营销的价格弹性很大。因此，企业在制定网络营销价格时，应当科学量化每个环节的价格构成，制定较为合理的价格策略。另外，随着消费者不断趋于理性化，企业在网络营销定价时要综合考虑各种因素，如消费者的价值观和偏好等。

（5）消费者主导化

在传统市场中，产品的价格是以生产成本为基准，再加上一定的利润，就成为市场价格。在互联网市场中，消费者能及时获取产品及其价格的各种信息，通过综合这些信息决定是否接受该企业报价并达成交易。所以，在定价时，企业必须考虑消费者的心理特点和价格预期，以消费者为中心，根据生产成本和消费者的心理特点综合定价，以赢得消费者的青睐，使其产生购买欲望，实现双赢。

2. 影响网络营销定价的因素

影响网络营销定价的因素很多，但总体上可归纳为以下四点。

（1）需求因素

从需求方面看，市场需求规模以及消费者的消费心理、感受价值、收入水平、对价格的敏感程度和议价能力等都是影响网络营销定价的主要因素。经济学中因价格和收入变动所引起的需求的相应变动率称为需求弹性，需求弹性一般可以分为需求收入弹性、需求价格弹性、交叉价格弹性和消费者的议价能力等。

①需求收入弹性

随着收入的增加或减少，人们对某种产品或服务的需求可能会发生三种变化，即需求增加、需求减少、需求不变。需求收入弹性是指因收入变动所引起的需求相应变动的敏感程度。一般来说，高档商品、奢侈品、服务产品、娱乐消费等多属于需求收入富有弹性的产品，而生活必需品一般表现为需求收入缺乏弹性。

②需求价格弹性

需求价格弹性是指因价格变动所引起的需求相应变动的敏感程度。正常情况下，市场需求与价格的变动呈反方向变动。随着价格的提高或降低，人们对某种产品或服务的需求可能会发生三种变化，即需求增加、需求减少、需求不变。一般来说，高档商品、奢侈品、服务产品、娱乐消费等多属于需求价格富有弹性的产品，而生活必需品一般表现为需求价格缺乏弹性。正因为价格会影响需求，企业产品定价的高低会影响企业产品的销售。因此，网络营销活动中，企业必须了解所定价产品的需求价格弹性的大小，即了解需求对价格的敏感程度。一般来说，对于需求价格富有弹性的产品可以实施低价策

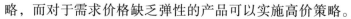

略，而对于需求价格缺乏弹性的产品可以实施高价策略。

③交叉价格弹性

交叉价格弹性即商品A需求变化的百分比与商品B价格变化的百分比之间的比率，它可能是正数、负数，也可能是零。如果交叉价格弹性大于零，说明商品A与商品B之间存在相互替代的关系；如果交叉价格弹性小于零，说明商品A和商品B之间存在互补关系；如果交叉价格弹性的绝对值很小，接近于零，说明商品A与商品B之间没有什么关系，二者相互独立。因此，网络营销定价还要考虑互补品、替代品、条件品的价格水平的高低。

④消费者的议价能力

在网络营销活动中，消费者有较强的选择性与主动性，消费者的议价能力或消费者价格谈判能力对企业产品交易价格的形成有很大影响。一般来说，消费者的议价能力是众多因素综合作用的结果。这些因素主要包括消费者购买量的大小、企业产品的性质、消费者趋向一体化的可能性、企业产品在消费者所需产品中的重要性、消费者寻找替代品的可能性等。

（2）供给因素

从供给方面看，企业产品的生产成本、营销费用是影响网络营销定价的主要因素。成本是产品价格的最低界限，也就是说，产品的价格必须能补偿产品的生产、分销、促销过程中发生的所有支出，并且要有所盈利。根据与产量或销量之间的关系，产品成本可以分为固定成本和变动成本两类。固定成本是指在一定限度内不随产量或销量变化而变化的成本，变动成本是指随产量或销量变化而变化的成本，二者之和即为产品的总成本。产品的最低定价应能收回产品的总成本。对企业产品定价产生影响的成本费用主要有总固定成本、总变动成本、总成本、单位产品固定成本、单位产品变动成本、单位产品总成本等。

（3）供求关系

从营销学的角度考虑，企业的定价策略既是一门科学，也是一门艺术。从经济学的角度考虑，企业的定价大体还是遵循价值规律的。因此，供求关系也是影响企业产品价格形成的一个基本因素。一般而言，当产品处于供不应求的卖方市场时，企业可以实行高价策略；当产品处于供大于求的买方市场时，企业应该实行低价策略；当产品处于供给等于需求的均衡市场时，交易价格的形成基本处于均衡价格。因此，企业产品的定价不能过度偏离均衡价格。

（4）竞争因素

竞争因素对价格的影响，主要考虑产品的供求关系及其变化趋势、竞争对手的定价目标和定价策略以及变化趋势。在营销实践中，以竞争对手为导向的定价方法主要有三种：①低于竞争对手的价格；②与竞争对手同价；③高于竞争对手的价格。

因此，在定价过程中，企业应进行充分的市场调研，以改变对自己不利的信息劣势，对待竞争对手则应树立既合作又竞争且又共同发展的理念，以谋求双赢。

3. 网络营销定价策略种类

（1）低价策略

低价策略包括低价定价策略、折扣策略和网上促销定价策略。

实施低价策略时，企业应注意的问题有：

①在网上不宜销售那些消费者对价格敏感而企业又难以降价的产品。

②在网上发布价格时要注意区分消费对象，即区分一般消费者、零售商、批发商、合作伙伴，给不同的消费对象提供不同的价格信息发布渠道，否则可能因低价策略混乱导致营销渠道混乱。

③在网上发布价格时要注意比较同类站点发布的价格。

（2）定制定价策略

定制定价策略是指在企业能实行定制生产的基础上，利用网络技术和辅助设计软件，帮助消费者选择配置或者自行设计能满足自己需求的个性化产品，同时承担自己愿意付出的价格成本。

（3）使用定价策略

所谓使用定价，就是消费者通过互联网注册后可以直接使用某公司的产品，消费者只需根据使用次数进行付费，而不需要将产品完全购买。

采用按使用次数定价时，企业一般要考虑产品是否适合通过互联网销售、是否可以实现远程调用。目前，比较适合使用定价策略进行销售的有软件、音乐、电影等方面的产品。

另外，采用按使用次数定价的方式对互联网的带宽提出了很高的要求，因为许多信息都要通过互联网进行传输，如果互联网的带宽不够，将影响数据传输，势必会影响消费者的租赁、使用和观看。

（4）拍卖竞价策略

网上拍卖是目前发展比较快的领域。经济学家认为，市场要想形成最合理的价格，拍卖竞价是最合理的方式。网上拍卖由消费者通过互联网轮流公开竞价，在规定时间内价高者赢得拍品。

（5）免费价格策略

免费价格策略是指企业为了实现某种特殊的目的，将产品或服务以零价格形式提供给消费者使用的策略。企业实施免费价格策略的目的主要有两个：①先让消费者免费使用，待其形成习惯后再开始收费；②先占领市场，再在市场上获取收益。

（四）网络营销促销策略

在网络营销活动的整体策划中，网上促销是极为重要的一项内容。促销是指企业利用多种方式或手段来支持市场营销的各种活动。而网上促销是指利用互联网等手段来组织促销活动，以辅助和促进消费者对商品或服务的购买和使用。

1．折价促销

折价亦称打折、折扣，是目前网上最常用的一种促销方式。网上销售的商品由于不能给人全面、直观的印象，也不可试用、触摸等，再加上配送成本和付款方式的复杂性，造成网上购物和订货的积极性下降，而幅度比较大的折扣可以促使消费者进行网上购物的尝试并做出购买决定。

2．变相折价促销

变相折价促销是指在不提高或稍微提高价格的前提下，提高商品或服务的品质和数量，较大幅度地增加商品或服务的附加值，让消费者感到物有所值。由于网上直接价格折扣容易使消费者对商品品质产生怀疑，所以利用增加商品或服务的附加值的促销方法会更容易获得消费者的信任。

3．赠品促销

一般情况下，在新产品推出试用、产品更新、对抗竞争品牌、开辟新市场的情况下，企业利用赠品促销可以产生比较好的效果。

4．抽奖促销

抽奖促销是网上应用较广的促销方式之一，是大部分网站乐于采用的促销方式。抽奖促销是以一人或数人获得超出参加活动成本的奖品为手段进行商品或服务的促销，网上抽奖促销主要附加调查、产品销售、扩大用户群、庆典、推广某项活动等。消费者或上网者通过填写问卷、注册、购买商品或参加网上活动等方式获得抽奖机会。

进行网上抽奖促销活动时应注意以下几点：①奖品要有诱惑力，可考虑使用大额超值的商品吸引消费者参加。②活动参加方式要简单。目前由于上网费偏高、网速不够快、上网者兴趣不同等，网上抽奖促销要策划得有趣味性，容易让上网者参加；太过复杂和难度太大的促销活动较难吸引匆匆的访客。③抽奖结果要公正、公平。

5．积分促销

积分促销在网络上的应用比传统营销方式要简单和易于操作。网上积分活动很容易通过编程和数据库等来实现，且结果可信度很高，操作起来相对较为简便。积分促销一般设置有价值较高的奖品，消费者通过多次购买或多次参加某项活动来增加积分获得奖品。

积分促销可以增加上网者访问网站和参加某项活动的次数，可以增加上网者对网站的忠诚度，提高活动的知名度等。

6．联合促销

由不同商家联合进行的促销活动称为联合促销，联合促销的商品或服务可以起到一定的优势互补、互相提升自身价值等效应。如果应用得当，联合促销可起到相当好的促销效果。如网络公司可以和传统商家联合，提供在网上无法实现的服务。

以上是网络营销促销策略中比较常见又比较重要的方式，其他如节假日的促销、事件促销等都可与以上方式综合应用。但要想使促销活动达到良好的效果，企业必须事先进行市场分析、竞争对手分析、网上活动实施的可行性分析，与整体营销计划相结合，创意性地组织实施促销活动，使促销活动新奇、富有销售力和影响力。

第三节　订单履行与物流配送

一、订单履行概述

（一）订单履行的概念

随着电子商务的不断发展和网络应用领域的不断扩大，现代化的企业应该从多方面适应这个变化，同时充分利用电子商务提供的良好平台完成高效率的商业运作，而订单履行是企业高效完成网络营销的前提。

订单履行是指企业在客户订单下达以后组织产品，并能够按时将客户所订产品配送到其手里，同时还要提供诸如产品安装说明、必要的培训、退换等相关的客户服务。订单履行的关键是原材料或服务在正确的时间、以正确的价格送到正确的地方。

订单履行是实现配送中心功能的关键环节，它决定订单履行的效率、准确性并负责反馈库存可得性，并最终决定了客户的满意度，是配送企业的核心竞争力所在。订单履行的依据包括对所有客户公平、订单的重要性、能够实现的订单处理的速度。另外，在订单履行过程中，企业或者商家需要把握一定的优先法则：先收到的订单先处理；优先处理订货量小、相对简单的订单；优先处理承诺交货期最早的订单；优先处理交货期最近及紧急的订单；需要处理时间最短的订单；提前预定的订单。

（二）传统零售与订单履行的区别

由于电子商务改变了传统的经营方式，从以往的现场看货、订货到网络营销中的网上预订，这使订单履行变得越来越重要，也变得越来越困难。订单履行的重要性体现为它是企业与客户交易完成的最后一个环节，订单履行的好坏直接关系到企业的声誉，从而影响客户的满意度和忠诚度；而订单履行的困难性则是由经营方式的改变和人们在电子商务环境下交易观念的改变所引起的。网络营销环境下，与传统零售相比，订单履行发生了以下变化。

1. 生产方式的改变

传统零售是先进行产品生产，然后将产品卖给客户，即先有货，后销售。电子商务所采用的是按订单生产的方式，且有许多个性化的定制生产，这就使企业在产品供应环节面临新的挑战。它不仅要求企业及其所有的供应链能准确预测客户的需求，控制库存，还要有敏捷的供应链能够快速响应客户需求的变化，因此，电子供应链与协同作业成为提高供应链性能的关键，即由"拉式"生产方式向"推式"生产方式转变。

2. 取货向送货的转变

传统零售是客户到零售店购买产品并将其带走，是客户自己上门取货；而电子商务环境下的销售是远距离完成的，企业必须送货上门。这就使企业在生产、配送环节均面临挑战，既要保证配送的即时性，又要降低配送成本，因为 B2C 电子商务所面对的常常是小订单、低价值的交易，高昂的配送成本是企业无法承受的。

3. 现场服务向远程服务的转变

传统零售是客户到零售店购买产品，服务人员现场服务；而电子商务环境下，配送一般由第三方物流公司承担，交易又是远程实现的，这就使企业在生产产品技术的支持上与传统零售存在差异。在远程服务代替现场服务过程中，企业将承担更多的培训和指导任务。

（三）订单履行的基本过程

从客户的角度来说，订单履行过程就是对订单的处理过程；从企业的角度来说，订单履行过程就是从接收订单到完成订单的全过程。

关于订单提前期的构成，一般来说可分为 10 个步骤：订单规划、订单生成、成本估算和定价、接单与录入、订单甄选及主次划分、工作调度、订单履行、结账、退货及索赔、售后服务。另外，也有学者认为订单提前期包括订单产生、订单输入、订单处理、订单计划、订单装配、订单配送等。

总体来看，订单履行主要包括以下几个基本步骤。

第一步，企业检查当前库存，核实是否有现货，并根据检查结果估计交付周期，通知客户。若客户不满意交付周期，可取消订单。

第二步，如果有库存，通知客户进行支付、结算，并安排配送。

第三步，如果没有库存，对于生产企业则进入生产系统组织生产，而对于零售企业则进入采购系统组织采购。

第四步，生产或采购完成并入库，转至第二步。

第五步，客户收到货物后如果不满意，可调换或退货、退款。

（四）B2C 订单履行的基本内容

B2C 网购业务的基本支撑主要是网络和物流。B2C 订单履行可以分为订单生成、订单处理、订单分拣、订单配送等环节，其核心仍然是物流。因此，建设现代配送中心成为 B2C 订单履行的关键。

1. B2C 配送中心的基本作业流程

（1）收货

货物到达配送中心后，工作人员应完成检验、核对、清点、入库等操作。B2C 电子商务的特点是存在大量操作。除少数品种外，一般货物的采购量不大。如当当的图书，有的品种仅采购数册，但每天到货的品种比较多，因此在收货环节，工作人员应特别注意多品种的快速收货问题。

（2）储存

根据 B2C 电子商务的特点，储存采用平置货架和搁板货架的居多。

（3）拣选

订单从门户网站接收后，发到配送中心进行处理。货物拣选有两种典型的作业方式：按时间顺序拣选和按路线拣选。许多配送中心采用第一种方式，其一般流程是：按时间顺序打印拣选单，管理人员将拣选单按一定数量分发给拣选人员，拣选人员再按单拣选。这种作业方式的最大问题是不能优化拣选路线，因此作业效率比较低。按路线拣选的方式采用波次技术，每天排定拣选路线时刻表，每个时段仅处理一条或几条路线，并在一个波次下按照区域组单，然后进行拣选。显然，按路线拣选的效率会有比较大的提高。

（4）配送

配送就是按照订单要求完成货物从配送中心到客户端的过程，一般要求按照区域和路线进行。目前采用的方法主要有自行配送和第三方配送两种，前者的代表如京东，后者的代表如当当。从长期发展来看，采用第三方配送将是主流，但需要完善行业管理规范。

（5）退货

B2C 电子商务的退货一般占比较小，为 1% ~ 3%。对于退货的处理，首先要考虑业务层面是否存在问题。某次在物流层面，还存在退货上架的问题。采购退货主要是完成从配送中心到供应商的退货，其操作比较简单。

2.B2C 订单的特点和处理难点

B2C 电子商务几乎囊括了所有行业，但就目前而言，主要集中在 3C 电子产品、日用百货、图书、服装等领域，其中尤以 3C 电子产品、图书、服装等领域发展得较为成熟。B2C 订单的主要特点是订单量大，但每个订单的订货量少、配送量小。对于大多数综合型 B2C 电子商务企业来说，订单处理的难点在于数量大、分布广、品种多、配送时间短、随机性强等。

3.B2C 订单履行的经济技术指标

B2C 订单履行主要是一个物流问题，其经济技术指标与现代物流的经济技术指标是一致的，即经济性和效率相一致。事实上，经济性和效率也是评价一个配送中心是否先进的重要指标。

（1）经济性

配送中心的经济性表现在以下几个方面。

①配送中心的建设成本

建设成本主要包括建筑成本、设备成本、系统成本等方面。其中，建筑成本占 60% ~ 70%，个别自动化程度较低的配送中心，其建筑成本占 80% 以上。

②配送中心的运营成本

运营成本主要包括建筑及设备折旧、人工成本、系统维护成本、水电及耗材费用、配送成本、税费等。其中，配送成本与人工成本是关键，约占总成本的 60% 以上。

（2）效率

效率主要表现在订单的处理效率、拣选效率、配送效率等方面。提高订单履行效率应从以上几个方面入手。一次完整的B2C购物活动，主要分为三个过程，所需时间如下。

①下单

即客户通过网络下单，服务中心接收订单并审核通过，然后下发到配送中心。通常这个过程非常快，只需要几分钟就可以完成。

②拣选

即配送中心接收订单、分析、组合、分发、打印、拣选、分类、包装、归类、暂存、交付运输的过程。这个过程根据系统不同，需要1小时到数小时不等。

③配送

即企业运输部门或快递公司完成货物接收、分类、暂存、配送，客户接收、结算。这个过程根据配送半径的不同，配送时间有比较大的差异。根据配送距离的长短，一般是数小时到数天不等。

配送的成本优势就是在满足客户需求的前提下，使上述三个过程的费用总和尽可能的低。

二、网络订单与物流配送

（一）网络订单系统的总体结构

网络订单处理平台既依托企业内部业务系统的数据支持，又独立于企业内部业务系统的业务流程。网络订单系统分为前台订单与后台管理两大部分，二者相互配合，面对企业的上、下游客户，用网络手段向企业提供全面、高效、便捷的信息服务，为企业的业务拓展插上翅膀。

（二）网络订单的管理流程

1. 网络订单落实管理流程

在网络订单后台管理过程中，网络订单落实管理流程分为接收订单、评审订单、审批订单、下达订单、生产实施、完成订单及跟踪6个步骤。

2. 网络订单协调管理流程

在网络订单后台管理过程中，网络订单协调管理流程分为接收订单、技术研发、制订生产计划、确定物料需求、执行采购、物料供应、生产协调、产品检验、准备出货9个步骤。

（三）物流配送

1. 物流配送的概念

物流配送是指在经济合理的区域范围内，根据客户的要求，对物品进行拣选、加工、包装、分货、配货等作业，并按时送达指定地点的物流活动。物流配送反映了配送实践中的三个基本要素，即客户要求、配货、送货。客户要求包含很多内容，如货物的品种、规格、数量、质量以及送货时间、送货地点等，它主要从客户订单中反映出来，是"配货"和"送货"的依据。客户要求的实现程度，是衡量配送质量高低的最终标准。配货是现代物流业区别于计划经济条件下的生产消费与生活消费，基于多品种、小批量、多批次的要求而发展起来的一种新的流通方式。

2. 物流配送的功能

（1）采购功能

配送中心必须首先采购所要供应配送的货物，才能及时、准确无误地为客户即生产企业或商业网点供应物资。配送中心应根据市场的供求变化，制订并及时调整统一的、周全的采购计划，并由专业的人员与部门组织实施。

（2）存储功能

存储功能主要体现在两个方面：一是为了解决季节性货物的生产计划与销售季节性的时间差问题；二是为了解决生产与消费之间的平衡问题。为保证正常配送的需要，满足客户的随机需求，企业不仅应在配送中心保持一定量的货物储备，而且要进行储存货物的保管保养工作，以保证储备货物的数量，确保质量完好。配送中心的服务对象是为数众多的生产企业或商业网点（如连锁店和超级市场），配送中心需要按照客户的要求及时将各种装配好的货物送到客户手中，以满足生产和消费的需要。为了顺利、有序地完成向客户配送货物的任务，更好地发挥保障生产和消费需要的作用，配送中心通常要兴建现代化的仓库并配备一定数量的仓储设备，以存储一定数量的货物。某些区域性的大型配送中心和开展"代理交货"配送业务的配送中心，不但要在配送货物的过程中存储货物，而且所存储的货物数量大、品种多。配送中心所拥有的存储货物的能力使存储功能成为仅次于配组功能和分拣功能的重要功能之一。

（3）配组功能

由于每个客户对货物的品种、规格、型号、数量、质量以及送达时间和送达地点等的要求不同，配送中心就必须对货物进行分拣和配组。配送中心的配组功能是其与传统的仓储企业的明显区别之一。这也是配送中心最重要的特征之一，可以说，没有组配功能，就没有所谓的配送中心。

（4）分拣功能

作为物流节点的配送中心，其客户差别很大，不仅各自的性质不同，而且经营规模大相径庭。因此，在订货或进货时，不同的客户对货物的种类、规格、数量会提出不同的要求。针对这种情况，为了有效地进行配送，即为了同时向不同的客户配送多种货物，配送中心必须采取适当的方式对货物进行拣选，并在此基础上，按照配送计划分装和组配货物。这样，在商品流通实践中，配送中心又增加了分拣货物的功能，发挥了分拣中心的作用。

（5）分装功能

从配送中心的角度来看，它往往希望采用大批量的进货来降低进货价格和进货费用，但是客户为了降低库存、加快资金周转、减少资金占用，往往采用小批量进货的方法。为了满足客户的小批量、多批次进货的要求，配送中心就必须进行分装。

（6）集散功能

货物由几个生产企业集中到配送中心，再进行发运，或向几个生产企业发运。凭借其特殊的地位以及拥有的各种先进的设施和设备，配送中心能够将分散在各个生产企业的货物集中到一起，然后经过分拣、配组向多个客户发运。集散功能也可以将其他生产企业的货物放入配送中心来处理、发运，以提高车辆的满载率，从而降低成本。

（7）流通加工功能

在配送过程中，为解决生产中大批量、小规格和消费中的小批量、多样化要求的矛盾，按照客户的要求对货物进行分装、配组等加工活动，也是配送中心的功能之一。

（8）送货功能

配送中心将配组好的货物按到达地点或到达路线进行送货。配送中心既可以租用社会运输车辆，也可以使用自己的专业运输车队。

（9）信息汇总及传递功能

该功能为管理者提供更加准确、更加及时的配送信息，也是客户与配送中心联系的渠道。

（10）衔接功能

在生产过程中，半成品和原材料等都需要从各地运来，需要仓库储存，各道工序的物资也需要配送。

（11）服务功能

以客户需求为导向，为满足客户需求而开展配送服务。此外，配送中心还有如加工、运输、信息、管理等功能。每个配送中心一般都具有这些功能，对其中某一项功能的重视程度的不同，决定着配送中心的性质，并且选址、房屋构造、房屋规模和设施等也随之发生变化。

三、退货处理与客服支持

（一）退货的常见原因及处理方法

在网络购物中，客户退货的理由无奇不有。面对这一问题，企业按照正确的处理程序处理即可。凡事利弊相生，退货是个普遍难题，有时只需要换个思维，就能将退货损失转换为收益，将危机转换为商机。也就是说，退货可能是重新购买的开始。网络营销中，退货出现的原因主要在于按订单发货发生错误或运输途中货物受到损坏。如果遇到这两种情况，企业应该正确处理，以提高客户的满意度。

1. 按订单发货发生错误

在网络营销过程中，当遇到按订单发货发生错误时，正确处理方法如下。

①主动、及时地联系发货人，说明原因。

②按照当时的实际情况提出新的发货方案，并征得客户的同意。

③收回错发的货物，检查货物的质量并将其错误标签撕掉，贴上正确的标签，放到正确的货架上。

④重新按正确的订单发货。

⑤期间发生的所有费用由发货人负责，并向客户道歉，有必要的话，可以向客户送一些小礼品作为补偿。

⑥查明问题产生的原因，如订单错误、拣货错误、出货错误、出货单贴错、装错车等。同时，追究个人或集体的责任，并给予一定的警告或惩罚。

⑦找到原因后应立即采取有效的措施。如在常出错的地方增加检查人员，建立相应的奖罚制度，增加一定的自动化机械设备，等等。

2. 运输途中货物受到损坏

在网络营销过程中，当遇到运输途中货物受到损坏时，正确的处理方法如下。

①主动、及时地联系发货人，说明情况。可以拍下货物受损的照片发给发货人作为证据，并要求一定的赔偿。

②根据退货的情况，由发货人与客户协商决定所需要的修理费用或赔偿金额。

③由运输单位负责赔偿。同时，还要向客户和发货人道歉。

④查明货物受损的原因，如包装材质不好，包装方法不对，搬运过程中各个装车动作、卸货动作错误，没有做到轻拿轻放，运输道路坑坑洼洼导致货物颠簸，等等。

⑤找到原因后应立即采取有效的措施。例如，拿货物时要做到轻拿轻放，增加货物包装的费用，提前考察路况并确定运输路线，引进一些自动化机械设备代替人工，建立相应的奖罚制度，对损坏货物的人员给予一定的警告或惩罚，等等。

3. 如何避免退货现象

企业只有认真地按照正确的程序处理客户的退货问题，才能有效地提升客户对企业的信任度。同时，在平时的工作中应加强对员工素质和专业技能的培训，避免退货现象的发生。为了尽量减少客户的不满及退货现象，企业可以从以下几个方面入手。

①站在客户的立场考虑，态度要比平常销售时更加热情，以巩固客户的忠诚度。

②每日出货前，应仔细检查货物的品质，防止有质量问题的货物上架。如有货物质量问题，应及时通知大库或货品助理。

③对不同的退货情况分别做不同的处理。退货处理前，要先感谢客户平时的惠顾，再了解退货的原因。当过错在企业时，应立刻进行道歉。

④加强自身的素质训练，对产品的质量、特点、规格、优缺点、保养方法、数量等加以掌握，以便销售时能给客户明确的建议，增加客户的满意度，减少退货现象的发生。

⑤客户下单后，企业既不能太冷淡，也不能太喜形于色。太冷淡，会让客户感到失望；太喜形于色，会让客户感到后悔。可告知客户产品的保养方法等，避免退货的发生。

总之，妥善地处理和减少客户的退货，不仅关乎企业的利润，还关乎产品的品牌形象，所以有效地处理退货问题，有利于企业品牌的树立。

（二）退货处理基本流程

对于一个产品成本从几元到几十万元的企业，管理退货流程的能力至关重要，而缺乏跟踪和控制则有可能导致上百万元的损失。管理和控制退货渠道的关键是退货授权流程。

1. 倾听客户的诉说

客服人员应以微笑来缓和自己和客户的情绪，以关心的态度倾听客户的诉说，然后用自己的话把客户的退货原因重复一遍，确信已经理解客户的退货原因，而且对此已与客户达成一致。如果有可能，请告诉客户你愿意想尽一切办法来解决他提出的问题。

2. 表示关心及感同身受

当出现退货情况时，客服人员必须主动向客户道歉，即便并不是企业的过错，也应尽量安抚客户，理解客户的心情。

3. 使客户满意

客服人员应深入了解客户退货产生的原因，并及时研究解决方案，按照退货的程序逐级呈报，寻求解决问题的办法，并视具体情况尽自己所能满足客户。

4. 感谢客户

当退货发生时，企业应该把它看成"好机会"。既不要怕它，也不要讨厌它。因为，客户提出退货，表明客户是信任企业的。事实上，如果客户的抱怨处理得好，客户对企业的信任感只会增多，不会减少，这就叫转祸为福。客户对企业获得好印象后，必定会转告他人，这无形中为企业做了有力的免费宣传。

（三）客户服务和支持

1. 客户服务和支持的功能

客户服务质量取决于企业创造客户价值的能力，即认识市场、了解客户现有与潜在需求的能力，并将此导入企业的经营理念和经营过程中。优质的客户服务管理能最大限度地使客户满意，使企业在市场竞争中赢得优势、获得利益。

客户服务和支持的功能包括安装产品跟踪、服务合同管理、求助电话管理、退货和检修管理、投诉管理和知识库、客户关怀、日历日程表。

2. 客户服务和支持的重要性

物流是一个脱离物品生产的服务性行业，在物流业日趋成熟的今天，各企业的经营模式与硬件设施已大同小异。所以，客户服务和支持成为企业增加产品附加值、实施差异化战略，进而获得竞争优势的最佳途径。

总的来说，客户服务和支持对企业的重要性体现在以下几个方面。

①客户服务和支持是现代企业的核心竞争武器与形成差异化的重要手段。

②客户服务和支持是降低客户流失率和赢得更多新客户的有效途径。

③完善的客户服务和支持可以促进企业利润持续增长。

④完善的客户服务和支持有助于企业获取反馈信息，指导决策。

服务是竞争力，服务是企业的生命线，没有好的服务就没有客户，没有客户，企业就没有生意，也就没有利润，企业就没有希望。古人云：理财之道，不外乎开源节流。在客户管理理论中，开发一个新客户的成本是留住一个老客户的 5 倍，所以，如果把开发新客户比喻成开源，那么留住一个老客户就相对地可比喻为节流。

对于企业而言，提高企业的竞争力必须从提高客户服务和支持的品质入手。要提高客户服务和支持的品质，企业应该做到以下几点。

首先，建立以客户为中心的理念，时刻牢记尊重客户。高素质、充满活力和竞争力的员工队伍，比好的硬件设施更能创造客户满意度，进而创造优异的业绩。一线员工身上体现的客户至上的精神很重要。假设你是一名顾客，当走到明亮的营业柜台时，你希望看到迎面的微笑、整齐的服装、积极的态度，听到尊敬的话语；在你不知如何解决疑问的时候，能有人主动过来为你排忧解难。所以，微笑是拉近人与人之间距离的最好工具，企业的一线员工首先要给客户温暖的感觉，用自己的真心来为客户服务，积极主动地为客户服务，不能让客户在一边烦恼，而不知道找谁处理问题。在为客户处理问题时，要有耐心，在保证企业利益的前提下，应尽可能地站在客户的角度思考，让客户感受到公司的诚意。

其次，加强对一线员工的教育与培训，树立企业良好的形象，建立品牌效应。一线员工提供给客户的服务，可以在客户心中留下深刻的印象，从而为企业整体加分，更可能为企业日后带来更大的利润。因此，要对一线员工进行教育与培训，要对他们的外表和提供服务时的态度、行为和语言等进行指导，提高他们与客户沟通的技巧以及处理应急情况的能力，因为从某种程度上说"员工就是公司的品牌"。

再次，建立服务标准，对服务品质进行科学化管理，及时分析优劣趋势，指导决策。物流服务质量的评价指标包括人员沟通质量、订单完成数量、信息质量、订购过程、货品精确率、货品完好程度、货品质量、误差处理、时间性。

企业对选定的质量特性参数，通过对企业物流战略和客户服务要求的分析，确定既能服务企业物流营销战略，又能满足客户需求的评价标准，然后根据确定的标准对服务质量进行监督管理，真正客观、具体地反映服务方面存在的问题，及时完善服务质量，提高企业竞争力。只是单一地凭感觉来断定服务品质是不够精确的，企业要学会用科学的标准，用数据建立的模型来做分析，再结合实际情况，这样才能专业、高效地对服务质量做出正确的评价。所以对于一个优秀的企业或者商家来说，首先要建立符合产品实情的物流服务质量标准，同时根据参数收集日常数据，最后进行分析评价。

最后，提高客户满意度，追求客户零流失率。定期进行客户回访、服务质量调查是十分必要的，企业不仅要在不断自查中总结不足进行整改，也要重视客户反馈的信息，了解客户对本企业的印象和不满意的地方，将客户提出的建议视为日后提升和发展的稳固基石，及时解决客户提出的问题。运用各种手段加强售前、售后服务，比如，每季度定期做客户回访，日常中记录客户抱怨的内容，分类记录，有针对性地整改，以此提高服务质量和管理质量，提高客户的口碑、客户的保留率，培养并提高客户对公司的忠诚度。

要真正做好客户服务不是一朝一夕的事情，需要团队成员的共同努力、共同付出。总之，提高服务质量，从而换来客户的满意度，得到客户的认可，进而提升企业的竞争力是十分重要的。

参考文献

[1] 马莉婷. 电子商务概论 [M]. 北京：北京理工大学出版社，2016.

[2] 王志文，于泳，王尧，等. 互联网电子商务 [M]. 北京：中央广播电视大学出版社，2016.

[3] 麻元元，秦成德. 电子商务经济学 [M]. 北京：北京理工大学出版社，2016.

[4] 施维. 新农人电子商务一点通 [M]. 广州：广东教育出版社，2016.

[5] 金江军，郭英楼. 互联网时代的国家治理 [M]. 北京：中共党史出版社，2016.

[6] 王友丽. 信毅教材大系电子商务物流 [M]. 上海：复旦大学出版社，2016.

[7] 陈宇明. "互联网 +" 时代企业转型升级 [M]. 北京：企业管理出版社，2016.

[8] 秦成德. 高等院校电子商务专业系列教材移动电子商务 [M]. 重庆：重庆大学出版社，2016.

[9] 陈秀忠，吕齐鸣，缪永法. 宁波市电子商务知识普及读本电商 e 视角 [M]. 宁波：宁波出版社，2016.

[10] 范春风，林晓伟，余来文，等. 电子商务 [M]. 厦门：厦门大学出版社，2017.

[11] 韩琳琳，张剑. 跨境电子商务实务 [M]. 上海：上海交通大学出版社，2017.

[12] 李洪心，姜明. 电子商务概论（第 5 版）[M]. 沈阳：东北财经大学出版社，2017.

[13] 郑建辉，李征，卢友东. 电子商务概论 [M]. 北京：北京理工大学出版社，2017.

[14] 杨波，许丽娟，陈刚. 电子商务概论（第 2 版）[M]. 北京：北京邮电大学出版社，2017.

[15] 郭家鹏，徐可塑. 电子商务概论 [M]. 西安：西北大学出版社，2017.

[16] 胡永锋，赵秀荣，宋冬梅. 电子商务运营与管理研究 [M]. 长春：吉林出版集团股份有限公司，2017.

[17] 韩友诚. 互联网时代的银行转型 [M]. 北京：企业管理出版社，2017.

[18] 申晓表. 逆营销互联网时代的营销变革 [M]. 北京：中国物资出版社，2017.

[19] 于雷，刘庆志. "互联网 +" 时代的电子商务发展研究 [M]. 北京：中国铁道出版社，2018.

[20] 毛锦庚，钟肖英. 新电子商务概论 [M]. 广州：中山大学出版社，2018.

[21] 戴沅均，高立兵，陆春文. 电子商务概论 [M]. 长沙：湖南师范大学出版社，2018.

[22] 焦亚冰. 电子商务创新发展研究 [M]. 徐州：中国矿业大学出版社，2018.

[23] 刘哲，孟媚. 电子商务时代的新视觉 [M]. 沈阳：辽宁美术出版社，2018.

[24] 陶忠良，王黎明.农业电子商务新探索 [M].杭州：浙江工商大学出版社，2018.

[25] 李琪.电子商务优秀设计方案与分析 [M].重庆：重庆大学出版社，2018.

[26] 刘泽仁，张海波，肖峰.电子商务专业办学特色的探索与实践 [M].北京：北京理工大学出版社，2018.

[27] 汤英汉，王赛芳.电子商务发展对广东产业优化效应研究 [M].西安：西北大学出版社，2018.

[28] 刘桓."互联网＋"时代的电子商务研究 [M].长春：吉林人民出版社，2019.

[29] 刘红亚.互联网＋时代电子商务创新研究 [M].成都：电子科技大学出版社，2019.

[30] 赵玉明，侯新华，李丽.电子商务概论 [M].南昌：江西高校出版社，2019.

[31] 马莉婷.电子商务概论 [M].北京：北京理工大学出版社，2019.

[32] 袁红清，李绍英.电子商务：理论与实训 [M].杭州：浙江大学出版社，2019.

[33] 龙红明，曹亚景.电子商务商业模式及案例 [M].沈阳：辽宁大学出版社，2019.

[34] 李晓明，张小齐，徐和平."十三五"高等学校电子商务专业规划教材电子商务案例分析第 3 版 [M].北京：中国铁道出版社，2019.

[35] 邵震寰，沈菁，袁胡艺欣，陈丹妮雪，徐梦怡，王谷立.移动互联网时代的消费心理与行为 [M].上海：同济大学出版社，2019.

[36] 刘春姣.互联网时代的企业财务会计实践发展研究 [M].成都：电子科技大学出版社，2019.

[37] 张琴荣.他们仨电子商务领域三大创业偶像的成功宝典 [M].北京：华文出版社，2019.

[38] 胡桃，陈德人.电子商务案例及分析 [M].北京：北京邮电大学出版社，2020.

[39] 沈易娟，杨凯，王艳艳.电子商务与现代物流 [M].上海：上海交通大学出版社，2020.

[40] 熊友君.智能商务 [M].北京：科学技术文献出版社，2020.

[41] 马效峰，冀秀平.产业互联网平台突围：在线支付系统设计与实现 [M].北京：机械工业出版社，2020.

[42] 付君锐.社群电商新零售时代下的电商变革 [M].北京：中国商业出版社，2020.

[43] 苗苹.互联网 UI 设计 [M].北京：北京邮电大学出版社，2020.